经济管理应用型系列教材

国内首创的工业品营销理论体系
工业品企业的专业营销培训教材

工业品营销学

丁兴良 著

Industry Marketing

北京师范大学出版集团
BEIJING NORMAL UNIVERSITY PUBLISHING GROUP
北京师范大学出版社

图书在版编目（CIP）数据

工业品营销学/丁兴良著．—北京：北京师范大学出版社，2021.8

ISBN 978-7-303-11594-5

Ⅰ.①工… Ⅱ.①丁… Ⅲ.①工业产品－市场营销学 Ⅳ.①F764

中国版本图书馆 CIP 数据核字（2010）第 194385 号

营销中心电话　010-58802181　58805532
北师大出版社科技与经管分社　www.jswsbook.com
电子信箱　jswsbook@163.com

出版发行：北京师范大学出版社 www.bnupg.com
北京市西城区新街口外大街 12-3 号
邮政编码：100088
印　　刷：北京虎彩文化传播有限公司
经　　销：全国新华书店
开　　本：730 mm×980 mm　1/16
印　　张：19.5
字　　数：320 千字
版 印 次：2021 年 8 月第 1 版第 3 次印刷
定　　价：43.80 元

策划编辑：韦燕春　陈仕云　　责任编辑：韦燕春
美术编辑：毛　佳　　装帧设计：刘　超
责任校对：赵非非　　责任印制：赵非非

前　言

营销学是市场经济的产物，是一门关于如何满足客户需要、引导客户购买的管理学科。现代市场营销的思想起源于20世纪初的美国，当时美国从自由资本主义向垄断主义过渡，企业生产规模不断扩大，行业专业化程度日益加强，科技进步日新月异，个人收入迅速增加，扩大的新市场为社会创造了无数的机会，于是便有了市场营销的概念。

然而，市场营销在中国的启蒙是在1978年。新中国建立之前，我国虽曾对市场营销学有过一些研究(当时称“销售学”)，但也仅限于几所设有商科或管理专业的高等院校。在1949—1978年间，除了中国台湾和港澳地区的学术界、企业界对这门学科已有广泛的研究和应用外，在整个中国内地，市场营销学的研究一度中断。在这长达三十多年的时间里，国内学术界对国外市场营销学的发展情况知之甚少。

1978年，北京、上海、广州的部分学者和专家开始着手市场营销学的引进研究工作。虽然当时还局限在很小的范围内，而且在名称上还称为“外国商业概论”或“销售学原理”，但毕竟在市场营销学的引进上迈出了第一步。经过几十年的发展，我国对于市场营销学的研究、应用和发展已取得了可喜的成绩。然而在工业品行业领域，却一直是个空白点。传统的市场营销一直是以快速消费品行业营销研究为主，经过几十年的发展，快速消费品营销的研究已趋于成熟和完善，而对工业品行业的营销却没有太多的研究。但在人们的整个营销活动中工业品营销却占据着重要组成部分，因此，我们更需要对工业品行业的营销进行探讨，最终形成一套有效指导工业品行业营销人员工作的方法和体系。

本书讲的是什么?

一般来说，产品分成消费品和工业品，如原材料、设备、元器件等属于工业品，但消费品或工业品的界限有时并不准确。固特异轮胎公司的大客户是三家汽车制造巨头，但当固特异出售更新用的轮胎给普通消费者时，它却拥有全美国小汽车消费者的巨大市场。建筑装饰材料是另一个典型例子，当其面对家装市场时具有消费品的特征；而面对大工程时却具有工业品的特征。

因此，工业品与消费品相比有许多共性的地方，但也有其特殊性。同时，不同行业的不同工业品，销售模式也各不相同。本书力图在阐述营销管理共性的同时(采用了一些消费品渠道管理的思想和案例)，也提炼出一些适合工业品销售的思想观点、方法和工具。

本书主要从企业的角度阐述完整的营销开发到管理的过程：战略如何规

划、大客户如何选择、组织如何建设；如何解决客户冲突；如何更换渠道商。几乎包括了工业品营销管理中的全部内容和可能遇到的问题。

本书的组织结构是什么？

本书共有九章，前两章重点写工业品营销的概念；第三章至第七章重点写工业品营销的基本体系；最后两章重点写工业品营销的团队管理及趋势。具体来看：

第一章讲工业品营销实例与快速消费品营销实例的差异；

第二章讲工业品营销的基本概念；

第三章讲工业品营销的战略；

第四章讲工业品营销的管理模式；

第五章讲工业品营销的组织管控；

第六章讲工业品营销的市场策略；

第七章讲工业品营销的渠道开发；

第八章讲工业品营销队伍建设与管理；

第九章讲工业品营销的发展趋势。

本书的特点是什么？

• 结构体系化和执行标准化

本书是按照营销完整的体系来设计篇章结构的，力图提供给读者一套渠道管理的系统解决方法；同时对客户的销售技巧等设计出可执行的标准化步骤。

• 案例生动化

本书的另一特色是大量的案例分享和实战总结的内容，案例的一部分来自作者十几年销售生涯中的亲身经历，另一部分也有作者在十年的咨询和培训工作中的工作心得和体会。可以加深对本书的主要观点的理解。

• 使用实战化

本书不仅系统介绍工业品营销的观点，而且介绍方法、工具和技巧。作为实战性的书籍，本书突出解决细节问题的方案和程序，力图达到实用、实战、实效的效果。是企业管理层和一线销售人员都可以直接使用的操作性指导书。

本书怎么读？

本书是按照营销完整的体系来设计篇章结构的，每一章涉及渠道管理的一个主题，在每一章中都有大量的案例分享，以加深读者对理论的理解和运用。

本书是写给谁看的？

本书的读者对象是：从事工业品营销(工业原料和原材料行业、大中型设备行业、建材和装饰材料行业、汽车和汽配行业、电气和自动化行业、IT 行业、工程机械行业、移动通信行业等)的销售人员；高等院校营销专业的师生；MBA 学员；营销专业的研究者；同时消费品渠道的销售人员也能参考阅读。

目　录

第一章　“可口可乐和推土机”的营销故事 / 1

用可口可乐的营销模式去卖工业品，这种思维在市场上长时间地误导着工业品企业，中国工业品营销到底缺什么？应该如何正确地进行工业品的营销？我们需要认真地了解工业品营销，否则更多的营销失败案例将会继续发生。

一、透视营销的本质 /1
二、风靡全球的可口可乐营销模式 /4
三、JR 企业失败的启示 /10
四、可口可乐和推土机营销的差异 /12

第二章　了解工业品市场营销 /20

谈到营销，人们更多地联想到像消费品营销那样的铺天盖地的广告、促销、精美包装及其形成的社会影响力。但还有一类产品的营销更多地在悄无声息中进行，它没有家喻户晓的认知度，也没有铺天盖地的广告宣传。它们不易被人察觉的原因是因为它们只是用在生产最终消费品的制造流程中，或只是作为某种消费品的部件或原料，比如钢板或香精等。这就是工业品营销。

一、工业品市场概述 /20
二、工业品营销的特点分析 /33
三、国家行为到市场竞争时代 /36
四、工业品营销系统 /38

第三章　工业品市场战略营销 /43

随着全球经济化进程的加快，越来越多的企业意识到在激烈的国际市场竞争和复杂多变的外部环境中，要想求得生存和长远发展，就必须站在全局的高度去把握未来，通过强化自身的优势，取得企业内部资源与外部环境的动态平

衡。因此，研究市场战略营销便成为一个重要课题。凡事预则立，不预则废。企业如果没有战略营销管理，它必将是个即将消失的企业；企业如果忽略战略营销管理，它必将是个滞后发展的企业。

第四章　工业品营销管理模式 /79

尽管营销一度出现“不管黑猫白猫，抓到老鼠就是好猫”的说法，然而营销还是需要系统的模式。纵观世界上知名、长久的企业，每个企业都有完善的系统体系来保障它在全球的运营。快消品营销是这样，工业品营销也是如此。

第五章　工业品营销组织 /107

营销组织架构好比自然界的金刚石，金刚石非常结实，因为它的内部结构是相互耦合、相互支持、共为一体的，而其构成元素却是非常廉价的碳。金刚石之所以能够变得强有力，是因为元素之间的相互作用。营销组织同样如此，这也是为什么要重点分析营销组织的原因所在。

第六章　工业品市场策略 /158

市场策略是营销传播的关键所在，市场策略之所以能创造不可预计的增长性，是因为它能让客户得到意想不到的收获，也就是说，它的增长性比其他营销元素要强很多。对营销策略的运用和整合，成为企业重点关注的话题。

第七章　工业品营销渠道开发 /212

渠道是企业最重要的资产之一，同时也是变数最大的资产。它是企业把产品向客户转移的过程中所经过的路径。对产品来说，它不对产品本身进行增值，而是通过服务，增加产品的附加价值；对企业来说，渠道起到物流、资金流、信息流、商流的作用，它能够完成企业很难完成的任务。

第八章　工业品营销队伍建设与管理 /231

不管是企业的营销管理者还是业务员工，都可以理解为营销队伍中的一员，越是基础管理工作，越关系到整个营销队伍的发展。组建高效的营销队伍，是企业成功的关键，在工业品行业更是如此。

第九章　工业品营销的前景和发展 /245

当今中国工业品市场，产品同质化、关系隐形化、价格透明化、招标公开化和利润微薄化，导致了工业品企业普遍存在营销战略难以转型、品牌难以提升、销售模式难以突破、客户关系难以维护、销售管控难以规范、营销团队难以稳定、营销团队气势低迷、企业发展遭遇瓶颈等共性问题。工业品营销的未来发展已经成为许多企业关注的敏感问题。

第一章 “可口可乐和推土机”的营销故事

本章我们将解决下列问题：

- 营销的本质是什么？
- 可口可乐公司营销的成功在哪里？
- JR公司失败的关键在哪里？
- 快速消费品营销与工业品营销的差异是什么？
- 我们该如何思考工业品营销？

营销真是无处不在。我们周围的人或者组织从事着的各种活动都可以正式或非正式地被称为营销。良好的营销越来越成为商业成功的重要因素。

——菲利普·科特勒

用国际市场营销大师菲利普·科特勒教授的一句话作为引言，强调了营销的重要性。在市场经济时代，营销已经对我们的企业产生了重大的影响。

不需要营销、守株待兔、等客上门的结果只会让企业越来越陷入僵局。需要营销，那么我们该怎么去做？否则白花花的银子投下去，血本无归，还没有任何效果。

因此，我们在做营销的时候，无论是快速消费品营销还是工业品营销，都必须了解营销的本质，因为成功的营销并非偶然。

一、透视营销的本质

市场营销的英文原名叫做“marketing”，在中文中很难找到合适的译名，在不同地区翻译也不一致，如有人译成“市场营运”，中国台湾地区翻译成“行销学”，香港地区将其翻译成“市务学”等。这些翻译本身也反映了人们对“marketing”的认识过程。其中具有代表性的表述是：

市场营销就是与市场有关的人类活动。它是以满足人们各种需求和欲望为目的，通过市场把潜在交换变成为现实交换的活动。

市场营销是根据消费者对商品和服务的需求，将它们送到消费者手中，完成企业生产经营的全过程。

市场营销是个人和集团通过创造、提供并与他人交换产品和价值满足需要和欲望的社会和管理过程。

市场营销包括公司创造性地、有效益地使自己适应所处环境的一切活动。

其中最后两种表述是现代广泛使用的定义，分别是由菲利普·科特勒和雷·科利提出，这两种定义没有忽视政府和非营利机构的活动，同时也没有低估营销中的定价、促销和新产品计划的作用，是目前普遍认定的定义。

有不少人将市场营销仅仅理解为销售，实际上市场营销的含义是相当广泛的，它重视销售，但它更强调企业应当在对市场进行认识和充分分析的基础上，以市场需求为导向，规划从产品设计开始的所有经营活动，以确保企业的产品和服务让目标购买群体所认可和接受，从而顺利销售并占领市场。营销与推销的区别见图 1-1。

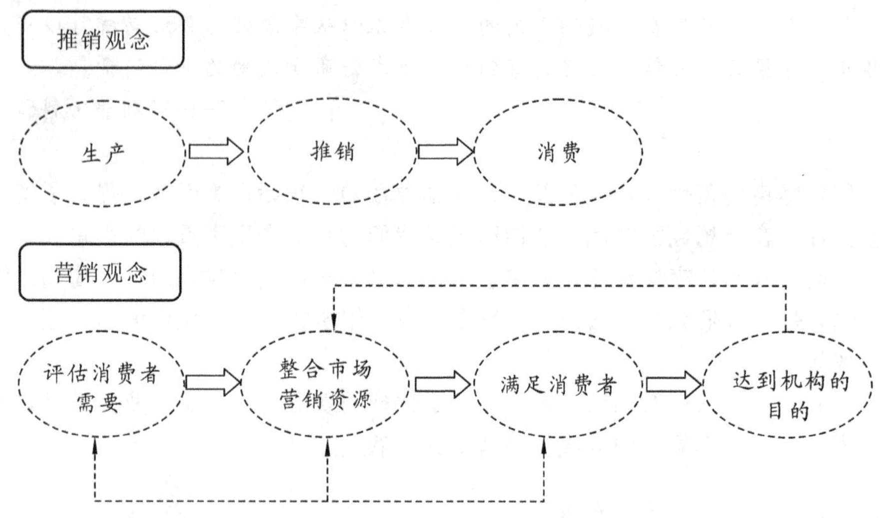

图 1-1　营销观念和推销观念

市场营销的核心概念告诉我们，人们的需求和欲望是市场交换的基本动因，从这个观点出发我们可以得到一个全新的视角。比如一个客户在市场上寻找矿泉水，我们可以研究他的需要，他真的需要矿泉水吗？以市场营销的眼光去看，应当首先通过分析其真正的需求是什么。如果是为了解决口渴的问题，则可口可乐也能满足他的需求。企业如果只在生产更方便的矿泉水上面动脑筋，则会面临同行业的生产商和替代品形成的激烈竞争环境，这样并不能保证企业在市场上占有绝对的优势，甚至被挤出市场。而如果认为消费者“需要”的是品牌的感觉，那么企业可以塑造品牌，则可能使企业在市场上占据更为有利的竞争地位。

我们可以看出，客户购买的是对某种性能的“需要”或是欲望的“满足”，而并不仅仅是产品。因此，营销的本质是：发现并引导消费需求，准确运用消费者的需求或欲望。

【案例分享】 艾默生是如何发现市场需求，实现成交的

总部位于美国圣路易斯市的艾默生是一家全球领先的公司，该公司将技术与工程相结合，在网络能源、过程管理、工业自动化、环境优化技术及家电和工具等领域为客户提供创新性的解决方案。公司 2009 年的销售额达 209 亿美元，并在《财富》美国 500 强最大企业排名中名列第 94 位。

艾默生的触觉

Signet 公司(先正达公司)是全球领先的农业科技公司，长期为中国的农业和食品行业提供创新的综合性作物解决方案。然而它也面临着巨大的挑战：首先，消费者懂得越来越多，要求越来越高，他们对健康更加关注；其次，食品公司保护品牌，保障业务，在食品价值链上垂直联合；最后，种植者面对客户和法规高标准的压力。艾默生抓住了这个机会，向 Signet 公司提出了系统的解决方案，帮助 Signet 公司在生产上大大减少了成本，加速了 Signet 公司的发展。

Signet 公司与艾默生公司合作后的受益

“智能无线方案帮助我们优化了热交换器的运行，从而提高了生产效率”，Signet 公司仪表技术员 Mark Gauthier 如是说，“我们估计每年可以节省 25 000美元到 50 000 美元的原料费”。

六台无线差压变送器监控工厂内三个反应器中的冷却水流量，这些设备与一个安装在离最远变送器约 800 英尺的智能无线网关进行实时通信。先前，公司只能依靠员工每天来回记录现场的仪表数据进行数据收集，这样的数据有时并不精确。当仪表遭到恶劣环境腐蚀时，Signet 公司急需寻求一种经济且易于实施的方案将现场的实时数据传送到控制室。

智能无线网络可直接将检测信息传送到工厂的 Delta 数字自动化系统，节省了操作员来回记录数据的费用。同时，公司使用艾默生 AMS 设备管理组合中的智能维护软件轻松管理这些新设备。除此之外，还能帮助技术员实现设备配置、实施诊断检查和报警监测。

无线设备的安装和调试在一个层层密布着管道和设备的区域中进行，只用了 48 小时，与有线方案相比，安装费用节省了 6 000 美元。

“我们很欣赏智能无线方案提供的自组织网络”，Gauthier 说，“虽然许多变送器安装在管道之间或在反应器的背面，然而，所有的变送器都能正常工作。我们没有遇到任何变送器之间及与网关之间的通信问题”。

艾默生的客户维护和发展

通过智能无线方案获得生产收益后，Signet 公司打算进一步扩充无线网络的使用范围。

“由于有了无线网关，我们能以最低的费用轻松增加额外的测量点”。Gauthier 说，“我们已经购买了第二个网关、温度和液位监测器用于额外的生产装置”。

Signet 植物保护公司(Signet Crop Protection) 是 Signet 集团的一个子公司，总部位于瑞士巴塞尔。Signet 集团是世界上领先的农业科技企业之一，在 90 多个国家拥有相关业务。

除了为 Signet 公司提供智能无线解决方案，艾默生还提供各种无线现场仪表和工厂运行设备，包括 Fisher 阀位监测器、Rosemount 分析仪和机械设备状态管理设备以及与 AMS Suite 预测维护软件、Delta 数字自动化系统和 Smart Start 服务连接的本地无线接口。Smart Wireless 是艾默生 Plant Web 数字工厂结构的延伸。

点评：

艾默生之所以成长这么快，在于它的市场敏感度以及它对客户需求的挖掘。从最近的与 Signet 公司的合作就可以看得出艾默生的市场能力。它帮助 Signet 公司优化除草控制产品的生产，为位于 St. Gabriel 的工厂每年节省 25 000美元到 50 000 美元。

二、风靡全球的可口可乐营销模式

可口可乐，是由美国可口可乐公司出品的一种含有咖啡因的碳酸饮料。目前可口可乐在世界各地市场皆处于领导地位，其销量远远超越其主要竞争对手百事可乐，被列入吉尼斯世界纪录。

值得可口可乐公司自豪的是一项重要的统计：全世界每 1 秒钟约有 10 450 人正在享用可口可乐公司所出产的饮料。

有人统计，可口可乐公司更为让人称道的地方还有：

如果将至今所有出厂的可口可乐，以 8 盎司可口可乐曲线瓶，将其头尾相连地排列，沿着地球周围的卫星轨道环绕，所形成的距离将花费一个卫星 11 年 10 个月零 14 天的时间绕行 4 334 圈。

如果将所有曾经出厂的可口可乐以 8 盎司“弧形瓶”送给全世界所有的人，则每人将可获得 678 瓶(或 42 加仑以上)。如果将所有曾经生产的可口可乐，以 8 盎司曲线瓶装头尾相连排列，所形成的距离将可来回月球 1 057 次。若以每天来回 1 趟计算，则需花费 2 年 10 个月零 23 天的时间。

如果将所有曾经生产的可口可乐以 8 盎司曲线瓶头尾相连地排列，它们将可从水星通过金星、地球、火星，一直到木星。

为什么可口可乐取得如此巨大的成功？它的营销秘诀究竟是什么？经过我们研究发现，营销模式是可口可乐公司成功的关键之一。可口可乐公司营销模式以渠道、广告为主，以促销活动为辅，以塑造强势品牌为最终目的。

(一)可口可乐的渠道推广

可口可乐认为：市场分为拉力和推力。拉力就是市场“面”推广为主，推力就是销售人员“点对点”推销为主。以瓶装易拉罐为例，可口可乐市场价平均 2.5 元人民币一瓶，如果靠推力，靠销售人员“一对一”地去销售，那么全世界可能需要 10 亿销售员工。因此这不是一个好的业务模式。于是，可口可乐公司以渠道推广为主，将产品全面铺向市场。

有人统计可口可乐有 22 种渠道，而且不断地再扩展新的营销渠道。详细资料如下。

可口可乐的 22 种渠道：

(1)传统食品零售渠道。如食品店、食品商场、副食品商场、菜市场等。

(2)超级市场渠道。包括独立超级市场、连锁超级市场、酒店和商场内的超级市场、批发式超级市场、自选商场、仓储式超级市场等。

(3)平价商场渠道。经营方式与超级市场基本相同，但区别在于前者经营规模较大，而毛利更低。平价商场通过大客流量、高销售额来获得利润，因此在饮料经营中往往采用鼓励整箱购买、价格更低的策略。

(4)食杂店渠道。通常设在居民区内，利用民居或临时性建筑和售货亭来经营食品、饮料、烟酒、调味品等生活必需品，如便利店、便民店、烟杂店、小卖部等。这些渠道分布面广、营业时间较长。

(5)百货商店渠道。即以经营多种日用工业品为主的综合性零售商店。内部除设有食品超市、食品柜台外，多附设快餐厅、休息冷饮厅、咖啡厅或冷食柜台。

(6)购物及服务渠道。即以经营非饮料类商品为主但又经常必须销售这种饮料的各类专业及服务行业。

(7)餐馆酒楼渠道。即各种档次的饭店、餐馆、酒楼，包括咖啡厅、酒吧、冷饮店等。

(8)快餐渠道。快餐店往往价格较低，客流量大，用餐时间较短，销量较大。

(9)街道摊贩渠道。即没有固定房屋、在街道边临时占地设摊、设备相对简陋、出售食品和烟酒的摊点，主要面向行人提供产品和服务，以即饮为主要消费方式。

(10)工矿企事业渠道。即工矿企事业单位为解决职工工作中解渴、工休时的防暑降温以及节假日饮料发放等问题，采用公款订货的方式向职工提供饮料。

(11)办公机构渠道。即由各企业办事处、团体、机关等办公机构公款购买，用以招待客人或在节假日发放给职工。

(12)部队军营渠道。即由军队后勤部供应，以解决官兵日常生活、训练及军队请客、节假日联欢之需，一般还附设小卖部，经营食品、饮料、日常生活用品等，主要向部队官兵及其家属销售。

(13)大专院校渠道。即大专院校等住宿制教育场所内的小卖部、食堂、咖啡厅或冷饮店，主要面向在校学生和教师提供学习、生活等方面的饮料和食品服务。

(14)中小学校渠道。指设立在小学、中学、职业高中以及私立中、小学校等非住宿制学校内的小卖部，主要向在校学生提供课余时的饮料和食品服务(还有些学校提供学生上午加餐、午餐服务，同时提供饮料)。

(15)在职教育渠道。即设立在各党校、职工教育学校、专业技能培训学校等在职人员再教育机构的小卖部，主要向在校学习的人员提供饮料和食品服务。

(16)运动健身渠道。即设立在运动健身场所的出售饮料、食品、烟酒的柜台，主要为健身人员提供产品和服务；或指设立在竞赛场馆中的食品饮料柜台，主要向观众提供产品和服务。

(17)娱乐场所渠道。指设立在娱乐场所内(如电影院、音乐厅、歌舞厅、游乐场等)的食品饮料柜台，主要向娱乐人士提供饮料服务。

(18)交通窗口渠道。即机场、火车站、码头、汽车站等场所的小卖部以及火车、飞机、轮船上提供饮料服务的场所。

(19)宾馆饭店渠道。集住宿、餐饮、娱乐为一体的宾馆、饭店、旅馆、招待所等场所的酒吧或小卖部。

(20)旅游景点渠道。即设立在旅游景点(如公园、自然景观、人文景观、城市景观、历史景观及各种文化场馆等)向旅游和参观者提供服务的食品饮料售卖点。一般场所固定，采用柜台式交易，销售较大，价格偏高。

(21)第三方消费渠道。即批发商、批发市场、批发中心、商品交易所等以批发为主要业务形式的饮料销售渠道。该渠道不面向消费者，只是商品流通的中间环节。

(22)其他渠道。指各种商品展销会、食品博览会、集贸市场、促销活动等其他销售饮料的形式和场所。

(二)可口可乐的广告宣传

广告是可口可乐营销策略的重要组成部分。据调查：82.2%的消费者对可口可乐的品牌认知是通过广告获得的。可口可乐通过广告宣传提高了产品知名度和公众的购买欲望的同时，在树立与加强产品及品牌良好形象方面，广告也起着非常重要的作用。

如今可口可乐在全球每年广告费超过6亿美元，中国市场也不例外，可口可乐在中国每年广告投入高达几千万元。可口可乐的广告策略见图1-2。

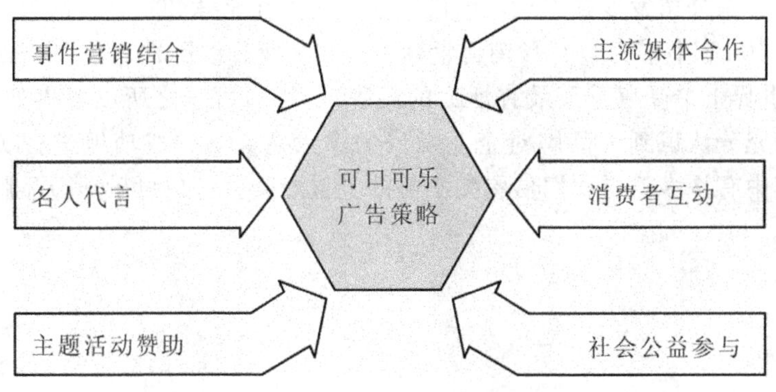

图1-2 可口可乐的广告策略

(三)可口可乐的促销策略

可口可乐认为：促销可以提高产品的市场占有率与行业渗透率，是一种特殊活动，它可以向消费者提供购买我们产品的附加理由。而且促销与广告不同，广告为消费者提供了购买理由，促销却提供了购买刺激。在可口可乐，主要的促销手段如图 1-3 所示。

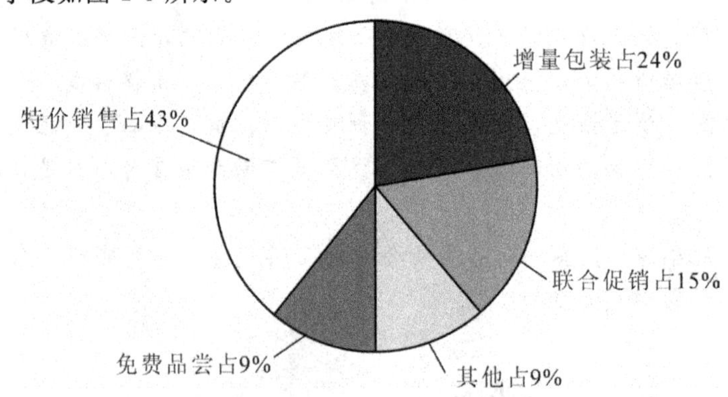

图 1-3 可口可乐的促销策略

(四)可口可乐的品牌塑造

“假如可口可乐的工厂被一把大火烧掉，全世界第二天各大媒体的头版头条一定是银行争相给可口可乐贷款。”这是可口可乐人最津津乐道的一句话。可口可乐是全球最具价值品牌，品牌价值已达 687 亿美元①。因此，靠品牌得天下，这是可口可乐的经营理念。

可口可乐公司发展到现在，已借助他人之力在全球 200 多个国家和地区建立超过 1 200 家瓶装厂，每秒销售量达 7 500 多瓶。国际性刊物《广告时代》将其评为“世界上最受尊重及最有活力的品牌”。可口可乐之所以取得如此成绩，就是因为充分认识到了品牌对企业发展的重大意义，并成功地进行了品牌营销，这其中有许多值得我们借鉴和学习的宝贵经验。可口可乐塑造品牌的方法见图 1-4。

---

① 数据参见搜狐财经网，2009-09-21。

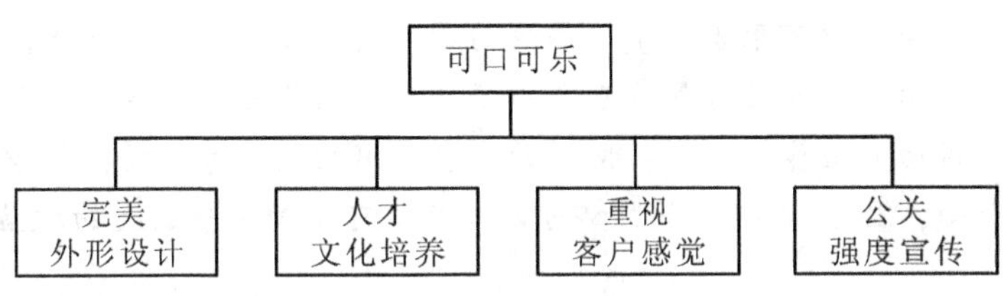

图 1-4 可口可乐的品牌塑造

【案例分享】 可口可乐 2010 南非世界杯的广告效应

2010 年 6 月必将是一个激情、动感、热辣十足的盛夏，球迷们观看世界杯的选择也丰富多样，除了直奔现场和在家看电视外，球迷们还可以通过专门的 3D 眼镜，体验到如同《阿凡达》一般的索尼 3D 电视，甚至可以走进影院，在超大的屏幕前观看直播。更重要的是，越来越多的球迷开始通过网络视频直播来观看比赛。与传统电视直播相比，网络直播更加全面，观众的选择面也更广，互动性更强。在中国，无论是电视还是网络，都为世界杯做好了准备。中央电视台独家拥有国际足联(FIFB)授予的转播权及其分授权、视频点播权、音频点播权及其转授权。三大门户网站也重拳出击，各自使出绝技，如新浪从视频、文字、图片、博客、微博、社区等方面全方位报道南非世界杯。

而可口可乐将在全球范围内推出一系列电视广告，其中的主角之一便是喀麦隆的足球代表之一、1990 年意大利世界杯的英雄——"米拉大叔"(Roger Mila)。他不仅仍然保持着世界杯历史上年龄最大的进球者的纪录(42 岁)，同时他用"角旗"进行进球庆祝的动作也被后来的球员们竞相模仿。届时，可口可乐所有的广告都将配上一首统一的广告曲——"舞动 & 旗帜"(Wave &Flag)，这支音乐也将同时在网上播放并贯穿可口可乐整个的世界杯营销活动。除了电视广告，可口可乐还会设立一项"可口可乐世界杯庆祝奖"。每当有一个球员在比赛中进球，可口可乐就会将球员的进球庆祝视频上传到网上，球迷们可以为自己喜欢的球员或是庆祝动作投票。同时，每进一个球，可口可乐都会为它的"校园计划"捐出一定的资金。除此之外，限量版纪念包装的可口可乐也是必不可少的。

就全球范围而言，足球一直是可口可乐最重要的赞助项目之一，也是可口可乐最为宝贵的市场资产。作为国际足联和世界杯的长期合作伙伴，从 1974 年开始，可口可乐就成为每届世界杯的主要赞助商之一。可口可乐拥有在全球推动足球运动无可争议的领先地位。

可口可乐公司高级副总裁马克·格雷斯曾表示，赞助世界杯不仅将使销售额翻倍，更能为可口可乐未来十年的运动饮料发展带来诸多可能性。

有资料显示，企业品牌知名度每提高1%，就需要投入约2 000万美元的广告费，但借助大型体育比赛，同样的广告费用的效果可以提高10%。

可想而知，2010的南非世界杯可以给可口可乐带来多么大的收益。

三、JR企业失败的启示

JR企业是上海的一家典型的生产推土机的工业品企业。和很多工业品企业一样，虽然它在行业领域里的市场地位还可以，由于其所面对市场的专业性并不为大众所熟知，因此至今大家都不知道该企业的品牌。它长期的销售收入都是来自于依靠自己的关系所维护的市场，最大的客户是政府事业单位机构。

(一)JR企业面临的难题

JR企业成立几年后，老板陈总想往高处发展，因此在吸收国外先进技术的基础上组建研发团队，自行研发了产品。虽然这个行业的同类厂商数目并不是很多，但竞争也是很激烈的，业内当时已有像B单位这样的国内知名领头企业，凭借本土优势，以相对国际知名企业较低价的价格，占有国内市场60%的市场份额；其他40%为国外几家国际大企业和国内其他小企业瓜分。

JR企业分析了自己产品的特点，认为从技术先进角度讲，自己的产品应排在国际知名品牌与国内领头企业之间，因此定价比国际品牌低，但高于国内同类产品。

JR企业的目标是不依靠现有的客户资源，而是通过优质的服务和理想的产品性能价格比成为国内领头企业，因此JR企业欲达到目标必须战胜老牌企业B，同时由于这种定位，JR企业必然面临国际大企业的竞争。

当时的JR企业在整个行业几乎没有任何名气，JR企业面临一系列难题：

①在大家都在宣传自己的技术含量高、质量可靠、用户不知信谁好的情况下，作为不知名的新企业，如何使用户相信自己？

②如何打消用户对不知名企业的怀疑和忧虑，从而放心购买？

③如何在价格高于老牌企业的情况下去销售？

④如何快速提高企业知名度和美誉度，树立自己的企业地位？

总之，一句话，JR企业如何才能启动市场呢？

(二)可口可乐的灵感

开始的时候，当JR企业的推销人员拿着自己的产品样本到处推销时，发现人们并不相信销售人员所说的。用户总是自然地问起，你的东西听起来是不错，可是这么贵的东西，你让我们如何相信你呢？你的推土机我们很感兴趣，但为慎重起见，你能告诉我，哪些厂家用过你的产品吗？我们要证实一下。

面对用户的疑惑，JR企业知道如果想让大家购买自己的产品，就必须让大家相信自己，而自己最迫切的问题是如何找到自己的第一个用户。我们知道，在工业品采购过程中，用户主要权衡三个方面：采购风险、采购收益和转换成本，而且考虑最多的就是采购风险，这也是最大的问题，即用户对新产品不了解，害怕新产品不可靠。这个时候，JR企业知道只有好的产品是不行的，重要的是要市场认可才行。

JR企业的领导者们开始思考市场问题。就在JR企业的领导者们苦思冥想的时候，陈总看到了可口可乐的成功。于是开始研究可口可乐的营销模式，并且参照可口可乐的营销模式去运营。

(三)JR企业的千万投资

JR公司看到了可口可乐在中国的快速发展和品牌名气，并砸下千万元模仿可口可乐的营销策略。包括以下几项：

①花了600万元在电视台做广告宣传；

②花了200万元找了名人代言；

③花了100万元赞助希望小学图书馆；

④花了300万元做了户外平面广告；

⑤开始实行促销策略，买5台推土机给8折的价格，10台以上面谈；

⑥全国召开渠道商大会，并给予激励政策和补贴，无论是县城的，还是小镇上的，只要能帮忙销售，一律合作。

(四)JR企业的噩梦开始

半年过去了，JR公司就这样砸下了千万元宣传费，结果得到客户的反馈是：

A客户：对不起，我一个人决定不了这个项目，需要和我们项目组谈完才知道。

B客户：代言人是很漂亮的小姑娘，但是她用过你们的推土机吗？没用过怎么知道它好呢？

C 客户：你们的价格本身在行业里是比较便宜的，但是现在买 5 台还打折，会不会是因为这批推土机质量不好，而要赶紧推销出去呢？

D 渠道商：俺们镇上目前没有什么工程，所以都不需要推土机。您看这个月的补贴什么时候到账呢？

(五)JR 企业放弃可口可乐营销模式，重新维护老客户

陈总思来想去，怎么也想不明白，为什么按照可口可乐的模式去操作，结果市场并没有想象中的好，反倒使自己企业的名声受到了影响。白白花了几千万元不说，而且员工士气低落。结果终于放弃了可口可乐的营销模式，用原来存在的关系重新维护起客户，赚小钱去了。

四、可口可乐和推土机营销的差异

用可口可乐的营销模式去卖推土机，这种思维在市场上长时间误导着工业品企业，因为市场上出版的营销类书籍，大多是快速消费品的营销理论。而之前的工业品的营销，大多数和 JR 企业一样，以关系营销为主。因此在市场上，经常会出现用可口可乐的营销模式去卖推土机的营销失败案例。

(一)以可口可乐为代表的快速消费品营销

快速消费品最典型的就是油盐酱醋，这是属于快速消费品里面的消费品。假设我们今天去购买一瓶可乐或矿泉水。我们来看看消费者去购买的时候，是如何决策的。

第一场景：您走进一家超市，拿了一瓶矿泉水，假设是农夫山泉。当你在购买这个过程，你一看这个农夫山泉的价格是人民币 1.5 元。

如果你发现这个价格太贵，而远处的沃尔玛大卖场里面可能有 1 块钱，甚至 9 毛钱的矿泉水。你明明知道这瓶水的价格要贵上 5 毛钱或者是 6 毛钱，但是像大部分人的购物一样，你是当场作决定，还是在空调下面吹了 5 分钟心里在想“哇噻，好像太贵了”，于是决定走上 20 分钟的路到大卖场去购买？

这样的情况是多还是少呢？答案是基本上没有。用一句话来形容，只有一种类型的人，用天津话说“叫闲的没事做的阿姨，反正闲着也是闲着，轧轧马路”，这种情况会出现花 20 分钟去沃尔玛大卖场购买的事情。这时，你发现客

户做决定快，还是慢呢？一定是非常快。

第二场景：当你要去付钱给阿姨，或者收银员的时候，各位你会不会刻意关心那个阿姨长得漂亮不漂亮？脸上有没有青春痘？

研究下来，发现很少有人对售货员阿姨特别有兴趣。所以你发现，大部分人在买矿泉水这个过程中，他只对产品有兴趣，对售货员基本上没有什么兴趣。

第三场景：当你拿矿泉水出去一喝，你大呼上当，为什么？农夫山泉的广告词是什么？农夫山泉有点甜。但你喝下后发现味道跟家里的自来水一模一样，但是想问一下，你会不会为了这句广告词，然后上3·15消费者协会去投诉它？这样的人是多还是少呢？几乎没有。除非你真的是打假专家王海的徒弟。因此，大家发现，消费者对这种产品的售后服务基本上不在乎。这就是快速消费品。

为什么会出现这样的情况呢？因为研究发现，快速消费品面对的客户群是60亿人的消费群体。所以面向这种群体的产品结构往往属于相对标准化的产品。

(二)以推土机为代表的工业品营销

推土机是典型的工业产品的代表，以JR企业为例，我们认为，对它的营销方式可以这样来分析：

首先，JR公司应该认真分析自己的目标市场。

不难发现工业品行业市场的特点之一就是用户数目少，而且工业品市场往往在一个行业内通常有几个领头企业，有几个权威人物和一个行业协会。整个市场几乎都会向同一个或几个企业看齐，而且整个行业会有几个大家都很尊敬的关键人物，你如果想在这个行业大有作为，他们的态度很关键。

我们知道工业品营销中有两个重要概念，一个是推荐渠道，一个是影响因素市场。在工业品营销中，市场的启动不是凭借广告，而是靠推荐渠道。一般来说产业市场内的用户彼此比较熟悉，因此口头传播的力量在行业市场体现得淋漓尽致，你的宣传只有与推荐渠道口径一致之后才会起作用。推荐渠道不仅在于用户之间的相互推荐，也与影响因素市场中的人相关。如现在企业与政府的联系日益密切，那么政府的一些人员往往是一个行业内的权威，有时他们淡淡的一句评论对用户的影响有时比你说上一千句还管用。开展关系的第一步就是和关键的企业、关键的人建立关系。

因为用户所关心的不是你说什么，而是想得到来自第三者的声音的证实，用户认为来自推荐渠道与影响因素市场的说法才是可靠的说法。

其次，与关键公司建立关系。

JR公司应该分析行业情况，什么样的行业用到推土机的最多？该行业什么样的企业占有的市场份额最大？了解了这个情况以后，就应该查看竞争对手的薄弱环节是什么。如果B公司作为龙头企业但进取心不足，或者它不愿做用户培育工作。那么这个就是JR公司的机会点。

再次，与关键人物建立关系，获得关键订单。

如针对上海市场，如果公司了解到万科集团要整体招标，集体采购一批推土机，这就是一笔大订单，对任何一家公司都很有吸引力，也会引起国内外供应商的注意力。然后我们需要实地考察了解。比如，若发现该集团形成两种意见，一种观点认为推土机的性能可靠是关键的，因此建议采购国外知名企业的产品，但是价格昂贵，如果出现问题维修起来很麻烦；另一种观点是用B公司的产品，因为B公司作为龙头企业，虽然技术不如国外产品，但也能达到集团的要求，而且价格低廉，维修方便。但B公司由于长期处于领导者地位，不注意与用户的关系，已渐有维修不及时的恶名。那么作为新企业，这就是JR公司切入突破的机会点。

JR公司还需要了解万科公司项目组，并且了解他们的需求。通过邀请他们参观公司让对方了解公司的实力，使其对公司产生信任感，最后在项目组的推荐下获得订单。

最后，广泛建立关系，树立企业品牌。

用户是企业生存的基础，但公司如果想树立市场地位，就必须建立企业品牌，就是要对产业基础的两部分市场，即客户市场与影响因素市场，分别开展关系营销，使其沿着产业基础关系的阶梯上升，进而树立企业的领导者地位。

不仅仅是推土机，很多工业品都是如此。比如IT信息化的产品，我们会发现大部分的产品并非成熟的标准化产品。就算模块成熟，但是需要根据客户的情况做一些微调，所以工业品有时候还需要卖更多的解决方案。再看看今天卖的客车，甚至卖的电气自动化设备，很多的时候，企业不是单纯地提供设备，而是需要根据客户的需求来有意识地解决对方提出来的问题。

(三)工业品营销与快速消费品营销的差异

综上所述，我们不难看出工业品营销与快速消费品营销在实践中存在着一些差异。

(1)从产品营销的四个组合策略来看

快速消费品和工业品在营销上存在着以下的不同点。如表 1-1 所示。

表 1-1 工业品与快速消费品在营销组合策略上的差异

4P 营销组合	工业品	快速消费品
产品	注重单一的产品	注重产品的组合
价格	不强调价格优势，强调售后服务	强调价格优势，主张薄利多销
渠道	直销为主，注重客户管理	渠道为主，注重渠道管理
广告、促销	人员推广为主，广告、促销为辅	广告、促销为主，人员推广为辅

①在产品方面，快销品的营销讲究产品的组合，强调通过产品群形成获取相对或绝对的竞争优势；而工业品则常以单纯的一个产品来进行市场的扩展。

②在价格方面，快速消费品行业注重将价格引导成为价值，提高企业、行业竞争力，强调以销量大为主，同类产品价格越低越有竞争力；而工业品行业，以客户为中心，以项目为龙头，不强调价格优势，而强调售后服务。

③在市场渠道方面，消费品以渠道为主，厂家采用分销模式进行销售，强调经销商管理；而工业品以市场直销为主，渠道为辅，厂家组织专业的销售队伍直接与客户建立采购联系，以项目为中心，强调项目的周期性和项目过程的系统化。

④在售后服务方面，快速消费品行业几乎不强调售后服务，只要不会产生太多投诉就可以，产品出现质量问题，作为厂家只要给予必要的售后或者进行维修即可，不会造成客户太大的损失；而工业品产品标准和参数规范性强，技术含量较高，很注重售后服务，同时因为工业品客户不可能将产品送回厂家，所以对售后服务的要求较高，哪怕一点点故障，厂家就必须立即进行维修，工程师必须上门解决问题，甚至会为产品问题造成的损失进行补偿。在很多时候好的售后服务甚至成为公司项目招标的核心竞争力。

⑤在广告促销即沟通策略方面，快速消费品以广告促销为主；而工业品更多的是以人员销售、关系营销、技术营销、参观考察等手段为主。

(2)从产品的营销沟通常用的四个手段来看

工业品和快速消费品企业在广告、促销、人员推广和公关四个营销沟通方面的人力、物力和财力上的投入比例有着很大的差异，工作的方向和重点也有着很大的不同，这也造成了工业品营销和快销品营销在这四个方面上注意力的不同。如表 1-2、表 1-3 和图 1-5 所示。

表 1-2　工业品与快速消费品在营销沟通方面的力量分配

营销沟通	工业品(%)	快速消费品(%)
广告	10	50
销售促进(促销)	10	35
人员推销(推广)	30	10
公关	50	5

注：工业品偏重于公关，相对看淡广告；而快速消费品偏重于广告，相对看淡公关。

表 1-3　工业品与快速消费品在营销沟通方面的不同要求

营销沟通	工业品	快速消费品
广告	重点在专业刊物、媒介和行业协会活动中提高送达率，维持在目标市场的受众形象	重点选择覆盖面广泛的电视、广播，辅助选择一些专业的刊物，其传播的渠道、形式多样，是快速消费品营销最重要的沟通方式
销售促进(促销)	集中在特定的对象，有限定的场所和特殊的方式、载体等	普遍和广泛地使用，不受场所和场地的限制
人员推销(推广)	直接针对目标群体或者采购的对象	不仅仅针对目标群体，同时也针对渠道和销售场所等非消费群体
公关	关系营销是一种重要的沟通方式，即便是没有任何的附加条件	很少选择

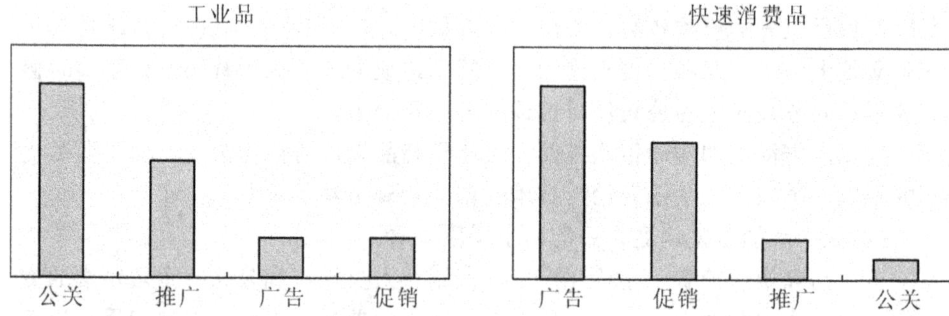

图 1-5　工业品与快速消费品在营销沟通注意力上的排序

在营销沟通注意力上的排序方面，工业品遵循从公关到推广到广告再到促销的业务流程，而快速消费品则遵循着从广告到促销到推广再到公关的业务流程。

(3)从产品的采购或者购买的各个环节来看

工业品和快速消费品在采购对象、行为、内容上都存在着很多的不同点。如表1-4所示。

表1-4 采购过程中工业品与快速消费品之间的差异

采购(购买)方面	工业品	快速消费品
采购对象	消费用户一般是组织或机构，购买主要由一个团队来负责	消费用户一般是个人或者家庭，购买由个人来负责
购买的行为	多是专业性购买、理性购买，重视契约，希望建立长期关系	购买的专业性不强
购买的决策方式	为非冲动型购买，购买程序复杂	多为冲动型购买，购买程序简单
采购的金额	单次的金额大	单次的金额比较少
采购的复杂程度	程序复杂，周期长	比较直接，程序也并不复杂
采购决定的内容	有一套相对完善的评价指标体系，考虑的因素比较多	仅仅满足于了解产品的基本属性、功能，同时比较在乎价格或促销

①从采购的对象来看。由于工业品的消费用户一般是组织或机构，其营销信息的需求内容、类型等比消费品的信息负载量大，用户的信息加工处理过程更复杂，因此工业品的购买主要由一个团队来负责进行，而且由于购买者、使用者、受益者等与购买决策有关系的人一般情况下是不一致的，这就要求工业产品的营销必须考虑到相关信息对影响购买行为的人的传递和作用。而快速消费品由于购买决策者主要为个人或者家庭，快速消费品营销在这方面的考虑相对简单。

②从购买的行为来看。工业品购买多是专业性购买、理性购买，重视契约功能，希望建立长期关系；而快速消费品由于只是针对个人和家庭的使用，购买的专业性不强，同时易表现出非理性的消费和短期行为。

③从购买的决策程序来看。工业品的购买方式为理性非冲动型购买，购买程序复杂，往往需要长时期酝酿，多部门、多层次的集体决策；而快速消费品的购买方式往往表现为非理性的冲动性购买，有时促销活动会对其购买决策起

到很大的影响作用。

④从采购的金额来看。工业类产品价格往往少则几万，多则几千万，交易额大，客户作决定的周期比较长，往往需要多次沟通与交流才能下订单；然而快速消费品单次的金额比较少，客户作决定比较快，几乎一次就可以搞定。

⑤从采购的复杂程度来看。工业品的购买周期往往拖得很长；然而消费品客户的采购程序往往非常简单，如很多消费者到超市购买东西时往往是无计划、随兴购买。

⑥从采购决定的内容上看。客户在采购消费品时，往往仅仅满足于了解产品的基本属性、功能，同时比较在乎价格或促销。而在采购工业类产品时，由于工业品的行业专有属性很强，采购标的大，采购方一般都比较谨慎，考虑的因素比较多，例如：产品是否满足自身的需求？能否解决目前面临的困难？产品的售后服务做得怎样？产品的性价比是否合适？产品对我公司的好处或利益究竟在哪里？我们与供应商之间的关系如何？同时，对于供应商的考察、比价、选择一般有一套相对系统完善的评价指标体系。工业品在多数情况下属于采购方的重要或关键的生产物资、设备、原料，从控制成本的采购角度看，比常规的企业营运资源(如办公类用品)采购更受关注，价格和质量方面的要求也更高。

(4)从市场规模的前景来展望

消费品的市场基本上是社会大众，覆盖的群体比较广，大部分是以日用消费品为主；然而，工业类产品基本是某一类特殊的群体，覆盖的群体比较单一，可市场前景却比较广阔。据资料统计，在美国，零售市场每卖出1美元的商品，批发和工业用品市场就销售出去3.9美元的物品。

(5)从销售人员推销产品的角度来看

消费品的销售比较简单，因为客户并不是太看重销售人员，他们关注的重点是品牌、质量与价格，因为在客户的眼里，同质产品比较多，可以选择的竞争性产品也比较多；然而，工业类产品的销售，对于销售人员要求比较高，不仅仅需要懂得销售技巧，还要懂技术、产品知识、维护客户关系等，它要求销售人员必须与客户之间建立足够的信任感，才能促成销售的实现。

(6)从对产品的关注度和参与度来看

消费品是一个关注度和参与度低下的产品；而工业品由于其特点决定，无论从哪方面来看其都是一个关注度和参与度很高的产品，如购买的参与者会涉及不同的部门，在进行购买决策时往往会考虑很多的问题，而在使用的过程中同样也会牵扯很多的部门和人员。

【知识扩展】　　工业品营销与快速消费品营销的共同点

在对工业品与快速消费品的营销差异点进行比较后，我们可以看到虽然两者之间有着众多的不同，但是工业品和快速消费品的营销之间同样也存在着共同的地方。

第一，不论工业品还是快速消费品，其采购的对象虽然不相同，但是进行采购的主体都是人，与人打交道是两者在营销实践中必须面对的问题。

第二，虽然在营销沟通上的投入比重、关注顺序不同，但是营销沟通的各种手段，在工业品和快速消费品营销中都是必备的营销手段，其最终的目的都是为了更好地促进产品的销售，扩大市场占有。

第三，不论是快速消费品营销还是工业品营销，在每场营销活动中都必须对市场、环境等客观因素进行具体分析，只有这样才能使各种营销手段起到相应的作用。

第四，在营销活动中，不论是工业品还是快速消费品，两者对于品牌、质量的关注都在逐渐成为一个重点，并且关注度随着竞争的加剧而逐步加深。

第二章　了解工业品市场营销

本章我们将解决下列问题：

- 工业品如何分类？
- 工业品市场的特点是什么？
- 各阶段的工业品营销是如何发展的？
- 中国特色的工业品营销是什么？
- 工业品营销系统如何构建？

长期以来，工业品市场营销在中国鲜有专家学者进行系统的研究，以下的内容是我们从探讨中总结的，努力尝试为读者提供比较系统的知识体系和实践建议。

一、工业品市场概述

菲利普·科特勒认为：工业品市场应该围绕着投入品、基础品及便利品来实现。然而我们觉得应该更加细分一些。

在对工业品市场进行充分认识之前，我们首先需要对产品的概念有个清楚的认识，这样我们才能由浅入深、由表及里对工业品有一个全面的认识，对工业品的研究才能深入下去，了解其内在的本质和特点，并根据工业品的特点，对工业品进行一次深层的解读，从而在实践中更好地开展工业品营销。

(一)关于产品的认识

1. 什么是产品

对于产品的定义，由于所处的角度不同，对产品的理解也有所不同。

狭义的定义认为，产品是指被生产出的物品，是具有某种特定物质形状和用途的物品，是看得见、摸得着的东西。

从广义的角度，产品是指凡与自然物相对的一切劳动生产物，产品是人们通过购买而获得的能够满足某种需求和欲望的物品的总和。它可以是包括具有物质形态的产品实体(如实物)，又可以是非物质形态(如服务、思想等各种形态)的利益；可以是交付给客户的最终产品，也可以是生产过程中的半成品和外购件。

从这两个定义上我们可以认为，产品是人们为了满足需要而通过劳动创造的产物。任何一个物品成为产品必须满足以下两个条件：

第一，必须是被劳动生产出来的物品。

第二，物品必须要满足某种需要。

2. 产品包含哪些内容

对于任何一个产品，由于其被生产出来的目的是为了满足某种需要，因此每一种产品只有通过交换成为商品，那么这个产品才有生产出来的必要和意义。根据这个要求，人们对产品的认识就会有更进一步的、全新的理解，并在对产品进行诠释和理解的时候将其附加一个商品的概念在里面。现代市场营销理论认为，产品的整体概念包含核心产品、有形产品、附加产品、期望产品和潜在产品五个层次。如图 2-1 所示。

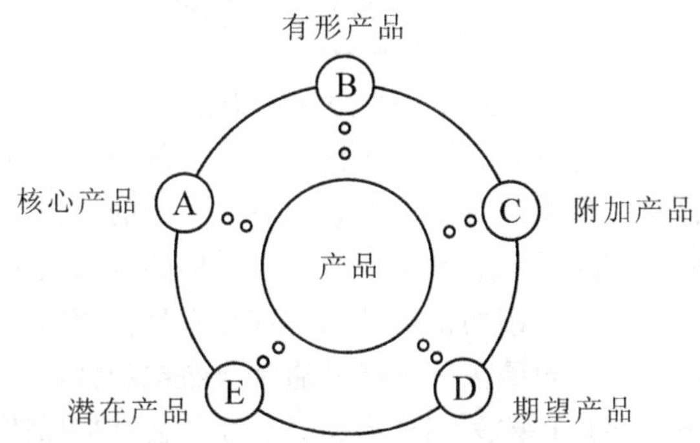

图 2-1　产品的五个层次

①核心产品，是指为客户提供的最基本的效用或利益，是客户真正要买的东西，是产品整体中最基本和最具有实质性的，因而在产品整体概念中也是最基本、最主要的部分。客户购买某种产品，并不是为了占有或获得产品本身，而是为了获得能满足某种需要的效用或利益。如客户购买一个电钻对于客户来讲他想要得到的不是电钻的本身，而是这个电钻能让客户得到打孔的需求；购买保健品是为了得到健康的需求，等等。

②有形产品，是核心产品借以实现的形式，是产品呈现在市场上的具体形态。主要包括有形实体和服务的形象。有形物品包括产品实体及其品质、特色、款式、品牌和包装。如一个旅馆的房间应包括床、浴室、毛巾、桌子、衣橱等；一个冰箱应有储藏室、冷冻室并且有品牌、样式和质量标准，等等。具体包含内容如图 2-2 所示。

③附加产品，是客户购买有形产品时所获得的全部附加服务和利益，包括提供信贷、免费送货、质量保证、安装、售后服务等。例如，旅馆能增加它的

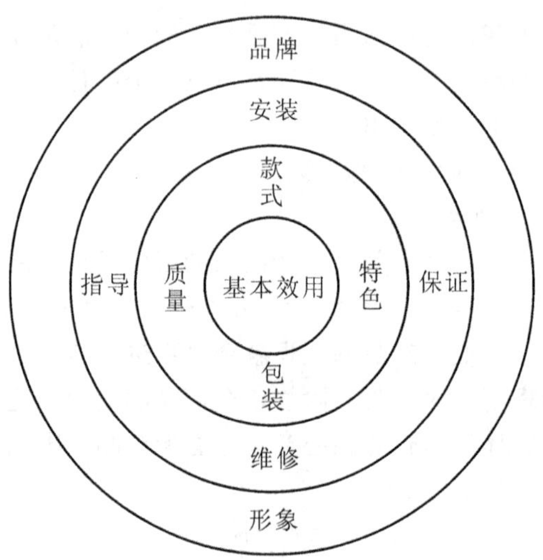

图 2-2　有形产品的内容

产品，包括电视机、鲜花订购、迅速入住、美味晚餐等；设备制造企业能增加它的产品，包括设备免费维修服务、安装服务、人员的培训、企业的市场预测和解决方案等。附加产品的概念来源于对市场需要的深入认识，因为购买者的目的是为了满足某种需要，因而他们希望得到与满足该项需要有关的一切。

④期望产品，是指客户购买某种产品通常所希望和默认的一组产品属性和条件。一般情况下，客户在购买某种产品时，往往会根据以往的消费经验和企业的营销宣传，对所欲购买的产品形成一种期望。如对于住旅店的客人，期望的是干净的床、香皂、毛巾、热水、电话和相对安静的环境等；对于购买制造设备的客户，期望的是专业的维修工具、设备简单安全可靠的操作界面或者平台等。客户所得到的是购买产品所应该得到的，也是企业在提供产品时应该提供给客户的。对于客户来讲，他对这些产品的基本属性并没有偏好，但是如果客户没有得到这些，就会非常不满意，因为客户没有得到他应该得到的东西，即客户所期望的一整套产品属性和条件。

⑤潜在产品，是指一个产品最终可能实现的全部附加部分和新增加的功能。如旅馆客人在枕下发现了糖果，在录像机内发现了经过挑选的录像带，根据客人的偏好来准备房间。许多企业通过对现有产品的附加与扩展，不断提供潜在产品，所给予客户的就不仅仅是满意，还使客户在获得这些新功能的时候感到喜悦。所以潜在产品指出了产品可能的演变，也使客户对于产品的期望越来越高。潜在产品要求企业不断寻求满足客户的新方法，不断将潜在产品变成现实的产品，这样才能使客户得到更多的意外惊喜，从而更好地满足客户的

需要。

以上五个层次包括给买主带来附加利益和心理满足及信任感的售中及售后服务、产品形象、销售者声誉等，构成了“产品整体概念”，即现代营销意义上的产品，产品的基本效用必须通过其中的某些具体的形式才得以实现。

【案例分享】　　空调产品

空调是家用的消费品，从核心产品这个层次上看，作为客户购买空调是为了购买空调制造不同温度的功能，目的是为了得到自己想要的、舒适的温度。从有形产品的层次看，作为一个空调产品需有压缩机、制冷器等关键的设备，作为客户在购买空调产品时往往会考虑买什么品牌，这个品牌的质量如何，款式、外观和机型如何等相关的因素。从附加产品这个层次看，空调厂家为促进产品的销售会进行质量保证承诺，实施送货上门、免费安装等一系列的优惠措施来吸引消费者。从期望产品这个层次上看，消费者期望自己购买的空调不仅要制冷(热)快，而且要省电、噪声小，企业的产品如果能够满足客户的这些需求客户就会感觉到满意。从潜在产品这个层次看，企业给自己的产品增加相应的附加功能如空调对空气的净化功能、杀菌功能，通过提供这些潜在的产品，给予了客户意想不到的惊喜，更好地满足了客户的需求。正是产品的这五个层次的组成构成了我们在现实中所见到的一个真实的空调产品。

(二)工业品的分类

1. 工业品的认知

由于产品的品种多样化，因此产品在类别的划分上又有着多种形式的区别。比如：

根据产品的是否耐用和有形，可分为耐用品、非耐用品和劳务。

根据产品与产品之间销售的相互影响和作用，可分为独立品、互补品、替代品和条件品。

根据消费者的购买习惯，产品可分为便利品、选购品、特殊品和“非渴求品”等。

根据产品的消费对象以及产品的最终用途的不同，产品又可分为消费品和工业品。可以讲工业品是相对于消费品而言的一个专用统称，是指由工商企业、政府机构或事业单位所购买，用于生产、销售、维修或研发的产品与服务的总称。具体地讲，工业品是指那些购买者购买后以社会再生产为目的来使用的产品。需要强调的是，这里有一个关键词——社会再生产，当然再生产的结果可能是有形产品，也可能是无形产品——服务。

按照存在的状态工业品可以分为两大类。

(1)工业中间品

也可以称为中间型工业品(如原辅材料、零部件等)，主要服务于下游工业品企业，但最终产品可能是工业品也可能是消费品，其中消费品可能是耐用消费品也可能是快速消费品。主要包括：

①原材料。指生产某种产品的基本原料，是用于生产过程起点的产品，如生产钢铁的铁矿石、生产婴幼儿奶粉的原料奶，以及生产轮胎的橡胶等，这些都是工业品的基本原料。

②零配件。指已经完工、构成用户产品的一个组成部分的产品。如生产汽车用的万向节、发动机等部件，生产电视机所用的显像管、液晶屏等，这些都是工业品的零配件。

(2)最终工业品

主要服务于工业或工程，但亦有可能是民用产品。主要包括：

①基本设备。指保证企业进行某项生产的直接影响企业产品质量和生产效率的基本设备，大多为固态资本品。如生产零件的铣床、生产食品的包装机械、生产汽车的流水线、重型机床、厂房建筑及成套设备等，这些都是生产过程中的基本设备。

②附属设备。相对基本设备而言，附属设备对生产的重要性差一些，属于价值较低、标准化的设备。如在生产过程中的机械工具、电气设备、水处理设备、控制器等。

③系统集成与服务。指企业内部运行及主要流程用IT技术等新技术组成的优化集成，包括运行软件及硬件设备。如数控机床所需的软件、流水线上的数控程序、电力自动化系统集成、智能监控系统集成、水处理系统集成等。

当然，按不同的划分标准工业品还有其他不同的分类结果，比如：按用途的方式不同可以划分为直接工业品(原材料、半成品、零部件等)和间接工业品(生产设备、供应品等)；按使用行业的不同可以划分为农业用工业品、制造加工业用工业品、建筑业用工业品、交通运输业用工业品、服务业用工业品等。以上这些产品类别的共性都是在企业与企业之间或企业与其他组织机构之间进行交易的，这类产品是用来间接或直接生产消费品的，处于价值链的中间部位。

由于工业品是用在生产最终消费品的制造流程中，或只是作为某种消费品的部件或原料，因此可以讲工业品是在一个新的生产环节中用来创造附加价值的产品，是实现劳动价值再创造的产品，其存在的目的是实现产品增值和再次销售。

2. 工业品的特性

由于工业品是根据消费对象和最终用途的不同而从产品中划分出来的一个分类，因此工业品与消费品之间存在着不同的地方。如表 2-1 所示。

表 2-1　工业品与消费品的区别

对象	工业品	消费品
购买对象	企业及相关的组织和机构	个人或家庭
作用	实现再生产	满足日常生活的消费
目的	市场价值的升值或者价值的转移	达到使用的目的
消费环节	处于消费的中间环节	处于消费的最终环节

工业品是由工商企业、政府机构或事业单位所购买，用于生产、销售、维修或研发的产品与服务的总称，这个概念和内涵决定了工业品本身具有的基本特征：

①需求特征。工业品的需求由工业品组装、生产的最终产品的需求带动；工业品购买者对产品的需求受价格变动的影响不大；购买者对工业品的购买是连续进行的；工业品之间有连带性；工业品的技术性较强，需要性能、操作、维护方面的服务；工业品需求的波动性较大且波动速度快。

②购买特征。用户数量较少，地理分布集中，购买者远离家用消费者，主要是企业或组织；多是专业性购买、理性购买；参与决策人数较多，往往由集体决定是否购买；购买过程较为冗长，有时空、质量要求；购买程序复杂；购买过程不为大众所熟知。

③决策特征。购买决策复杂；购买过程比较规范；重视契约功能，缺乏媒体聚焦，希望建立长期关系。

④交易特征。购买数量多，交易额度大；交易谈判次数少，每次谈判时间长；直接购买。

⑤产品特征。产品标准和参数规范性强，技术含量较高。

工业品与消费品之间的差异和工业品本身基本特征的存在，决定了工业品与消费品在营销实践方面必然存在着诸多的不同。

(三)工业品行业概述

工业品的细分是以行业分类标准为依据的，各个行业所占据的领域不同，从而需要的工业品也不同，按行业细分一方面加深了工业品细分的量化标准；另一方面，工业品细分之后更方便于客户选择。

1. 工业品行业分类的方法

工业品行业的分类应依据从资源开采到原材料加工，再到最终产品制造，最后到高科技发展这个生产阶段和过程为基本框架。

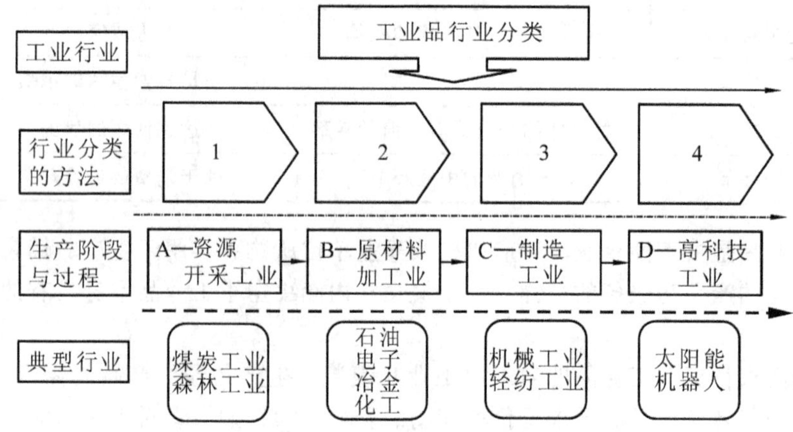

图 2-3 工业品行业分类图解

2. 工业品的分类标准

①开采工业——只能是哪里有资源就在哪里布局，因此，开采工业是论证和选择已知自然资源的开发和先后次序、规模以及如何开发等一系列问题。

代表行业：煤炭工业、森林工业。

②原材料加工业——是将由开采工业开采并经分选等简单处理的原字号产品，如原煤、原油、原木等进行加工(一次或多次)利用转化，并为后续工业——制造工业提供原材料、半成品的工业部门和行业。

代表行业：石油、电力、冶金、化工等工业。

③制造工业——是将工业(主要是原材料工业和部分开采工业)和农业(农、林、牧等)提供的原料和材料，进行工业生产的最后阶段的加工制造，其产品则直接投向生产资料和生活资料市场，供社会生产和生活消费的工业部门。

代表行业：机械工业、轻纺工业。

④高技术工业——是传统工业改造和发展的先导，高技术工业基本包括新能源和新材料生产的原材料工业和包括电子计算机、机器人制造等电子工业在

内的制造业两大部门(高技术工业当然也包括技术复杂的开采工业)。

代表行业：新能源、新材料、电子工业。

3. 行业细分

本书研究的工业品，更强调以行业用户为研究对象并且进行细分。如何进行细分？下面我们以制造工业为代表，简单介绍行业细分。

制造工业可以细分为机械工业、交通运输机械和汽车制造业三大行业。而机械工业又可再细分为重型机械、大型发电设备、机床制造业、大型农业机械和精密仪器仪表设备等；交通运输机械可以细分为飞机制造、造船工业、铁路机车、车辆制造等；汽车制造业可以细分为汽车、汽车零部件等行业。

一步一步地进行行业细分，将有助于理解工业品行业细分的概念，从而更好地掌握工业品营销。

【知识分享】　　工业品所面临的环境分析

依据工业品行业分类的方法，对工业品进行细分之后，我们就更容易理解工业品的概念了。但只是明确工业品的分类，我们不一定能做好工业品营销。明确分类只是做好工业品营销的基础，要做好销售，我们必须明确我们所处的环境是什么样的。下面，我们将对我们所面临的营销环境作进一步的观察与分析。

开采工业面临的环境分析

1. 开采工业外部环境——越来越多的环境问题

矿产开采，历来都受到人们的高度关注，因为在矿产资源开采过程中，我们必须注意太多的细节，比如对环保的认识是否到位、开采管理与执行是否得当、开采技术是否先进等，其中任何一个环节出错都会导致我们的环境出现大问题，所以我们要积极解决。目前有几大方面是我们需要重点注意的开采工业的外部环境问题：

(1)“三废”排放。在矿业开采中产生的废水、废渣、废气对环境都有着很大的影响，这不仅是企业自己的问题，它更影响着整个社会，从而受到社会带来的巨大压力。所以作为开采工业外部环境最重要的一环，企业应该对其引起足够的重视，否则，企业的文化再好，也只能作短命企业。

(2)谨防地质灾害。因为大量开采矿产，可能会导致矿产区地下采空，从面引发山体滑坡、矿区塌陷等灾害。一旦矿区的水均衡系统遭到破坏，就可能会引起地下水水位下降、泉水干枯、水资源枯竭、水质严重污染，这些问题的后果不仅会影响企业的发展，更重要的是影响了整个生态系统的平衡，很有可能导致大自然的恶性循环，这是开采工业必须注意的环境问题。

(3)矿产开采的垃圾处理。在开采资源的过程中，我们必须做好相关的善后工作，矿产开采所产生的垃圾会侵占大量土地并且破坏土质，如果处理不好，对于企业以后的发展有很大的阻碍，所以企业在发展的过程中，必须重视这个外部因素。

2. 开采工业内部环境——企业自身的管理

对于任何一个企业，我们在重视外部环境的同时，内部环境也是很重要的一环。企业自身的管理是否到位，决定着企业能否走得长与稳。企业应该从以下几个方面明确自身内部的环境：

(1)企业内部是否有环保的意识？环保是一个企业长期发展的基础，而环保是否做得好很大一部分取决于企业是否有环保的意识。

(2)企业的管理是否到位？有些时候企业的问题是出在管理层上，因为管理层的影响太大，而且这种影响往往趋于负面。比如应该做的监管没有到位，从而导致很多问题被忽略，到最后居然找不到具体负责的部门，于是出现内部危机。

(3)企业是否足够重视污染问题？具体表现为对污染的补偿不够，并且补偿不足，造成企业对环境问题没有真正负责，治理不到位，相互推诿，最终结果只是企业内部环境越来越混乱。

(4)企业自身的技术是否到位？企业环境的污染防治和生态恢复技术滞后，也制约着矿产环境的保护和治理工作的进展。

(5)企业是否足够重视安全事故？这是多数企业发展不下去的原因之一，因为安全太重要，而企业又很难做好，所以这是重中之重。

(6)企业是否使资源发生浪费？对于开采企业来说，资源很宝贵，但是因为企业一些落后的开采技术和开采设备，可能会造成很大的资源浪费。从发展的角度来说，这也是很重要的一点。

原材料加工业面临的环境分析

中国是个巨大的“加工厂”，从某种意义上讲，我们具有很大的优势，因为我们更加熟悉环境，更加精通技术，但是，这种优势却不是一成不变的，随着原材料加工业的发展，企业也面临着新的环境问题：

(1)资源可利用空间很大。以前中国作为继印度之后的一个巨大的“加工厂”，加工着来自世界的原材料，但是从另一个角度来说，我们忘记了挖掘自身的资源，于是从这个角度来看，中国的工业品原材料加工业有着巨大的可利用空间。

(2)原材料加工业本身也具有强烈的发展意识。我国的原材料加工业在以往的发展中，已经积累了一定的实力，面对加工业更加透明化与发展迅速化的今天，我国企业凭借自身的优势，也想在国际上占据优势地位。

(3)面对原材料价格的飙升，只有50%的企业能承受。对于能够承受的这50%的企业而言，这是一个绝佳的发展机会。

制造工业面对的环境分析

制造工业简称制造业。在中国是指不需要加工，可供最终消费和使用的工业产品，它是相对于开采工业和原材料加工工业而提出来的。制造工业行业众多，品种庞杂，从产值看，机械制造和轻纺工业占主导地位，于是我们以这两个行业作为研究对象，对其进行环境分析：

(1)布局受矿产资源、原材料产地的影响。制造工业严重受矿产资源的影响，比如产地、产量、成色等，这是全世界都面临的问题，所以制造工业要发展，必须选对自己的落脚处，处理好资源不足的问题。

(2)技术影响占主导地位。如果说制造工业受矿产资源、原材料产地的影响，那技术对制造工业发展的制约会更大。制造业技术日新月异，每一天都在发生着变化，而这些变化都在向着如何提高制造成果、节约成本的方向发展，企业如果不能在第一时间把握住技术提高的命脉，那制造业想要发展就会变得很难，如同一个制造企业老是用别人昨天用过的技术一样。

(3)协作条件的优劣决定制造业发展的好坏。上游企业与下游企业协作得好，对于整个制造业的发展有很多好处，节约成本只是一方面，更重要的是简约了整个发展过程，使企业在发展的同时可以有更多的精力去拓展别的市场，这样才是一个企业追求长期发展的好方法。

(4)市场消费是否巨大。前面提到的几点，更偏重于制造企业自身的发展问题，而一个企业要发展，我们不能忽视企业所面对的消费市场，毕竟企业的生存与发展取决于此。那么，制造企业到底面临一个多大的市场？这个市场的消费能力是否足够满足整个制造企业的生存与发展？这需要制造企业在进入这个领域之时认真考虑。

高技术工业面对的环境分析

人类之所以能够持久生存，原因可以归结为社会高科技的发展与进步给人类的发展带来了新鲜的血液，但是，高科技发展所面对的环境是否一直适合它的发展呢？这需要我们对高技术工业所面对的环境作一个详细的分析：

(1)污染能否降低。高技术工业的发展，免不了会给城市带来一定的污染。我们发现，人们其实很喜欢高技术的产品，因为它们能提高人们的生活品质，但是人们又很讨厌发展高技术带来的污染，于是一个迫切希望改善环境污染程度的新环境正在产生。

(2)市场的支持。高技术工业之所以能发展，是因为得到了市场的支持，然而市场是善变的，如果高技术工业的发展没有考虑到消费者的方便与实用，那么他们将转而支持其他发展技术。所以从某一个角度而言，市场的支持是一个不得不考虑的环境因素。

(3)人力资源的供给。高技术的发展壮大与人力资源的紧密配合是分不开的，技术在更新换代，掌控技术发展的人也在更新换代，这个环节不能中断，而且还向更强、更新的方向发展，所以，企业发展必须考虑人力资源供给是否合理。

(4)社会的认同与支持。这是高技术工业能否发展下去的一个很重要的因素，在技术与社会之间，企业要找到一个合理的平衡点，使得发展的高技术工业得到社会的认同与支持。

4. 工业品行业产业链概述

(1)产业链的细分

产业链是一个包含价值链、企业链、供需链和空间链的四维概念，这个四维概念在相互对接的均衡过程中形成产业链。产业链的本质是用于描述一个具有某种内在联系的企业群结构，它是一个相对宏观的概念，存在两维属性：结构属性和价值属性。其主要的特点就是存在着上下游关系和相互价值的交换，依靠上下游的配合来使整个行业产业链协同发展。

工业品的行业产业链是按工业品在整个产业链中所处的地位不同而划分的，工业品的行业产业链可以划分为四个部分：资源开采工业、原材料加工业、制造工业和高技术工业。它们将整条工业品行业产业链补充完整，并且具备了产业链中价值链、企业链、供需链和空间链的四维概念。

下面我们对整个工业品行业产业链的四个部分分别进行介绍。

资源开采工业是工业品行业产业链的下游，典型行业有煤炭工业、森林工业、橡胶工业等，它们布局在资源丰富的地区，在整个行业产业链中担任一个非常重要的角色，它们的存在使得整条产业链具有价值。

原材料加工业处于整个工业品行业产业链的中游位置，典型行业有电力、石油、化工、冶金等。

制造工业也处于整个工业品行业产业链的中游位置，典型行业有机械工业、轻纺工业等。

高技术工业处于整个工业品行业产业链的上游，典型行业有新能源、新材料、电子工业等。

(2)工业品行业产业链的用户关系

了解行业用户关系，对于工业品营销有巨大的帮助。行业用户的来源就是工业品的行业产业链，当工业品行业产业链划分清楚后，相应的行业用户也就产生了。行业用户就是根据行业产业链的某个产业链环节进行细分而来。下面以资源开采行业为例，对整个工业品行业产业链的各个部分所涉及的行业进行如下归类：

资源开采行业的典型行业如煤炭行业、森林行业、橡胶行业等，这一类型的行业处于工业品行业产业链的下端，主要是为原材料加工业、制造工业、高技术工业提供产品，其生产受地域的限制比较大，毕竟资源不是任何地方都有，更重要的是，资源是有限的，在资源开采的过程当中，资源开采行业将时刻受到社会各界人士的关注。

资源开采行业对工业品的需求范围较广，大到开采所用的机械，小到围绕开采机械所需要的零配件、组装件、消耗补给品和服务。这些需求在精度方面虽然没有高技术工业的需求高，但也有其特定的需求，比如耐用、安全、全面等。

(四)工业品市场的特点

工业品市场是为了制造产品或根据业务需要而购买商品或劳务的组织或个人所组成的市场，又叫生产资料市场，是为企业的生产服务的，它提供的商品是生产资料。一般而言，除了快速消费品市场之外的市场都泛称工业品市场。

就卖者而言，快速消费品的市场是个人市场，工业品市场则是法人市场。工业品市场包括生产者市场、中间商市场、非营利市场和政府市场。

生产者市场指购买产品或者服务用于制造其他产品或服务，然后销售或租赁给他人以获取利润的单位和个人。

中间商市场也称转卖者市场，指购买产品用于转售或租赁以获取利润的单位和个人，包括批发商和零售商。

非营利组织泛指所有不以营利为目的、不从事营利性活动的组织。通常指机关团体、事业单位。是由为了维持正常运转和履行职能而购买产品和服务的各类非营利组织所构成的市场。

政府市场主要指政府采购市场。

由于工业品不直接面对普通消费者，因此与消费品市场相比具有其显著特征。

1. 客户数量相对较少，但比较集中，单次购买量大

一方面，工业品的客户主要来自于企业、政府、机构、组织等，因此客户数量相对消费品的消费大众来说少很多，而目标客户就更少了；但另一方面，客户数量就显得十分集中，客户市场掌握在少数“巨头”手中，客户的单次购买量大。比如，一个新建的中型工程项目，购置成套电器设备时的订单动辄达几千万元。因此，有些企业的业绩主要来自于几个大企业的大项目，可以说它们是靠几个大客户的支撑来生存的，这样，它们的前途就系在了几个大客户的身上，大客户的变动将直接影响企业的命运。所以，工业品企业在做广告宣传时就不能像快速消费品企业那样铺天盖地地宣传，而必须树立品牌，锁定目标客户进行重点突击，有的放矢。

2. 专业、理性购买，购买决策复杂

工业品一般都是大宗产品，单次购买费用高，购买次数较少。因此，在购买工业品时，客户显得十分谨慎、小心，担心买错了或者买贵了。在购买过程中会有多个部门和核心人员参与，属于专业、理性购买。比如，在购买一套机械设备时，会有采购部、工程部、技术部、财务部，以及企业高层领导等组成采购小组，对购买产品的企业、产品本身以及售后服务等进行层层考核。所以，客户购买工业品是一个复杂的决策过程，少则几个月，多则几年也有。不过，如此长的决策过程，为企业的项目公关争取了足够的时间，企业可以充分利用这段时间，做好客户的公关工作，博得客户的信任，树立企业的形象，与客户建立良好的伙伴关系。

3. 通常采取直接买卖方式

由于工业品成交金额大，客户往往会直接与生产企业联系，实地考察，亲自考核，实施直接采购。而生产企业为了将企业形象、产品信息更好地传达、展示给目标客户，会采取直销的模式，组建企业自己的直销队伍，面对面地与客户沟通，通过形象颇佳、产品知识过硬的直销人员树立企业的良好形象，博取客户的信任。

4. 定制采购，注重服务

工业品的技术含量一般比较高，加上客户对产品往往有特殊要求，因此，许多客户通过招投标的形式，提出自己的技术要求和相关条件；而供应商会根据客户的需求组织技术队伍，进行产品定制化设计，满足客户需要。由于是定制加工，不具有通用性，生产出来的产品就可能只有定制客户能使用，因而，客户不再需要的时候，这批产品也就不再生产了；或者客户中途不要时，产品就很难卖出去，这样加大了供应商的风险。供应企业会与客户签订《工业品买卖合同》，约定双方的权利与义务、违约责任等，还会要求客户交付一定的订金。

5. 工业品需求属于派生需求，缺乏弹性

工业品市场可以说是派生的市场，工业品市场的需求也是派生的需求，是消费者对消费品的需求而派生出来的需求。没有消费者对消费品的需求，就不会有对机械设备的需求，也不会有对原材料的需求。

由于工业品市场的需求是派生的需求，只要消费品的需求存在，工业品的需求就必然存在，消费品市场的波动不会对其产生太大的影响。这是因为工业品市场的需求取决于生产过程、生产特征，只要企业不改变生产方式或产品种类，需求就会存在。例如，彩电生产企业不会因为显像管的涨价而少买或者放弃购买。

二、工业品营销的特点分析

(一)工业品营销的误区

由于对工业产品的认识有限以及营销思想意识的限制，在工业品营销上业务人员与企业往往容易进入营销的误区，其主要表现如下。

1. 业务人员对工业品营销工作的认识存在误区

首先，认为售前准备工作不重要。很多业务人员在和客户进行业务洽谈是只是为了去谈业务而去谈业务，认为售前的准备工作不重要而不去做充分的准备，主要表现在对企业的产品情况不甚了解，对客户的实际情况没有研究，对客户负责人的情况一无所知以及缺乏必要资料的准备；因而在进行洽谈时对客户提出的问题要么不知道如何去回答，要么答非所问，要么什么事情都是打电话向公司总工或者技术人员询问，或者资料准备不充分导致客户需要的东西无法及时予以提供，失去与客户进一步沟通使其了解自已和企业产品的机会。由于工业品交易涉及的资金数额大、采购理性化以及存在团队采购制约因素，因此工业品业务人员在售前必须对自身的产品有充分的认识，准备好充足的资料，同时尽量从各个渠道掌握客户的信息，了解客户急需解决的问题，客户过去与哪些公司保持业务往来，以及客户的业务流程是什么，这样才能抓住关键矛盾和关键人物，才能够在业务合作的过程中对客户提出的问题和要求一一解答，同时也才能从客观立场为客户面临的问题提供合理、可行的解决办法，获取进一步与客户沟通的机会。

其次，认为工作计划没必要考虑。很多业务员开展销售工作时，认为销售是跑出来的工作，计划可有可无，疏于对自己的工作进行有计划的安排，从而使自己工作的目标不明确，没有工作重点，在销售工作中抱着“宁可错杀一千，不可漏掉一个”的想法，为了销售而去奔波，结果是跑遍了所有的客户，但收效甚微。实际上，一个行业内往往都有几个有影响力的企业，其一举一动都关乎整个行业的走向，整个行业的企业几乎都唯它们马首是瞻，它们的态度很关键，起着风向标的作用，只要搞定这几个有影响力的企业往往会带动一大批的客户。因此在进行工业品营销时，作为业务人员要学会找重点，寻找关键客户，学会抓大放小，打攻坚战，这样才能起到事半功倍的作用。

2. 业务人员在工作中由于自身原因造成营销的误区

首先，业务人员的心态不成熟。一种是急于求成的心态，不能打持久战。我们知道工业品营销的一个主要特点是开发周期长，很多业务人员在和客户进行合作洽谈时，往往由于客户没有尽快签订订单，而使客户流失。其实作为客户不能尽快签下订单，往往有各方面的原因，如财务上的困难、人事上的变动、对产品的性能存在质疑、观望同行业的动向或者现有合同的约束。因此工业品从接触客户到成功交易可能需要很长时间，甚至会延续几年，必须要有打持久战的决心和信心，不能急于求成。第二种是自我为主的心态，很多业务人员在与客户进行谈判或者进行销售时往往以自我为中心，忽视从客户的角度去考虑问题，在个客户制定采购方案时只是一味地关注个人的收益而不懂得帮客户算账，结果造成客户无法或者无力合作。工业品的营销至少有两个群体需要我们说服：一是关心产品性能、质量的部门主管；二是关注投资效益的幕后的高级主管。因此从购买者的角度来为客户分析投资报酬率是十分有力的武器，对达成合作大有帮助。

其次，业务人员的短视行为。主要有两种具体情况，一种是视客户关系为“一夜夫妻”，在不择手段地完成交易后，即把客户“一脚”蹬掉，既不做回访，也不做售后服务，只做一锤子买卖。实际上，在进行工业品营销时，一旦与客户建立起长期稳定的关系，并不厌其烦地向客户提供优质及时的服务，就会为竞争对手的进入筑起很高的门槛，从而为自己源源不断的后续产品提供机会。另一种是对客户不真诚。为了拿到订单，有些业务人员试图夸大产品的特点和服务以吸引客户，结果是搬起石头砸自己的脚。实际上在工业品营销时双方合作的基础是建立在信任的基础上，业务人员在业务过程中讲究策略、方法和技巧，是应该的，也是必须的。但是业务活动必须遵循诚信的原则，实事求是地介绍产品，实实在在地提供服务，只有这样才能使合作长久下去。

再次，只走上层路线忽视群众路线。其实工业品营销涉及很多不同的角色、不同的人，如使用部门、采购部门、工程部门、财务部门、技术部门以及高层管理者等，它们都发挥着各自不同的作用。我们常说阎王好见、小鬼难缠，有时候一项业务的成与败可能会因为一个小人物而改变事情的结果，因此作为工业品营销人员既要会走上层路线也要走群众路线，必须一一拜见各方面人物，打通各种各样的关节，不要存在侥幸心理而试图走捷径。如果不建成广泛的统一战线，就会遇到意想不到的麻烦。

3. 企业管理方面的误区，主要是企业的认识方面存在的误区

首先，产品品牌无用论。品牌除了产品本身，还包含了附加在产品上的文化背景、情感、客户认知等无形的东西，而后者往往是最重要的，因为它能向客户提供超值享受。品牌能给客户提供比一般产品更多的价值或利益，使企业永远立于市场竞争的不败之地。

其次，企业形象无关论。很多企业以为只要产品有竞争力就够了，至于企业形象是可有可无的东西，其实正如科特勒所言："有些工业品公司的广告支出严重不足，无法提高在用户中的知名度与认可度。它们低估了公司形象和产品形象在售前争取消费者的能力。"在工业品营销中，客户常常会问是哪家公司生产的产品，并花很多心思去了解行业内有哪些企业生产同类产品，谁是龙头企业，谁是信得过的企业，反复分析论证，慎重选择。对于工业品的营销，企业形象越好，就越容易获得订单。因此企业有必要充分地运用公关手段，在业界及用户中树立有实力、讲信誉的企业形象，如举行新闻发布会或研讨会，参加有影响力的交流会或展览会，制造或利用新闻热点，或者在专业媒体上投放广告或发表论文等。

再次，买卖关系论。很多工业品生产企业与客户之间的关系往往停留在我卖你买的生意合作关系上，企业与企业间的联系也仅限于一般的业务合作。其实，工业品厂商不应该把客户当做"买卖"关系，而应该是伙伴关系。即不断在技术上创新，与客户共享信息和资源，帮助客户解决生产及销售上的难题，从而最大限度地满足终端消费品用户的需求，这样才能实现客户长大我发展的双赢局面。因为工业品的需求最终是消费需求派生的结果，只有消费品的需求旺盛，工业品的需求才会旺盛。如，利乐公司作为世界上最大的液体食品加工生产线企业，在同行业中以超过50％的市场占有率笑傲江湖。其最大的秘诀就是把客户当做自己的伙伴，不断帮助客户成功。1999年，为了在中国推广牛奶的消费理念，从而促进其设备使用厂商的产品的销售，利乐公司配合政府全民饮用牛奶的牛奶推广工程，及时在各种媒体上推出了A＋牛奶的广告，与客户配合进行A＋牛奶的推广活动，直接导致了牛奶市场的迅速扩大，做大了整个液态牛奶的消费市场，从而扩大了客户的生产及销售规模，最终使利乐公司与众多客户同时受益。

(二)工业品营销的特点

根据以上的全面分析，结合工业品本身的特性，我们可以归纳出工业品营销本身具有的特点。

①开发周期长。从初次拜访到最后成交的过程非常长，大部分从数月到数年，才能取得成效。

②客户开发的连续性。由于周期长，一段时期内同时存在跟踪的客户、投标的客户，还有潜在的客户等，客户的开发过程是连续不断的。

③偶然性市场。由于成交的复杂性，对订单成交很难做精确的计划，客户下单往往在偶然间出现变化。

④老客户的重要性。由于存在售后服务收入、再购买以及口碑等原因，维护老客户比开发新客户的成本低，而创造的价值更高。

⑤成交促进和规划。临门一脚是工业品营销的关键，策划好招投标是保证前期跟踪投入获得回报的重中之重。

⑥样板客户的力量。没有什么比参观样板客户给潜在客户的冲击力更大的销售手段。

⑦ 交易(量)金额大。由于工业品的采购主要是用于工业化的生产，其存在连续性和稳定性的要求，因此工业品的采购存在交易(量)额大的显著特点。

⑧量变引起质变。从收集信息、跟踪订单到成交，是在大量的电访、走访的基础上一步一步走向成功的，很少有一蹴而就的生意。因此，在工业品的销售中，我们应该非常注重产品本身的特点，只有对工业品的全面了解才是销售的基础，才是销售真正的开始，才是销售努力提升的基石。

三、国家行为到市场竞争时代

(一)中国工业品营销的发展

我国工业品营销在最近几年才刚刚兴起。工业品行业从中国改革开放以后才刚刚起步，由于针对性很强，所以在国外针对工业品营销的研究也不多。

我国的工业品营销经历了以下几个发展阶段：

萌芽期：20世纪50～60年代期间

新中国成立初期，物质极其短缺，任何商品都有市场，除了生活必需品的需求非常迫切，同时基础设施的工业生产也开展得热火朝天。

起步期：70年代末期

当工业产品不断涌现时，由于基本的企业还是由国家控制生产，一般情况下都是定量定制生产，没有太大的压力。然后随着投资主体逐渐多元化，国有的工业品开始出现竞争状态，但这种竞争仅仅表现在价格上。

发展期：80年代中期

产品竞争加剧的主要原因是外资企业的介入。工业产业本来就是国外的优势产业，国外强势品牌的进入使国内的竞争不断加大；国内企业以往只看到自己的产品质量好，看不到市场发生极大的变化，最大的竞争优势策略便是灰色营销。

进化期：90年代期间

90年代企业之间的竞争相对正规化。许多企业开始意识到市场的重要性，了解了什么是"marketing"、"4P"等观念；意识到要达到企业目标，关键在于确定目标市场的需求，并比竞争者更有效率地满足消费者的需求。可见，市场营销观念是以满足客户需求为出发点的，即"客户需要什么，就生产什么"。工业品购买的规范性与理性，产品、价格的同质化格局，致使以产品、商务为主导的传统工业品营销模式成为企业成长的瓶颈，众多工业品企业纷纷谋求营销的变革创新，工业品营销亟待升级，现代市场营销正在逐步完善，中国工业品市场处于转变过程中，具有市场巨大、发展迅速、政策多变、短期导向、地区差异等特点。

现在：21世纪初期

从21世纪开始，企业完全市场化、社会化。企业的任务是确定目标市场的需要，在保持或增进消费者和社会福利的情况下，比竞争者更有效、更有利地使目标市场满意。市场营销者在制定政策时，要兼顾三方面的利益：企业利润、消费者需要的满足和社会利益。同时，把保护环境和改善环境纳入正式议程，重视社会效益，注重对地球生态环境的保护。工业品营销四度理论、4E模型的出现，也意味着工业品营销将走向新的变革。

(二)国家行为时代的营销方式

工业品作为资源性产品，早期在国家控制的背景下发展，企业多以国营的形式存在，对外开放的步伐较晚。当时在行业内，非常盛行灰色交易，而且会出现攀比现象。在我们的经历中，与工业品企业的销售人员进行沟通，发现许多企业的销售人员的营销观念还停留在“灰色”营销的层面。

灰色营销是指在工业品营销的过程中，以吃、喝为主线进行买卖交易的过程。灰色营销也被称为“关系营销”。在本书的第六章，我们将讨论关系营销的具体内容。

(三)市场竞争时代的营销方式

全球500强企业纷纷进入中国，中国民营企业也纷纷崛起，走向国际化的步伐不断加快，市场竞争越来越激烈，因此，客户在市场中的位置已经发生了改变，他们从市场的被动者变成了市场的主动者。

毋庸置疑，在这个变革的时代，许多公司的一线销售代表们在市场竞争的时代面临着一系列的改变。

第一，不再只是推销产品，还要销售解决问题的策略和解决方案。

第二，要向更高层次的决策者和更广泛层次的客户推销。对于解决方案，直接购买者和最终使用者往往不同，比如ERP、SCM、电子商务平台等解决方案，往往关系到企业客户的所有业务部门。

第三，解决方案的销售者必须成为客户心目中可信赖的业务顾问和咨询者，而不仅仅是产品技术的提供商。

市场环境的改变也造就了企业营销策略的改变：

第一，必须以客户为中心，为客户提供个性化服务，以项目为运作模式。

第二，更看重知识，包括客户的核心业务运营、客户服务模式、客户面临的业务挑战、本公司的产品技术应用等知识，以及对业界相关技术趋势的把握。

第三，必须以客户业绩为基础，确立持续而密切的客户关系。

这就意味着，企业的营销策略从原来的产品销售向“客户引导”转型的时刻到了。

四、工业品营销系统

灰色营销的影响在21世纪的营销世界里只会使企业的运营越来越差，从上一节的分析中可以看出，工业品营销的病态预示着一种营销新思维的出现来替代旧时的灰色营销，这种营销新思维是真正的工业品营销系统，而非单一的销售。

市场营销是一个动态的过程。然而这个过程的顺利完成，需要由营销管理者建立一整套科学合理的市场营销系统并通过系统的有效运作来实现。不管是大公司还是小公司，不管是产品还是服务，都需要一个营销经营系统来围绕市场与客户进行工作，为公司盈利、保值、增值。

工业品营销系统是工业企业为客户创造价值，实现与客户的交换，并最终获得销售收入和投资回报的庞大系统，具体包括营销战略、营销组织、营销管理、营销模式、营销策略五大子系统。从营销价值的角度来看，这五大子系统也是从发现价值、满足价值、实现价值到创造价值、贡献价值的动态过程。

工业品营销系统如图 2-4 所示。

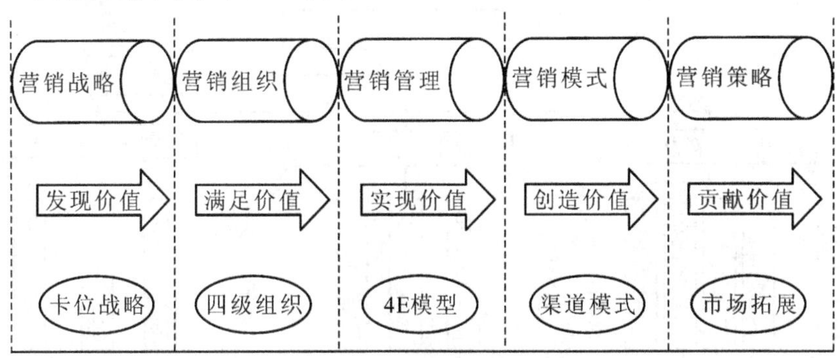

图 2-4　工业品营销系统

(一)营销战略系统

战略是确定企业长远发展目标，并指出实现长远目标的策略和途径。在工业品营销实践中，面对日渐激烈的竞争，企业如何突出重围？我们提出了“明确定位、挖掘优势、做到最好、建立团队”的“十六字真言”，帮助企业有效“卡位”——在行业中占据有利位置。因为缩小定位，很容易扩大企业的影响。通过卡位战略成功定位后，企业要聚焦主业，挖掘自身优势，尤其要选好竞争对手，分出差距，通过向同行、客户、研究机构和政府和行业协会宣传的方式，扩大影响力。此外，产品营销突围无法靠单个人来实现，要打造团队，自己无法做到的事情，可以请团队来帮忙。

卡位的关键在于精确地判断机会，并抢先对手占据有利位置。这个词语来自篮球或者足球比赛，指在比赛过程中，球在空中的时候，球员精确判断球的有效落点，抢先对手占据有利位置，将对手阻挡在最佳位置以外，从而获得控制权，他如果硬撞，就会被撞倒在地。

(二)营销组织系统

营销组织是对营销策略提供组织支持和保障服务的。营销部门应当成为制定企业产品和服务商业策略的原动力。根据新的市场策略和对目标市场的深入分析，项目小组对企业目前的营销组织提出了方案，明确了企业营销模式，建立起内部营销组织和销售渠道，确定了营销组织合理的集权、分权原则，明确了有效的营销管理体制和领导体制，进行了部门的职能分解和岗位的职位描述。通过规范、完善市场部和销售部的职能、职责和工作关系，充分发挥了组织的指挥、调度、协调、控制效能，提高了营销组织驾驭市场的能力。

工业品营销的四级组织系统见图 2-5。

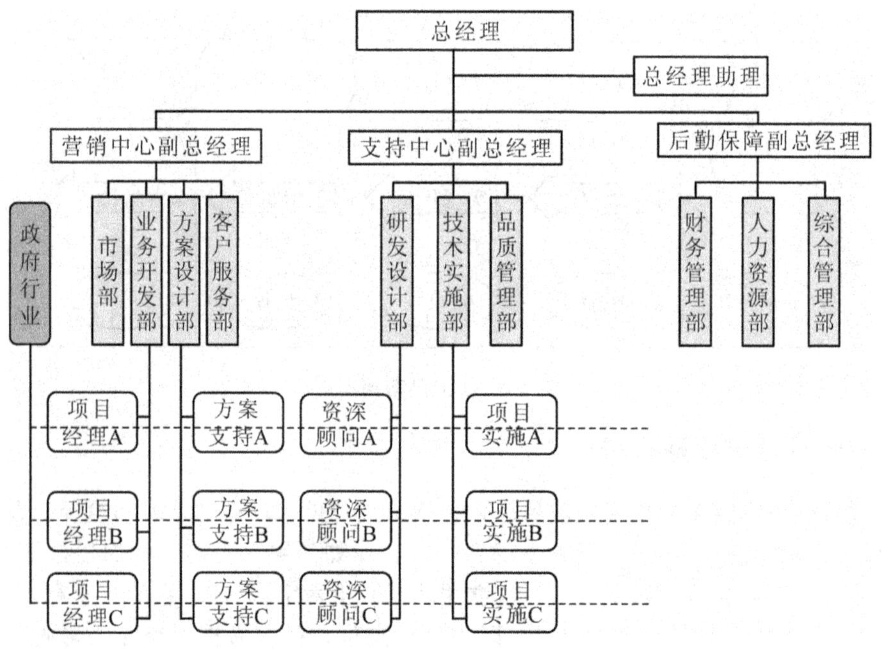

图 2-5 工业品营销的四级组织系统

(三)营销管理系统

营销管理是指为了实现企业或组织目标，建立和保持与目标市场之间的互利的交换关系，而对设计项目的分析、规划、实施和控制。在营销管理实践中，企业通常需要预先设定一个预期的市场需求水平，然而，实际的市场需求水平可能与预期的市场需求水平并不一致，这就需要企业营销管理者针对不同的需求情况，采取不同的营销管理对策，进而有效地满足市场需求，确保企业目标的实现。

工业品营销管理系统大致包括：

①营销控制系统，具体包括大客户管理体系、项目型销售与管理体系、经销商开发和管理体系等。

②营销支持系统，具体包括技术支持、商务支持、竞争情报、服务中心、销售手册、招投标等。

③营销组织管理系统，具体包括培训体系、激励体系、招聘与甄选、目标与计划、薪酬设计、绩效考核等。

④营销传播系统，具体包括电子商务、广告宣传、公共关系、现场测试、展览会、技术交流、商务考察等。

而我们提出的典型4E模型，在实际的营销工作中具有指导意义，提供了一种新的营销模式。它由项目、价值、渠道、信任组合而成，以客户为中心，贯穿了整个营销体系。

(四)营销模式

工业品营销通常有三种典型的营销模式：大客户销售，项目性销售，渠道销售。

(1)大客户销售

企业80%的利润是由20%的大客户创造的。在竞争日益激烈的今天，不断追逐新客户已经不是聪明的策略了。由于开发一个客户的成本，远比留住一个客户的成本来得高，为了使企业稳定成长，维系与开发大客户，就成了企业发展中之重要事项。而且客户对于公司的价值应该在于其使用公司产品或服务的终身价值。

适于大客户销售的典型行业有：工业原材料、印刷、包装等。

(2)项目性销售

面向订单的项目性销售和面向客户的大客户销售的区别在于合作的连续性上，前者是一个过程的销售，更是一个阶段的销售，在销售完成后，即合同履行完成后，可能与客户不再发生关系；而后者在初次订单完成后，仍然与客户保持关系，持续地向客户销售。当然前者短期客户通过持续定向采购可转为后者长期客户，但二者在具体的销售执行上，是有一定的差异性。

适于项目性销售的典型行业有：电气自动化、仪表、建材、工程承包等。

(3)渠道销售

渠道销售是企业最重要的销售方式之一，同时也是变数最大的销售方式。

它是企业把产品向消费者转移的过程中所经过的路径。这个路径包括企业自己设立的销售机构、代理商、经销商、零售店等。对产品来说，它不对产品本身进行增值，而是通过服务增加产品的附加价值；对企业来说，销售渠道起到物流、资金流、信息流、商流的作用，完成厂家很难完成的任务。不同的行业、不同的产品、企业不同的规模和发展阶段，销售渠道的形态都不相同，绝大多数销售渠道都要经过由经销商到零售店这两个环节。为了满足零售店的需求，也为了自己的利润最大化，很少有经销商只代理一家企业的产品，而是有自己的产品组合。

适于渠道销售的典型行业：工程机械、五金、通用设备等。

(五)营销策略系统

营销策略系统，即市场拓展系统。开拓和扩展市场的具体内容包括：

①市场拓展需要通过市场调查分析确定市场需求；

②根据市场需求进行产品定位和市场定位；

③在明确了产品市场和产品销售对象后，制定详细的市场推广策划方案；

④借助宣传媒体(电台电视广告、平面媒体广告、终端广告等多种方案形式组合)、展销展会、网络推广、电话营销、电子商务平台、上门推广、终端销售等方式，提升产品和服务的市场认知度和影响力，从而获得更大的市场份额。

第三章　工业品市场战略营销

本章我们将解决下列问题：

- 如何进行工业品市场定位？
- 如何进行工业品行业考察？
- 上海腾达进行市场战略的关键在哪里？
- 工业品营销——卡位战略的核心思想是什么？
- 卡位战略的关键在哪里？

【案例分享】　　上海腾达如何进行市场战略分析

上海腾达自控有限公司是一家专门从事自动化仪表制造、工程成套和经营的中外合资企业。上海腾达自控有限公司采用工业超市的模式，进驻中国市场。不仅有自主研发的产品，而且还是美国、日本等多家公司自控产品中国市场的主要代理商，有多年的推广及应用国内外公司自控产品的经验。上海腾达由于精准的市场分析和战略定位，在短短几年中成为中国市场的最大销售业绩代理商。

在过去的几年中，上海腾达的产品已被电力、石油、化肥、化工、轻工、玻璃、造纸、冶金、水厂、锅炉等多个行业的用户采用，业务遍及全中国。为做好用户售前、售中及售后服务，上海腾达在全国各地设立有二十多个分公司和办事处，在中国香港和深圳设有设计制造和培训中心，可以为用户提供系统设计、成套制作、产品销售、现场投运、用户培训等服务。从ABB、松下、飞利浦、可口可乐、柯达这些著名跨国公司到宝钢、华能电力、金陵石化、浦东机场，上海腾达的产品和服务已进入中国的数千家企业，获得各界客户的普遍认同和良好赞誉。

上海腾达以合作共赢作为企业的经营方针，通过同国外公司的合作、合资、代理的方式，把国际上最新的技术和资本引进中国，促进先进技术在中国的应用，并取得了骄人的业绩。通过上海腾达的成功，我们一步一步揭开工业品市场战略营销的设计流程模式。

一、工业品市场战略的六步流程分析

工业品营销的成功必须建立在公司对营销战略重要性的认识上。因为营销战略能够使公司认识到各种各样的市场变化和机会，并迅速地作出反应。

根据我们长期的工作经验积累，我们认为工业品市场战略应该按照如图3-1所示的流程来设计。

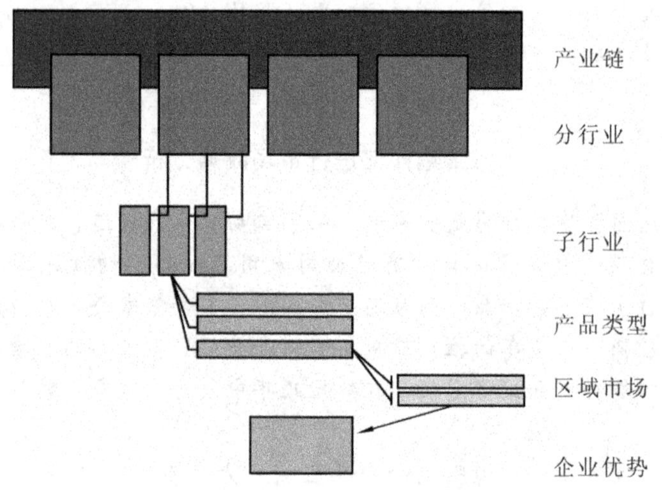

图 3-1 工业品市场战略流程

第一步：分析产业链

随着生产技术的提高，工业品的生产过程可划分为一系列有关联的生产环节。分工与交易的复杂化，使得在经济中通过什么样的形式联结不同的分工与交易活动成为日益突出的问题。因此，寻找一种企业组织结构以节省交易费用并进一步促进分工的潜力，生产的潜力会大大增加。企业难以应付越来越复杂的分工与交易活动，不得不依靠企业间的相互关联。这种寻找最佳企业组织结构的动力与实践，成为产业链形成的条件。

产业链是一个概念，是各个产业部门之间基于一定的技术经济关联，并依据特定的逻辑关系和时空布局关系形成的链条式的关联形态。产业链主要是基于各个地区客观存在的区域差异，着眼发挥区域比较优势，借助区域市场协调地区间专业化分工和多维性需求的矛盾，以产业合作作为实现形式和内容的区域合作载体。

产业链的本质是用于描述一个具有某种内在联系的企业群结构，它是一个相对宏观的概念，存在两维属性：结构属性和价值属性。产业链中大量存在着上下游关系和相互价值的交换，上游环节向下游环节输送产品或服务，下游环节向上游环节反馈信息。

产业链分析主要是用于分析产业间差异(不同业务的价值差异)，帮助企业找到富有价值与发展前景的具体业务。基本上，产业链的分析方法是：

定性分析方法：迈克尔·波特的五种力量竞争模型。

定量分析方法：产业链利润 >利润结构分析。

【案例分享】　　上海腾达如何分析电力系统产业链的前景

上海腾达从国外引入新产品技术时，总会先分析该产品在产业链上的前景。以下是上海腾达引入电力系统产品时的分析思路。

电力系统的产品是一个较为特殊的产品，从供应链的角度上来讲，这一产业的主要产品是能源产品，也就是电能，是全社会人们生活需要的公用产品。按照产品生产销售供应链这一条主线，电力行业供应链大致可以分为发电、输电、配电和售电等几个环节。其中发电的主要任务是进行电能产品的生产，这一环节的主要企业是发电厂；输电可以理解为与普通行业中的产品运输相对应，输电网也就是运输电能产品的“高速公路”，与这一环节打交道的部门和企业有调度中心（主要负责输电网络运行安全）、电力公司的网络设施维护部门（有点类似“公路维护”）；配电是电能产品的配送，相关部门主要是供电局（公司）负责配电网络的运行与安全的部门等；电能销售则包括电能的批发和零售，相关部门是电力公司的营销部（或者用电部）等。

由于电能已经成为人们日常生产和生活中消耗的主要能源，不论城市或农村，不论生产或生活，不论信息传递或网络联系，家庭生活都离不开电，它对社会是全方位的覆盖。一个国家电气化水平越高，电力在全社会作用越大，电力工业也成为关系国计民生方方面面的基础行业。

电力产业另一个特点是它的产品不能储存，发电量超过需要量会形成浪费，发电量不足，会影响生产和生活的需要。而且，社会对电量的需要是一个不定量，它会随着地区、时间、季节、气候、人们生活等方面的变化而变化。这种产品不能储备、需要量又是瞬息万变的行业，就要求对供给和需求要有精确的掌握，以便及时进行调整和控制，才能够保证整个行业的稳定运行。

电能的这一特点使得电力产业具有最优秀的按需生产的系统，使其在行业发展之初就实现了产品的零库存，当然实现零库存的出发点和动机并不完全是经济性和企业生产效率的原因，更多是出于系统稳定性方面的考虑，电力行业为此付出的代价也是非常大的。但是毋庸置疑，电力行业供应链管理一直是需求拉动型的，供应链上各个环节控制的自动化程度对比其他行业而言是最为先进的，其周边制造产业如绕线机、电力除尘等近年也在高速发展。

从技术上看，电力系统中的能量管理系统这一专有系统是保证电力系统安全稳定运行的重要系统，而从供应链的角度来说，这些专有系统的主要功能就是进行信息的传递和供应链的控制；从机构上看，调度中心成为实时控制产品需求与生产的平衡的核心部门。

也许正是由于这些特点，电力产业在许多国家都属于公用事业，一直以来都由国家控制，是一个垄断产业。这种垄断是一种垂直一体化的垄断，也就是说电力产业的发电、输电、配电和售电等几个环节都在一家公司内部进行。这使得产业供应链的管理成为公司内部的供应链的管理。

由于电力产业的特殊性，其发展以及运行效率直接关系到国民经济的效率。在过去的十多年的时间里，为了提高电力产业的效率，不仅仅是中国，许多发达国家率先在电力产业引入竞争，希望借此提高整个电力产业的效率，同时提高该产业的竞争力，以应对全球化带来的挑战。

因此，上海腾达面对的这个市场的发展潜力非常巨大，在国家的政策支持下，是值得一做的。

第二步：进行行业细分

之所以进行行业细分，其目的就是在已存在的行业当中找到生存的缝隙，在这片环境中生存下去。市场是残酷的，不进行行业细分只会让企业更加没有方向。

行业细分是行业内部结构分析的一种方法，可以帮助企业选择特定的经营领域。

行业细分的实质是企业根据自身战略制定的需要，将整个行业的生产领域(产品或服务)和市场领域(客户或用户)分别按照若干特定的变量划分后再组合。

行业细分与市场营销学上的市场细分相比，它扩展了市场细分的概念。从行业的角度看，行业是由与其产品或服务有关的因素组成的。其中，用户和生产厂家是最基本的因素。用户行为的差异性和生产厂家行为的差异性不仅影响整个行业的竞争格局，而且还使行业内部出现差异。这种行业差异，表现在部分用户和部分厂家行为的结合部上。不同的结合部，就形成行业内不同的经营领域。因此，行业细分的基本变量就是用户变量和反映企业行为的产品变量。

对行业进行分析，是我们做好工业品营销的基础，因为不同的行业存在不同的行业机会，这些机会都是隐藏起来的，需要企业通过一些判断方法才能找出来，最后通过准确的行业分析，制定营销策略，寻找市场机会。

那么我们该如何进行行业细分呢？

1. 产业链中的流程分析

对行业进行分析，就等于把一个行业的每一个部分、每一个流程拿出来进行解剖，看看是否还存在行业缝隙，看看每一个点是否完善，看看行业之间的联系是否恰当。比如仪器仪表行业，在未进行分析之前，我们只认为它是大型设备的配件而已，只要设备厂能提供就行了，但是，当我们进行分析后，我们会发现，仪器仪表也可以发展成为一个行业，因为它有强大的市场机会，机会源于强大的需求。如果每个设备厂还要花成本来生产配件，从成本的角度进行分析，设备厂的成本会增加，而且也加重了生产负担。于是一个新的行业出现了，一方面，它的出现分担了设备厂的负担；更重要的一方面，它又延伸出了一个行业，使整个产业链趋于合理化、专业化。

2. 功能定位

工业品细分的另一种模式是以功能为定位。功能定位不同于产品定位。功能定位是对企业经营活动的整体性定位，而产品定位是对企业经营活动的局部性定位。对企业经营性活动的整体性定位是为了指导局部经营活动，而对企业经营性活动的局部性定位是为了指导市场营销活动。

【案例分享】　　上海腾达如何细分行业

上海腾达认为，要进行行业细分，必须明确所处的经济环境，无论是宏观方面还是微观方面。

宏观经济环境分析

由于电力、冶金、石化、化工行业等重工业投资的拉动，自2004年以来，中国仪器仪表行业工业产值一直保持超过20%的平均增幅。“十一五”期间，工业自动化仪表的年均增长预计为25%，末期将接近1 000亿元。

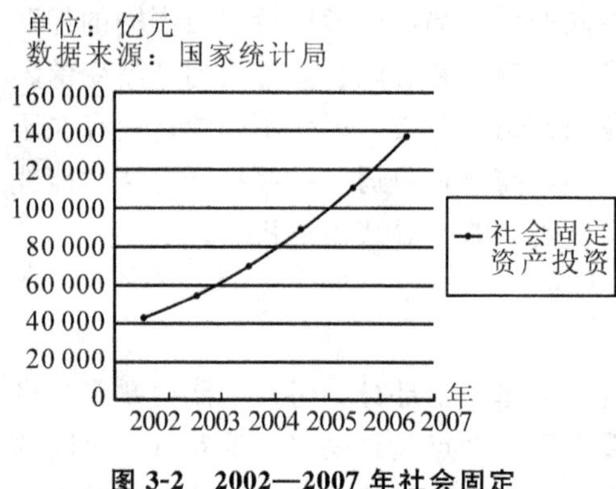

图 3-2　2002—2007 年社会固定资产投资情况

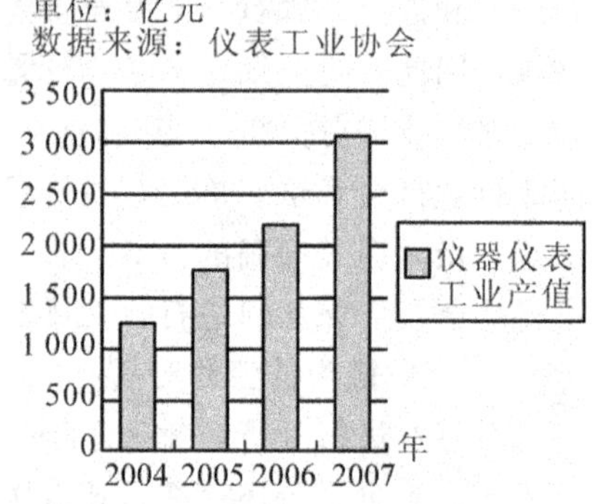

图 3-3　2004—2007 年国内仪器仪表行业产值增长情况

从图 3-2 中我们可以看出，2002—2007 年，社会固定资产投资呈现增长状态，而在这当中，我们的一个细分行业即仪器仪表行业就有了更多的发展机会。从图 3-3 中我们可以看出，从 2004—2007 年，仪器仪表行业也呈现增长趋势。也就是说我们所处的宏观经济环境是乐观的，那我们的行业就能有很好的发展机会。

下面将从几个行业着手进行具体的行业市场环境分析。

市场环境分析——行业分析 1(有色金属行业)

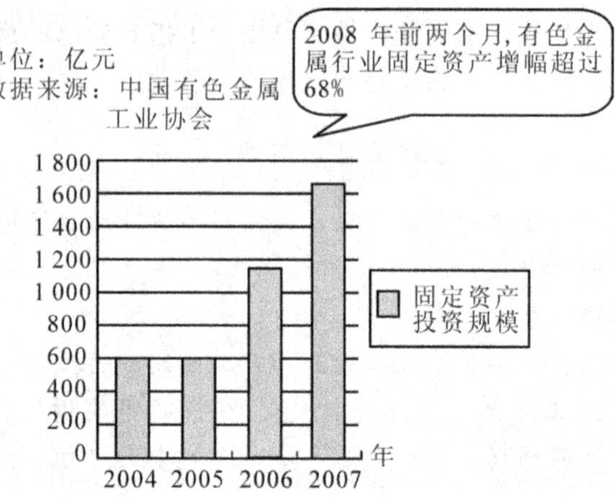

图 3-4　有色金属行业固定资产投资走势图

从图 3-4 我们可以看出，2004—2007 年间，有色金属行业固定资产投资一直在增加，仅 2008 年的前两个月，有色金属行业固定资产增幅超过 68%，从这个数字中我们能够得到什么呢？

市场环境分析——行业分析 2(石化、电力)

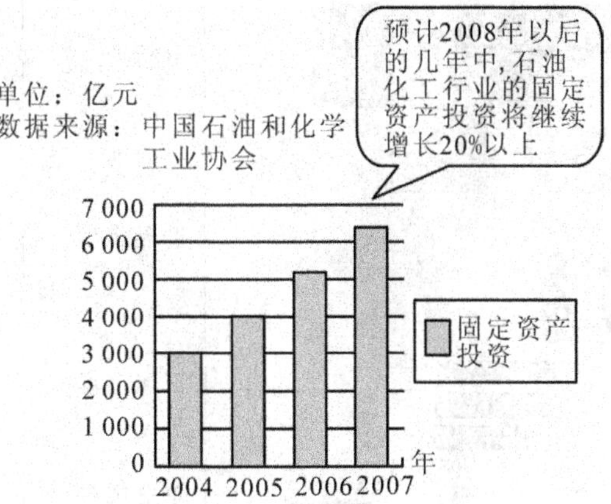

图 3-5　石油和化工行业固定资产投资走势

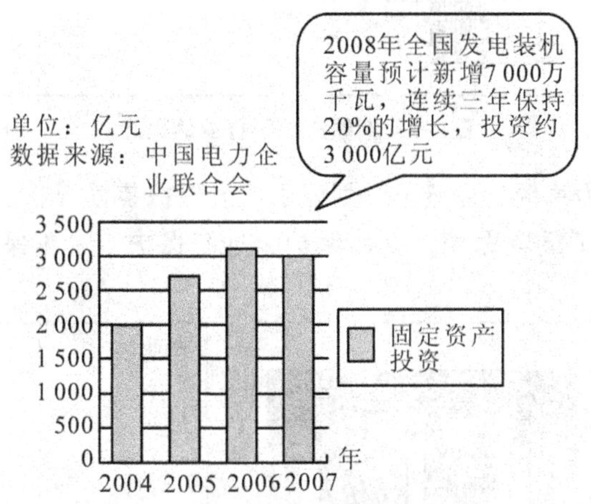

图 3-6　电源建设固定资产投资走势

从图 3-5 和图 3-6 我们可以看出，2004—2007 年间，石油和化工行业固定资产投资走势保持增长趋势。而且电源投资板块也保持 20％的增长，因此，更加明确了电力设备的行业的市场潜力。

第三步：明确“子行业”

子行业的确定，是在行业细分的前提下进行的，比如钢铁产业链下，划分了不锈钢行业；不锈钢行业进一步又划分了不锈钢钢管子行业等。例如图 3-7

所示。

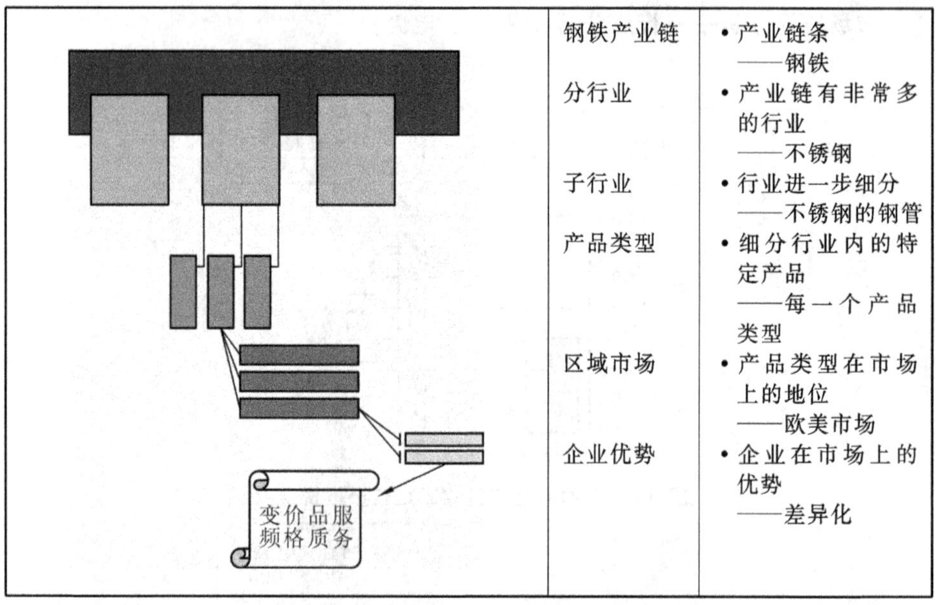

钢铁产业链
• 产业链条
——钢铁
分行业
• 产业链有非常多的行业
——不锈钢
子行业
• 行业进一步细分
——不锈钢的钢管
产品类型
• 细分行业内的特定产品
——每一个产品类型
区域市场
• 产品类型在市场上的地位
——欧美市场
企业优势
• 企业在市场上的优势
——差异化
变频
价格
品质
服务

图 3-7 钢铁产业子行业的确定

再例如，电力系统产业链下，划分了四大保护装置行业；四大保护装置行业进一步又划分了继电保护、差动保护、过流保护、过压保护子行业等。如图 3-8所示。

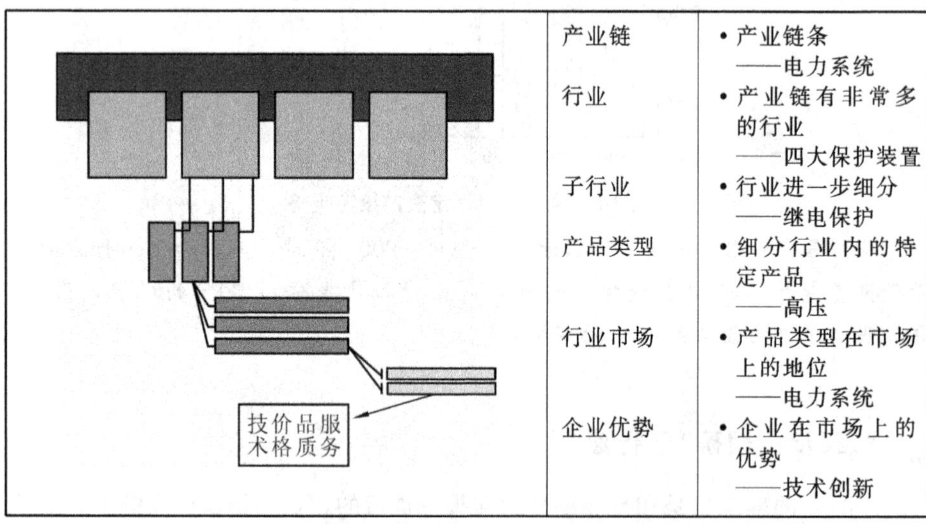

产业链
• 产业链条
——电力系统
行业
• 产业链有非常多的行业
——四大保护装置
子行业
• 行业进一步细分
——继电保护
产品类型
• 细分行业内的特定产品
——高压
行业市场
• 产品类型在市场上的地位
——电力系统
企业优势
• 企业在市场上的优势
——技术创新
技术
价格
品质
服务

图 3-8 电力系统产业链的划分

【案例分享】　　上海腾达如何明确"子行业"

经过以上的分析，上海腾达在细分行业后，开始明确了自己的方向，定位好自己的子行业攻略。除了电力系统以外，腾达公司认为，仪器仪表行业也是进攻的对象。

行业分析 1——细分后的子行业结构

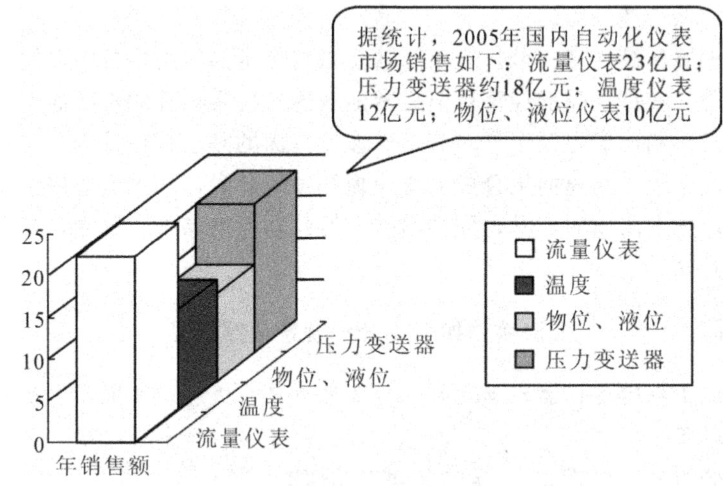

图 3-9　2005 年国内过程仪表销售额统计

行业分析 2——明确细分后子行业的增长度

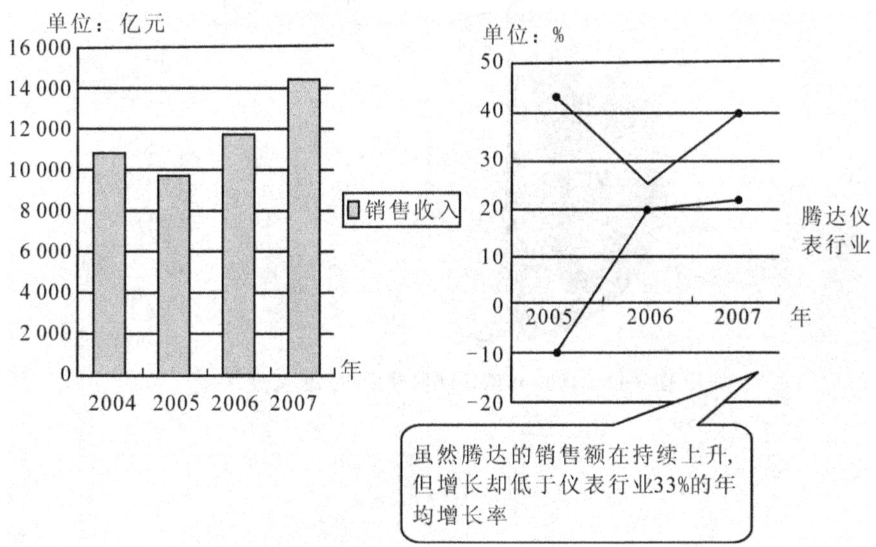

图 3-10　腾达 2004—2007 年销售额统计

第四步：划分产品类型

有效地划分产品类型，细分行业内的特定产品，能够使得企业更加了解自己的优势。通常企业划分产品类型的方法是：

①根据用途来划分。一个工业品时常有多种用途，企业可以根据特定的最终用途来划分产品。例如以上所列举的继电保护下的产品划分为高压产品、中低压产品、低压产品等。

②根据服务结构来划分。服务结构是指在特定的使用场合中对用户的经济价值的体现。一件产品的经济价值经常随着客户使用场合的不同而变化着。例如，微型马达制造商发现客户对其马达速度方面的需求存在差异，市场有一款新产品在应用于中高速的场合中会很快损耗掉，此时，如果企业聚焦于这个薄弱的市场，开发出新的产品，即推出差异性的功能产品来。据此，产品类型就能够区别开来了。

【案例分享】　　上海腾达如何划分和确定最终产品

首先，上海腾达根据已确定的子行业进行产品提炼；其次在自己以往的销售状况中进行分析。

产品分析一：分析 2007 年的销售产品情况

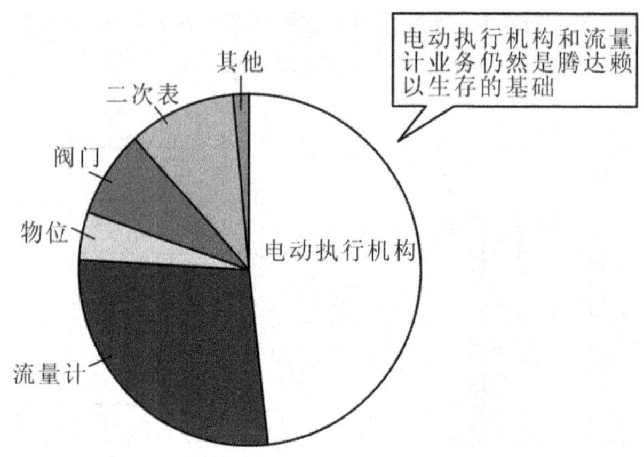

图 3-11　2007 年腾达销售额分产品线构成情况

产品分析二：分析 2007 年的销售行业的比例

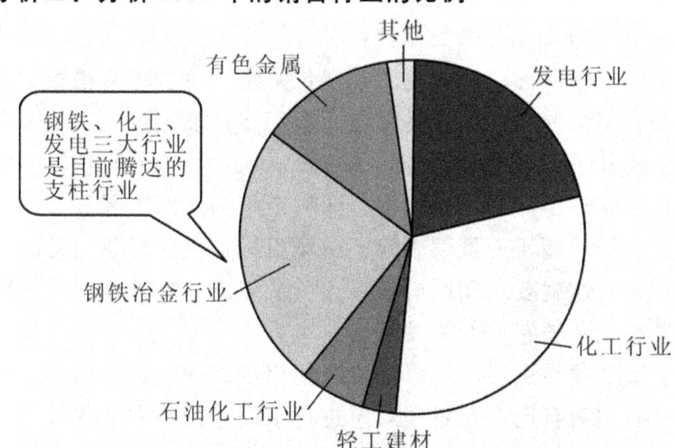

图 3-12　2007 年腾达销售额分行业构成情况

产品分析三：分析 2007 年的产品线的整体情况

表 3-1　2006—2007 年腾达销售额分产品线构成情况　　单位：万元

2006 年	合同额	2007 年	合同额
执行器	7 135	执行器	7 134
流量计	3 370	流量计	4 011
二次仪表	1 078	二次仪表	1 428
物位	350	物位	719
阀门	—	阀门	1 181

根据数据分析，上海腾达在龙头产品执行器的销售方面遇到了瓶颈，2006—2007 年间的执行器增长率为 0；在另外一个流量计产品方面，2006—2007 年间的增长率为 15%，因此上海腾达公司决定在执行器上进行推广，在流量计上进行考察研究。

第五步：确定行业市场或区域市场

区域市场具有相对性和可变性。相对于全球而言，亚洲就是区域市场；相对于中国而言，江苏是区域市场；相对于城市而言，农村又是区域市场。对不同的企业而言，它是相对的，对同一企业而言，因目标市场的定位不同，它又是可变的。因此有时候也称为行业市场。

确定区域市场的方法有以下几种：

第一，确定市场目标。确定范围，定位类型，将区域营销策略具体化。通常来讲，市场与销售的开拓，总是存在一个逐步扩展的过程，很少有哪一家公司一开始就齐头并进地开发全国范围的市场，这就要求不同规模、实力和产品结构的企业，必须确定大小不同的目标区域市场的空间范围。

第二，市场访谈调研。虽然确定了市场目标，但此时我们可能对它还一无所知或知有不尽，这就要求我们的业务人员必须进一步开展深入实际的调查工作，详细、真实地了解它们的相关情况。

第三，了解竞争对手，制定攻守方略。市场如战场，要做到知己知彼，即区域营销人员必须对自己、对竞争对手进行系统分析，方能百战不殆。

第四，细化客户管理。对客户要激励，更要管理。过度的激励容易被客户牵着鼻子走，唯有细化的管理才能确保区域市场长治久安。这种管理的细化通常体现在对客户的任务、价格、信用以及“窜货”的管理上。

第五，完善激励措施。无论是对客户还是业务人员，企业都必须有完善的激励措施，这样才能保证正常运营。

【案例分享】　　上海腾达如何进军区域市场

上海腾达首先进行市场调研，其次进行渠道分析，最终了解区域市场的基本情况。

第一，进行市场调研。

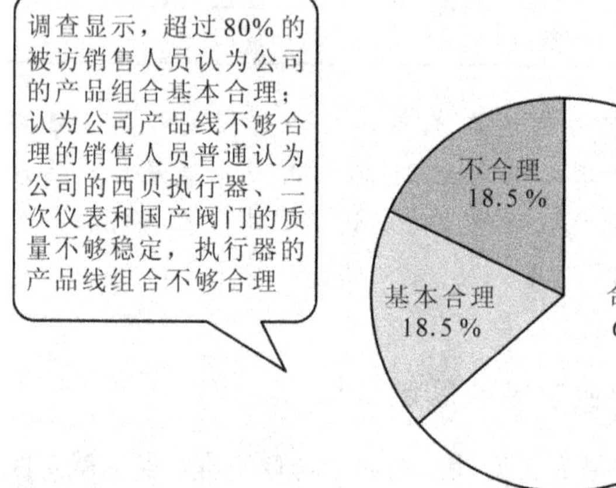
调查显示，超过80%的被访销售人员认为公司的产品组合基本合理；认为公司产品线不够合理的销售人员普通认为公司的西贝执行器、二次仪表和国产阀门的质量不够稳定，执行器的产品线组合不够合理
不合理 18.5%
基本合理 18.5%
合理 63%

图 3-13　腾达公司产品线合理性调查结果

第二，进行渠道商分析。

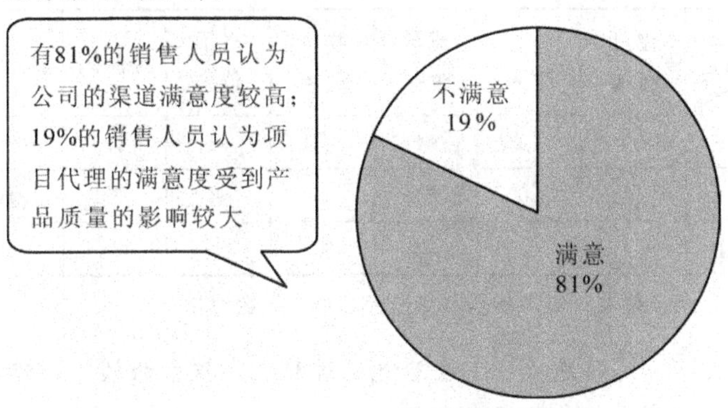
有81%的销售人员认为公司的渠道满意度较高；19%的销售人员认为项目代理的满意度受到产品质量的影响较大
不满意
19%
满意
81%

图 3-14　腾达公司渠道满意度调查结果

第六步：挖掘企业优势

企业的优势，通俗地说就是企业据以赚钱的优势，是使企业的产品和服务与竞争对手的产品或服务有明显区别的优势。

企业的优势也就是企业的核心竞争力，即能使企业长期或持续拥有某种竞争优势的能力，通常表现为企业经营中的累积性学识。如果把一个公司比喻为一棵大树，树干和大树枝是核心产品，小树枝是业务单位，叶、花和果实是最终产品，那么提供养分、营养和保持稳定的根系就是核心竞争力，它是现代企业竞争的关键。

如何具体地构建企业优势，我们将在下面的“卡位”战略中详细阐述，在这里，我们只提出基本思路。

【案例分享】　上海腾达如何挖掘自己的优势和进行市场定位

下面我们将具体分析上海腾达如何挖掘企业优势与定位。见表 3-2。

表 3-2　腾达产品的市场状况

过程控制仪表 / 行业	温度仪表	压力仪表	流量仪表	物位仪表	显示仪表	控制阀	执行器	定位器
钢铁冶金行业	○	○	●	●	●	●（灰）	●	○
有色冶金行业	○	○	●	●（灰）	●（灰）	●（灰）	●	○
化工行业	○	○	●	●	●（灰）	●	●	○

续表

过程控制仪表 行业	温度仪表	压力仪表	流量仪表	物位仪表	显示仪表	控制阀	执行器	定位器
石油石化	○	○	● (灰)	●	● (灰)	●	● (灰)	○
热电行业	○	○	●	● (灰)	● (灰)	● (灰)	●	○
轻工建材行业	○	○	● (灰)	●	● (灰)	● (灰)	● (灰)	○

注：●部分产品覆盖；●(灰)市场基本空白；○市场完全空白。

公司描述：上海腾达是一家全球先进过程仪表技术的领先合作提供商。

上海腾达的市场细分与定位解读：

在目前的产业环境下，钢铁、有色、化工、石油石化、热电、轻工建材等几大行业的规模和发展潜力符合未来上海腾达的需求，对于上海腾达而言，这些行业都属于有一定的规模和发展潜力的行业。

上海腾达的强势领域：在以上几个具有一定的规模和发展潜力的行业中，钢铁冶金、有色冶金、化工行业、自备热电的执行器和流量计是上海腾达的强势领域。在这些领域上海腾达应该充分拓展产品线，以丰富的特色产品线(包括传统产品)稳固现有的领导地位。可以看出，在这些传统的优势行业上，上海腾达的新产品可以很快打开市场，这是因为上海腾达在这些行业已经形成渠道优势和客户资源优势，所以改善优势行业的产品线，不断投入新的产品(即使是竞争比较激烈的产品)要比在新行业中投入新产品更加重要和紧迫，也会更加有效。

上海腾达的弱势领域：石油石化、国电电力行业和二次仪表、阀门、物位产品是上海腾达的弱项。在这些领域上，上海腾达面对的是强大的竞争对手，在这些市场上，上海腾达应该对客户需求进行深度细分，然后选择有特色的专业化产品逐步渗透这些细分市场。这些领域并未被竞争者完全控制，上海腾达依然可以凭借自己的市场细分策略进入。

目标市场的选择应符合上海腾达的市场定位和能力，不断以高科技含量、高品质、进口品牌、高价值的产品服务为主打业务，而高价值客户应该是上海腾达实现定位的方向和前提，只有这样进行市场细分与定位，才符合企业的目标和能力。

另外钢铁、有色、化工、热电行业的定位是行业高端市场的挑战者，所以这些行业应该以全面或基本全面的产品线覆盖行业的中高端进口品牌市场，谋求领导者的地位；而石油石化、轻工建材行业定位则是行业高端市场的补缺者，企业应该对市场进行深度细分，然后以特色产品渗透小块的细分市场，借此逐渐培养渠道和客户关系。

过程仪表的品类浩繁，从钢铁冶金行业到轻工建材行业，从温度仪表到定位器，共48个细分市场。上海腾达公司部分产品覆盖的细分市场有15个，市场基本空白的细分市场有15个，而市场完全空白的细分市场则有18个之多，可以看出，在众多未被满足的市场中，上海腾达应该有明确的方向。

根据内部调查，80%的销售人员认为冶金、有色等行业的老客户可以接受上海腾达推出的新产品，即便这类产品竞争已经非常激烈，他们也可以帮助上海腾达中标，但产品必须符合以下原则：(1)与现有产品的档次和定位相匹配，以保持公司品牌形象的统一；(2)新产品应遵循上海腾达一贯秉承的高性价比原则。

因此，我们总结上海腾达的整体企业竞争力如图3-15所示。

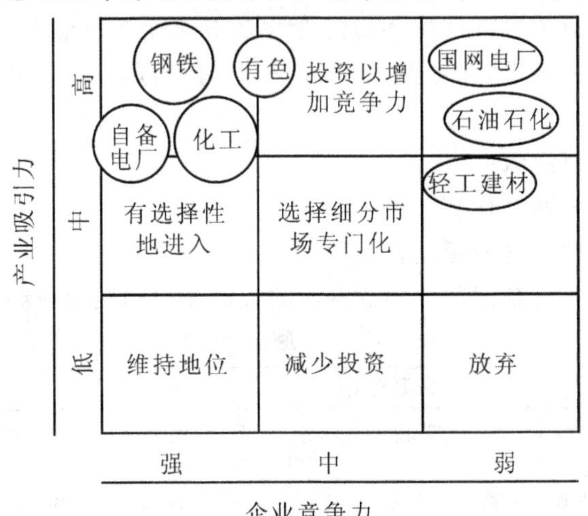

图3-15　腾达的整体企业竞争力

二、工业品市场基本竞争战略分析方法的思考

营销战略是企业市场营销管理思想的综合体现，又是企业市场营销决策的基础。制定正确的企业市场营销战略，是研究和制定正确的市场营销决策的出发点，因而是至关重要的。

营销战略中拥有很多的分析方法，不同的行业所运用的方法也是不一样的。在工业品行业中，我们列举几种企业经常用到的分析方法，以供大家参考。

(一)SWOT 竞争战略分析法

SWOT 分析法(也称 TOWS 分析法、道斯矩阵)即态势分析法，20 世纪 80 年代初期由美国旧金山大学的管理学教授韦里克提出，经常被用于企业战略制定、竞争对手分析等领域。

SWOT 分析包括分析企业的优势(Strength)、劣势(Weakness)、机会(Opportunity)和威胁(Threats)。因此，SWOT 分析实际上是将企业内外部条件各方面内容进行综合和概括，进而分析组织的优劣势、面临的机会和威胁的一种方法。通过 SWOT 分析，可以帮助企业把资源和行动聚集在自己的强项和有最多机会的地方。

优劣势分析主要是着眼于企业自身的实力及其与竞争对手的比较，而机会和威胁分析将注意力放在外部环境的变化及对企业的可能影响上。在分析时，应把所有的内部因素(即优劣势)集中在一起，然后用外部的力量来对这些因素进行评估。

1. SWOT 分析步骤

确认当前的战略是什么。

确认企业外部环境的变化。

根据企业资源组合情况，确认企业的关键能力和关键限制。见表 3-3。

表 3-3　分析企业的优劣势

潜在资源力量	潜在资源弱点	公司潜在机会	外部潜在威胁
• 有利的战略 • 有利的金融环境 • 有利的品牌形象和美誉 • 被广泛认可的市场领导地位 • 专利技术 • 成本优势 • 强势广告 • 产品创新技能 • 优质客户服务 • 优秀产品质量 • 战略联盟与并购	• 没有明确的战略导向 • 陈旧的设备 • 超额负债与恐怖的资产负债表 • 超越竞争对手的高额成本 • 缺少关键技能和资格能力 • 利润的损失部分 • 内在的运作困境 • 落后的 R&D 能力 • 过分狭窄的产品组合 • 市场规划能力的缺乏	• 服务独特的客户群体 • 新的地理区域的扩张 • 产品组合的扩张 • 核心技能向产品组合的转化 • 垂直整合的战略形式 • 分享竞争对手的市场资源 • 竞争对手的支持 • 战略联盟与并购带来的超额覆盖 • 新技术开发通路 • 品牌形象拓展的通路	• 强势竞争者的进入 • 替代品引起的销售额下降 • 市场增长的减缓 • 不利的贸易政策 • 由新规则引起的成本增加 • 商业周期的影响 • 客户和供应商的杠杆作用的加强 • 消费者购买需求的下降 • 人口与环境的变化

【案例分享】 **某炼油厂SWOT分析方法**

某炼油厂是我国最大的炼油厂之一，至今已有50多年的历史。目前已成为具有730万吨/年原油加工能力，能生产120多种石油化工产品的燃料—润滑油—化工原料型的综合性炼油厂。该厂有6种产品获国家金质奖，6种产品获国家银质将，48种产品获114项优质产品证书，1989年获国家质量管理奖，1995年8月通过国际GB/T 19002-ISO 9002质量体系认证，成为我国炼油行业首家获此殊荣的企业。

该厂研究开发能力比较强，能以自己的基础油研制生产各种类型的润滑油。当年德国大众的桑塔纳落户上海，它的发动机油需要用昂贵的进口产品。1985年厂属研究所接到任务后，立即进行调研，建立实验室。在短短的一年时间内，成功地研究出符合德国大众公司标准的油品，拿到了桑塔纳配套用油的认可证，1988年开始投放市场。以后，随着大众公司产品标准的提高，该厂研究所又及时研制出符合标准的新产品，满足了桑塔纳、奥迪的生产和全国特约维修点及市场的用油。

但是，该炼油厂作为一个生产型的国有老厂，在传统体制下，产品的生产、销售都由国家统一配置，负责销售的人员只不过是做些记账、统账之类的工作，没有真正做到面向市场。在向市场经济转轨的过程中，作为支柱型产业，主要产品在一定程度上仍受到国家的宏观调控，在产品营销方面难以适应竞争激烈的市场。该厂负责市场销售工作的只有30多人，专门负责润滑油销售的就更少了。

上海市的小包装润滑油市场需求每年约为2.5万吨，其中进口油占65%以上，国产油处于劣势。之所以造成这种局面，原因是多方面的。一方面在产品宣传上，进口油采取了全方位大规模的广告攻势。到处可见有关进口油的灯箱、广告牌、出租车后窗玻璃、代销点柜台和加油站墙壁上的宣传招贴画，还有电台、电视台和报纸广告和新闻发布会、有奖促销、赠送等各种形式。而国产油在这方面的表现则是苍白无力，难以应对。另外，该厂油品过去大都是大桶散装，大批量从厂里直接销售，供应大企业大机构，而很少以小包装上市，加上销售点又少，一般用户难以买到经济实惠的国产油，而只好使用昂贵的进口油。

根据该炼油厂的上述情况，我们可以利用SWOT方法进行分析。根据分析结果，为了扭转该炼油厂在市场营销方面的被动局面，应该考虑采取如下措施：制定营销战略；增加营销人员和销售点；增加生产小包装产品；实施品牌战略；开展送货上门和售后服务；开发研制新产品；继续提高产品质量和降低产品成本；发挥产品质量和价格优势；宣传 ISO 9002 认证效果；通过研究开发提高竞争能力。

2. SWOT 分析法的缺陷

与很多其他的战略模型一样，SWOT 模型是在很久以前由麦肯锡公司提出，带有时代的局限性。以前的企业可能比较关注成本、质量，现在的企业可能更强调组织流程。例如，以前的电动打字机被印表机取代，那么电动打字机厂商该怎么转型？是应该做印表机还是其他与机电有关的产品？从 SWOT 分析法来看，电动打字机厂商优势在机电，但是发展印表机又显得比较有机会。结果有的朝印表机发展，最终失败；有的朝剃须刀生产发展，最终获得成功。这就要看你注重的是以机会为主的成长策略，还是以能力为主的成长策略。SWOT 分析法没有考虑到企业改变现状的主动性，即企业可以通过寻找新的资源来创造企业所需要的优势，从而达到过去无法达成的战略目标。

有太多的场合可以运用 SWOT 分析法，因此它具有适应性，然而这也会导致反常现象的产生。基础的 SWOT 分析法所产生的问题可以由更高级的 POWERSWOT 分析法得到解决。

(二)波特的“五力竞争战略”分析模型

五力分析模型是迈克尔·波特(Michael Porter)于 20 世纪 80 年代初期提出，对企业战略制定产生了全球性的深远影响。五力分析模型用于竞争战略的分析，可以有效分析客户的竞争环境。“五力”分别是：供应商的讨价还价能力、购买者的讨价还价能力、潜在竞争者进入的能力、替代品的替代能力、行业内竞争者现在的竞争能力。五种力量的不同组合变化最终影响行业利润潜力发生变化。

1. 五力模型图介绍

五力模型将大量不同的因素汇集在一个简便的模型中，以此分析一个行业的基本竞争态势。五力模型确定了竞争的五种主要来源，即供应商和购买者的讨价还价能力、潜在进入者的威胁、替代品的威胁，以及最后一点，来自目前在同一行业的公司间的竞争。一种可行战略的提出首先应该包括确认并评价这五种力量，不同力量的特性和重要性因行业和公司的不同而变化，如图 3-16 所示。

根据上面对于五种竞争力量的了解，企业应尽可能地采取将自身的经营与

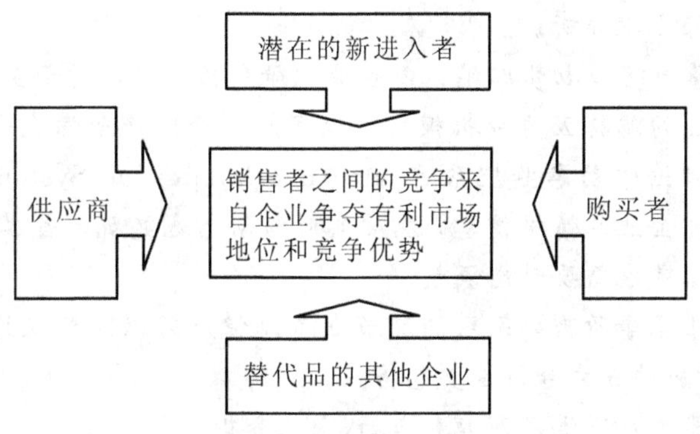

图 3-16　五力模型图

竞争力量隔绝开来、努力从自身利益需要出发影响行业竞争规则、先占领有利的市场地位再发起进攻性竞争行动等手段来对付这五种竞争力量，以增强自己的市场地位与竞争实力。

【案例分享】　　　　A 公司的五力分析与专利情报收集

现以生产手机按键的工业品厂商 A 公司为例，来说明如何运用企业策略规划中的分析工具——波特五力分析法(Porter 5 force analysis)来进行竞争战略分析。

综观 A 公司所处的手机按键产业的产业链(industry chain)，上述波特五力分析相关因素应包括：

(1)现有提供相似产品的竞争公司(例如中国台湾的毅嘉，日本的 Playmates、Shines、Sun arrow 等)。

(2)卖东西给 A 的上游厂商(包括提供塑橡胶原料或金属原料的厂商)。

(3)向 A 买按键的手机系统厂商(包括 Nokia 与 Motorola 等品牌厂商，或系统组装厂商，例如 FIH 或华宝等)。

(4)有潜在能量进入或是刚进入该行业的厂商(我们认为此点应改成技术进入障碍，换句话说，应该改成对此领域有兴趣的厂商想要进入此领域的进入门槛等因素)。

(5)新市场或是新需求的竞争(例如如果原本手机按键为塑橡胶材料，那么轻金属合金按键就是新产品)。

当然若站在 A 公司的立场，该公司除了手机按键外，还包括汽车相关产品、OA 产品与铝镁合金机壳等。因此，上述五力分析仅是针对 A 公司在手机按键产业的分析，若是对于汽车相关或是铝镁合金机壳相关产业，便需要再进行一次(1)～(5)步骤分析。

由上面的信息可以初步归纳，以企业竞争分析而言，对于企业每一产品线均需要建立对应的波特五力分析模型，以了解现阶段产业的竞争状态。然而，若根据先前所讨论的动态监控系统(Dynamic Monitoring System)而言，最重要的部分为相关企业的情报信息，需要实时与动态地更新，当然根据相关信息所延伸的策略拟定也需要动态调整。

最后，企业竞争所需要面对的环节众多。但是若以财产权的角度(特别是专利)来看，对应的五力分析至少包括：

客户议价能力：下游厂商专利布局(企业分析)；

供货商议价能力：上游厂商专利布局(企业分析)；

新进入者的竞争：该产业的技术门槛与专利布局(技术分析)；

替代品的威胁：新产品与新服务的专利布局(技术分析)；

现有厂商的竞争：现有竞争公司的专利布局(企业分析)。

2. 五力竞争战略分析模型的缺陷

实际上，关于五力分析模型的实践运用一直存在许多争论。目前较为一致的看法是：该模型更多的是一种理论思考工具，而非可以实际操作的战略工具。

该模型的理论是建立在以下三个假定基础之上的：

①制定战略者可以了解整个行业的信息，显然这在现实中是难以做到的。

②同行业之间只有竞争关系，没有合作关系。但现实中企业之间存在多种合作关系，不一定是你死我活的竞争关系。

③行业的规模是固定的，因此，只有通过夺取对手的份额来占有更大的资源和市场。但现实中企业之间往往不是通过吃掉对手而是与对手共同做大行业的蛋糕来获取更大的资源和市场；同时，市场可以通过不断的开发和创新来增大容量。

因此，要将波特的竞争力模型有效地用于实践操作，以上在现实中并不存在的三项假设就会使操作者要么束手无策，要么头绪万千。

波特的竞争力模型的意义在于，五种竞争力量的抗争中蕴含着三类成功的战略思想，那就是大家熟知的：总成本领先战略、差异化战略和专一化战略。

(三)波士顿矩阵分析模型

制定营销战略最流行的方法之一就是波士顿矩阵(BCG 矩阵)。该方法是由波士顿咨询集团(Boston Consulting Group，BCG)在20世纪70年代初开发的。BCG矩阵将组织的每一个战略事业单位(Subs)标在一个二维的矩阵图上，从而显示出哪个Subs提供高额的潜在收益，以及哪个Subs是组织资源的漏斗。BCG矩阵的发明者、波士顿公司的创立者布鲁斯认为："公司若要取得成功，就必须拥有增长率和市场份额各不相同的产品组合。组合的构成取决于现金流量的平衡。"如此看来，BCG的实质是为了通过业务的优化组合实现企业的现金流量平衡。

1. 波士顿矩阵的介绍

波士顿矩阵认为一般决定产品结构的基本因素有两个：市场引力与企业实力。

市场引力包括企业销售量(额)增长率、目标市场容量、竞争对手强弱及利润高低等。其中最主要的是反映市场引力的综合指标——销售增长率，这是决定企业产品结构是否合理的外在因素。

企业实力包括市场占有率、技术、设备、资金利用能力等，其中市场占有率是决定企业产品结构的内在要素，它直接显示出企业竞争实力。销售增长率与市场占有率既相互影响，又互为条件：市场引力大，销售增长率高，表示产品发展前景良好，企业也具备相应的适应能力，实力较强；如果市场引力大，而没有相应的高市场占有率，说明企业尚无足够实力，则该种产品也无法顺利发展。相反，企业实力强，而市场引力小的产品也预示了该产品的市场前景不佳。

通过以上两个因素相互作用，会出现四种不同性质的产品类型，形成不同的产品发展前景：①销售增长率和市场占有率"双高"的产品群(明星类产品)；②销售增长率和市场占有率"双低"的产品群(瘦狗类产品)；③销售增长率高、市场占有率低的产品群(问题类产品)；④销售增长率低、市场占有率高的产品群(现金牛类产品)。见图3-17。

【案例分享】　　上海和达汽车的波士顿矩阵分析

上海和达汽车零部件有限公司是由某国内上市公司与外商合资的生产汽车零部件的企业。公司于1996年正式投产。

和达公司的主要产品分成五类，一是挤塑和复合挤塑类(密封嵌条、车顶饰条等)；二是滚压折弯类(车门导槽、滑轨、车架管)；三是普通金属焊接类(汽车仪表板横梁模块)；四是激光焊接类(镁合金横梁模块)；五是排挡杆类(手动排挡总成系列)。

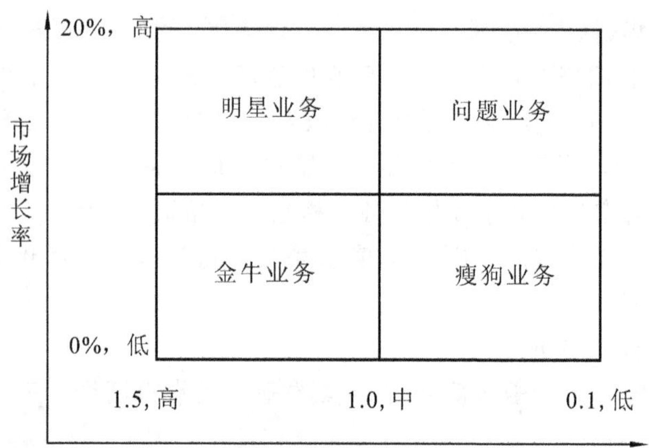

图 3-17　波士顿矩阵分析示意图

和达公司产品波士顿矩阵分析如图 3-18 所示。

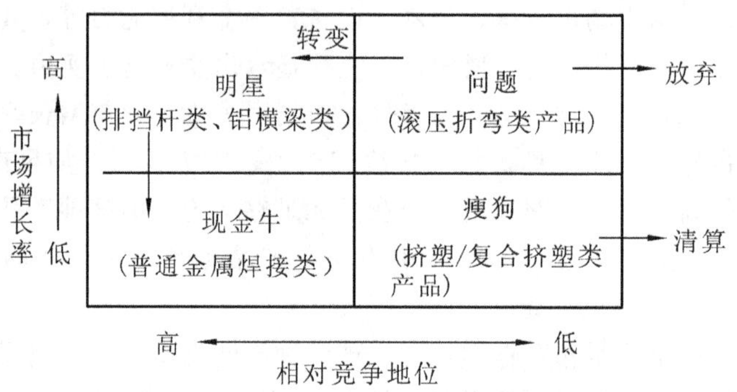

图 3-18　和达公司产品波士顿矩阵分析

A 问题型业务(Question Marks，指高增长、低市场份额)

处在这个领域中的是一些投机性产品。这些产品可能有利润，但占有的市场份额很小。公司必须慎重回答“是否继续投资该业务?”这个问题。只有那些符合企业发展长远目标、企业对其具有优势、能够增强企业核心竞争力的业务才得到肯定的回答。

从和达公司的情况来看，滚压折弯类产品由于技术含量不高、进入门槛低，未来市场竞争程度必然加剧。所以对于这类产品最好舍弃。由于目前还能带来利润，不必迅速退出，只要保持必要的市场份额，公司不必再增加投入。当竞争对手大举进入时，可以舍弃。

B 明星型业务(Stars，指高增长、高市场份额)

这个领域中的产品处于快速增长的市场中并且占有支配地位份额，但也许不会产生正现金流量。因为市场还在高速成长，必须继续投资，以保持与市场同步增长，并击退竞争对手。

对于和达公司来说，铝横梁的真空电子束焊接系统是国内第一家，具有技术上的领先优势。因此企业应该加大对这一产品的投入，以继续保持技术上的领先地位。对于排挡杆类产品，由于国内在这个领域的竞争程度还不太激烈，因此可以考虑进入。和达公司应该把这类产品作为公司的明星业务来培养，加大对这方面的资金支持。在技术上应充分利用和寻找国外生产同类产品的厂商进行合作。

C 现金牛型业务(Cash Cows，指低增长、高市场份额)

处在这个领域中的产品产生大量的现金，但未来的增长前景是有限的。由于市场已经成熟，企业不必加大投资来扩展市场规模。该业务享有规模经济和高边际利润的优势，因而给企业带来大量现金流。

对于和达公司来说，其普通金属焊接类产品即是现金牛类产品。由于进入市场的时机较早，产品价格不错，每年能够给企业带来相当大的利润。因此对于和达公司来说，对于金属焊接类产品，应该保持住目前的市场份额，把从这个产品中获取的利润投入到铝横梁和排挡杆产品中去。

D 瘦狗型业务(Dogs，指低增长、低市场份额)

这个剩下的领域中的产品既不能产生大量的现金，也不需要投入大量现金，这些产品没有希望改进其绩效。瘦狗型业务通常要占用很多资源，多数时候是得不偿失的。

对于和达公司来说，普通塑料异型挤出和异型体复合挤出类产品因设备陈旧等原因，在国内已落后于主要竞争对手。从公司战略的角度出发，应该不断对这一块进行收缩，不必再投入更大的精力和财力，逐渐把注意力集中在激光焊接和排挡杆的业务上去。

通过运用波士顿矩阵分析，使和达公司明确了产品定位和发展方向，对于企业投资的选择起到了举足轻重的作用。但波士顿矩阵仅仅是一个工具，问题的关键在于如何使企业的产品品种及其结构适合市场需求的变化，只有这样企业的生产才有意义。同时，如何将企业有限的资源有效地分配到合理的产品结构中去，以保证企业收益，这是企业在激烈竞争中能否取胜的关键。

2. 波士顿矩阵的缺陷

波士顿矩阵执行的前提是假设公司的业务发展依靠的是内部融资，而没有考虑外部融资，如举债等资金筹措方式并不在 BCG 矩阵的考虑范围之内。

另一方面，BCG 矩阵还假设这些业务是独立的，但是许多公司的业务是紧密联系的。比如，如果现金牛类业务和瘦狗类业务是互补的业务组合，如果放弃瘦狗类业务，那么现金牛类业务也会受到影响。

还有很多文章对 BCG 矩阵做了很多评价。这里列举一部分：卖出瘦狗业务的前提是瘦狗业务单元可以卖出，但面临全行业亏损的时候，谁会来接手；BCG 矩阵并不是一个利润极大化的方式；市场占有率与利润率的关系并不固定；BCG 矩阵并不重视综合绩效，运用 BCG 矩阵方式时要进行 SBU（策略事业部）重组，这要遭到来自许多组织的阻力；该矩阵并没告诉厂商如何去找新的投资机会……

最后，对于市场占有率，波特的著作在分析日本企业时就已说过，规模不是形成竞争优势的充分条件，差异化才是。BCG 矩阵的背后假设是“成本领先战略”，当企业在各项业务上都准备采用（或正在实施）成本领先战略时，可以考虑采用 BCG 矩阵，但是如果企业准备在某些业务上采用差别化战略，那么就不能采用 BCG 矩阵了。规模的确能降低一定的成本，但这一点在成熟的市场运作环境中才成立，在我国物流和营销模式并不发达的情况下，做好物流和营销模式创新往往可以比增加生产规模降低更多的成本。

三、工业品营销——卡位战略的运用

克里斯滕森的《创新者的窘境》被评为 20 世纪最有影响的 20 本商业书籍之一，他在书中提出这样一个问题：那些失败的优秀企业，曾经是非常成功的，拥有优秀而成熟的方式，是行业的楷模、经理们的学习榜样、商学院的案例焦点；而在失败之后，各种管理上的缺陷便显露出来。到底是管理得太好还是管理得太差？

克里斯滕森经过数年的调查，给出一个令人吃惊的回答——是管理得太好导致这些企业走向失败。一家管理出色的企业就好比动力十足、润滑充分、飞速前进的机动车，在前进道路方向突转时，强大的惯性使它无法掉头，从而以最快的速度奔向深渊。

越来越多的事实、越来越多的血淋淋的案例警示我们，今天不同于过去——这是一个动态竞争的时代，就像一场篮球比赛，有对手，有伙伴，都在快速地跑动，必须时刻观察、准确判断，观察球的落点，发现及创造机会，卡位前进，阻拦对手，获得控制权，抢球并快速投篮。

中国企业是全球化竞争这个“篮球场”中的一员。我们的管理比不了国外企业，我们的技术比不了国外企业，我们的规模比不了国外企业，我们的品牌初成型也比不了国外企业。我们就像篮球场上的小矮个，处处受掣肘，必须进行有效的卡位，才能拥有立足之地。

因此，寻找你最长的板子，明确定位，充分利用和整合企业的自身优势，准确卡位，有效切入，建立区隔，使对手无法复制与超越。

(一)什么是卡位战略

“卡位”这个词语来自篮球或者足球比赛。在比赛中，球在空中的时候，球员精确判断球的有效落点，抢先对手占据有利位置，将对手阻挡在最佳位置以外，从而获得控制权，这就是卡位。营销“卡位”在商场中就是指在一种产品和服务流行起来以前，尽快地占领领先位置。

卡位战略的关键在于精确地判断有效落点，并抢先对手占据有利位置。

卡位战略就是创造市场的第一选择，让竞争对手无法在短时间内模仿；就是成为市场的第一选择，从局部第一成为市场第一；就是市场再细分，选择或者创造新市场；就是集中资源，重新选择适合的市场；就是重新定位，选择新的目标市场；就是做小鱼塘里的大鱼，而不去做大鱼塘里的小鱼。

卡位战略的目标是占领该细分市场，在一定时期内最大限度地阻止其他企业进入该细分市场，同时有效经营该细分市场，成为该细分市场的代表者和领军者。其实，许多企业已经在无形中应用了卡位策略，只不过作为企业的一种商业模式没有得到很好的总结和深入研究。

(二)应用卡位战略的三大前提

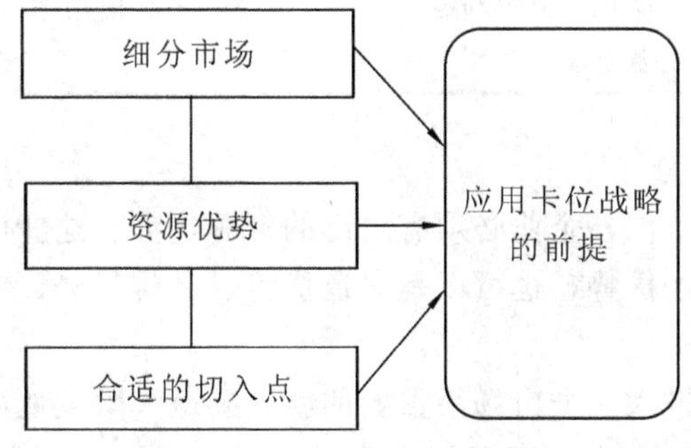

图 3-19　应用卡位战略的前提

1. 找到细分市场

企业必须根据自身优势寻找到一个细分市场，这个细分市场是不成熟的或者别人没有进入过的。只有这样，企业在进入的时候，才能有效地利用和整合自身优势资源，并最大限度地在其他企业进入此细分市场前设立商业门槛，从而达到阻止和干扰对手瓜分细分市场利益的目的。

假如企业进入一个已经成熟的细分市场，这个时候也就不叫卡位，同时企业还要投入大量的资本应付激烈的竞争状态，企业资源得不到有效利用，回报也得不到保证。细分市场是从客户的角度，通过客户的需求、动机、购买行为的多元性和差异性来划分的，而不是根据产品品种、产品系列来进行划分的。

比如一家提供外科手术设备的公司，他们的买主通常是小型诊所或大型医院。那些小型诊所因为缺乏相应的消毒设备，因此每次手术后只能将购买的手术设备抛弃。如果这家公司针对这些小型诊所推出一次性手术设备，从而大大减少了诊所的开销，那么就为自己公司打开了一片新的市场。如果这家公司的业务员还能发现外科医生在进行手术前后都会清点一遍手术器材的数量，然后针对不同类型的手术，推出预先封装好不同数量的手术器材套装，那就又开辟了一个的细分市场。

每一个客户群就是一个细分市场，每一个细分市场都是由具有类似需求倾向的客户构成的群体。消费品市场细分依据见表3-4。

表3-4 消费品市场细分依据

消费品市场细分依据	举　例
地理细分	国家、地区、城市、农村、气候、地形
人口细分	年龄、性别、职业、收入、教育、家庭人口、家庭类型、家庭生命周期、国籍、民族、宗教、社会阶层
心理细分	社会阶层、生活方式、个性
行为细分	时机、追求利益、使用者地位、产品使用率、忠诚程度、购买准备阶段、态度

2. 挖掘资源优势

如果要有效地卡位，企业必须有自己的资源优势。这些优势可以是技术优势、资本优势、市场优势，也可以是渠道优势、品牌优势、成本优势等。见图3-20。

①技术优势。进入一个市场最重要的就是要最大限度地满足这个细分市场客户的需求，拥有技术优势可以把自己的产品和服务和其他企业严格区分开来，能够有效地阻止其他企业进入该细分市场。像诺基亚、华为这样的企业在行业内就具有强大的技术优势。

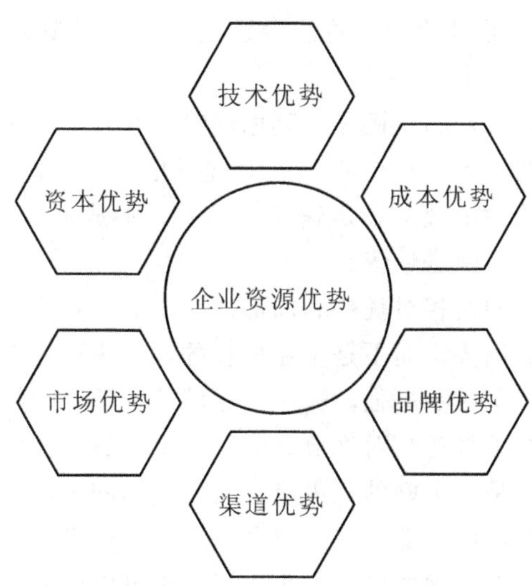

图 3-20 挖掘企业的资源优势

②资本优势。因为在前期导入市场时期，企业需要投入大量的人力和物力去研究这个市场消费者的消费特点和习惯，同时研究适合这个市场的差异化的产品。这个过程要求企业必须投入一定量的资金作支撑。拥有资金优势可以加快这一导入过程，同时也可以更有效地整合资源。

③市场优势。市场优势可以使企业更容易接近最终客户，也可以更充分地了解和挖掘客户的需求，从而更容易被客户所接受。康师傅饮料便是利用其方便面的市场优势迅速上市的。

④渠道优势。在研发出产品以后，就要导入市场，这时，采取什么样的渠道进入、如何建立渠道、在这个渠道中如何去推广自己的产品尤其重要，这要求企业有充足的流动资本，同时为企业的下一步发展提供有力的支持。云南白药牙膏就运用了企业的保健品渠道优势打开市场。

⑤品牌优势。土豆可以不需要品牌，但电脑需要树立品牌。越是用户不了解的产品，品牌优势越重要。品牌优势在市场导入期，有助于用户接受，在市场成熟期，也可以增加用户的黏度。

⑥成本优势。在许多领域，尤其是同质化高的产品领域，成本优势显得尤为重要。拥有成本优势，既可以在市场导入前期获得高额利润，又拥有足够的利润空间来防御其他竞争对手。

3. 选择合适的切入点

选择何种卡位方式尤为重要，所谓一招不慎，满盘皆输，所以，企业必须选择有优势的方面作为切入点。对于企业而言，可以技术卡位，可以形象卡位，可以品牌卡位，可以功能卡位。合适的切入点是避开红海、开创蓝海的关键。

运用卡位选择切入点的关键是：利用优势，在合适的时间，针对合适的细分市场，进行合适的投入，在核心产品上进行单品突破。切入点贵精不贵多，利用拳头产品产生的冲击效应，迅速切开市场；形成消费者的良好口碑之后，可迅速带动后续的产品跟进销售。

这里的优势，指的是相对优势和局部优势，而不是企业的内在优势；是企业相对于其他企业的优势，而不是企业擅长的领域这种内在优势。如果一个领域，我们很强，但竞争对手更强，这一个领域就不是一个好的切入点。因为我们和竞争对手比，并不具备相对优势。如果一个领域，我们很弱，但竞争对手更弱，这一个领域就是一个好的切入点。因为我们和竞争对手比，具备相对优势。如果不具备相对优势，那么应该想办法，在整体没有优势的地方创造局部优势。这一点在军事上非常重要，在企业运营中可以借鉴。

（三）"十六字真言"：卡位的核心战略思想

卡位的核心战略思想

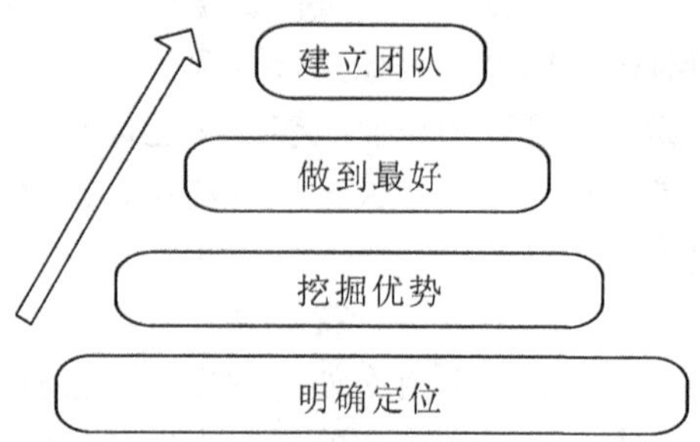

图 3-21　卡位的核心战略思想

卡位的核心战略思想是十六个字：明确定位、挖掘优势、做到最好、建立团队。见图 3-21。明确定位——寻找并确立市场目标；挖掘优势——寻找切入点和突破口；做到最好——扩大战果，从局部优势到全局优势；建立团队——建立有效的运营和流转机制，巩固优势，建立企业的核心竞争力。

1. 明确定位

明确定位就是为企业在市场上树立一个清晰的、有别于其他竞争对手的、符合目标市场客户需要的形象和特性，从而在目标客户心中占据一个有利位置。明确定位的最终目的是在目标客户心智中建立品牌区隔。拥有定位的企业才是强势企业，因为它拥有与众不同的概念，当客户产生相关需求时，就会自然而然地把它作为首选。

苹果公司的定位就是品位，在消费者印象中它是一个很“酷”的公司。在20世纪80年代，它就制作了一篇引人深思的广告，是一个女运动员拿锤子打破沉闷的世界，这个定位一直伴随着苹果。iMac的出现打破了沉闷的电脑界，iPod和iPhone让苹果从计算机制造商中脱颖而出，人们已经不再用PC/Mac的眼光来看苹果，而是将它用于娱乐。

2. 挖掘优势

第一类：差异化战略。

差异化战略是将企业提供的产品或服务差异化，形成在全产业范围中具有独特性的产品。实现差异化战略可以有许多方式：品牌形象、技术特点、外观特点、客户服务、经销网络及其他方面的独特性。企业通过差异化战略，一方面，使得客户缺乏与之可比较的产品选择，替代品无法在性能上与之竞争，降低了客户对价格的敏感度；另一方面，通过产品的差异化使客户具有较高的转换成本，使其依赖于企业，建立了客户的忠诚度。

2002年“华菱重卡”成立之初，经过详细的市场调查，看准了物流卡车向重型化、高端化发展的趋势，而当时国内大马力高端重卡市场高性价比产品相对缺乏。于是，华菱重卡以差异化的产品定位，集中精力主攻30万～70万元之间、300马力以上的大马力重卡。2004年10月华菱重卡正式上市时，以差异化产品优势实现了替代进口、出口和自用三步并举的战略。这样，华菱凭借具有前瞻性的高品质产品，形成了良好的开局。

第二类：创造优势战略。

企业可以通过战略联盟、产品创新、市场创新来创造企业的竞争优势。

三国时期，曹操利用袁绍的失误，抢先奉迎汉献帝于许昌，创造了“挟天子以令诸侯”的政治优势。正因为曹操正确运用了这一策略，巩固了自己的政治地位，发展、壮大了自己的实力，为他日后的政治野心创造了良好的政治和外交条件。

企业也一样，在没有突出竞争优势的情况下，应该积极地寻找市场缝隙，因为在营销中任何一个环节的创新都可以创造竞争优势。

3. 做到最好

相信所有的企业都想做到最好，可以从聚焦原则和包装策划这两方面入手。

(1)聚焦原则

放大镜可以将光线聚为一点，使能量高度集中，因此温度升高，最后点燃火柴。只有聚焦、再聚焦，才有可能在市场竞争中取胜。聚焦是企业做强的必经之路。

美特斯·邦威是来自温州的民营服装企业，1994 年，品牌创立之初，由于资金有限，总裁周成建率先在国内服装行业采取“虚拟经营”模式。该公司专注于从品牌形象、产品设计与质量、市场拓展、销售服务和信息化管理等全过程提升管理品质，对于前端的加工制造，则充分利用浙江、上海和江苏地区发达的服装制造行业网络，外包给几十个服装制造企业。

这种将经营环节外包的模式为公司节省了大量资金，同时也降低了投资产业链前端给公司经营带来的风险，这样，公司可以将有限的资源集中投入在对连锁品牌服装行业有重要影响的营销和产品设计上。

企业找准切入点之后，把主要资源聚焦在具有战略意义的业务模块上，就能够更灵活地适应成本结构和业务流程，对客户的需求和市场变化能够快速响应，提高了工作效率，加强了企业的差异化，创造出多个竞争优势。见图 3-22。

图 3-22 聚焦是做强的必经之路

(2)包装策划

包装策划就是对某企业的产品包装或某项包装进行开发与改进之前，根据企业的产品特色与生产条件，结合市场与人们的消费需求，对产品的市场目标、包装方式与档次进行整体方向性的规划定位的决策活动。产品包装与策划目标分类如表 3-5 所示。随着自助服务销售方式的增加，产品的包装需要执行许多销售任务，包装已经成为一项重要的营销工具。它必须吸引客户注意力，描述产品的功能特色，给客户以信心，使产品在客户心目中创造一个很好的印象。

表 3-5 产品包装与策划目标分类

目标分类	主要内容
产品性能表现	包装、广告、说明书、体现节能、保健等
产品规格多样	方、圆、长、短、立、卧等
产品功能多少	全面或独特
产品结构与式样	合理或新潮
产品容量	数量、重量、大小等

续表

目标分类	主要内容
产品附加特征	与原来或同类产品相比所附加的特征
产品销售对象	地区、季节、民族、男女、老幼等
产品及包装色彩	吸引力及打动人购买欲、代表形象
包装及产品表面文字及图案	箭头、示意图、符号说明
包装方便性、合理性	操作简单、柔软、透明、透气等
包装结构及性能	主体、保护、造型
包装及附带附件	取物器、配套促销、工艺品、奖券等
广告、网络推广等各种宣传	创意、知名度、品牌
巧妙的售后服务	稳定和开拓市场

4. 建立团队

建立起专业团队，建立有效的运营和流转机制，巩固优势，才能建立起企业的核心竞争力。对于外围业务，则外包给相应领域的优秀企业。

企业在内部资源有限的情况下，为取得更大的竞争优势，仅保留其最具竞争优势的业务，而将其他业务委托给比自己更具成本优势和专业知识的企业。见图 3-23。这样可以整合利用外部最优秀的专业化资源，从而达到降低成本、提高效率、充分发挥自身核心竞争力和增强企业对环境的快速应变能力的一种管理模式。

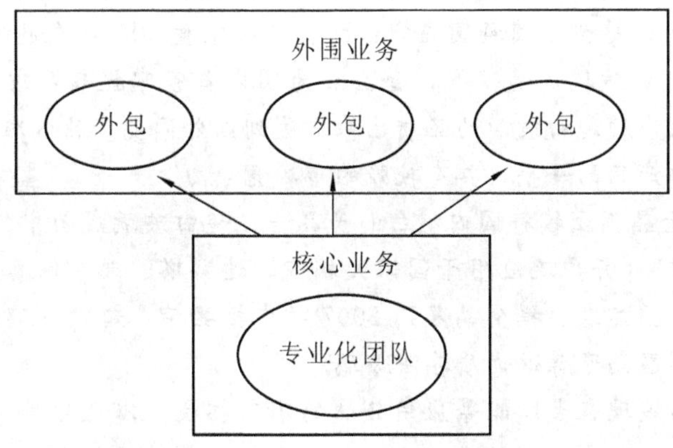

图 3-23　专业化团队 ＋ 外包的经营模式

(四)卡位与企业核心竞争力

核心竞争力是公司为客户带来特殊利益的一种独有技能或技术。

核心竞争力首先要具备充分的用户价值；其次，核心竞争力还必须是企业所特有的，是竞争对手难以模仿的；最后，核心竞争力还具有延展性，应该能为企业打开多种产品市场提供支持。

企业核心竞争力是卡位战略的结果。卡位的目标是建立与增强企业的核心竞争力，而卡位又是企业核心竞争力的延展。两者的关系如图 3-24 所示。

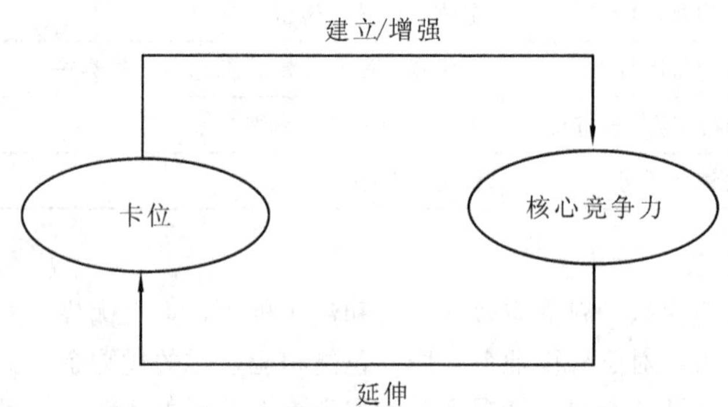

图 3-24　卡位和核心竞争力的关系

【案例分享】　金晶集团的卡位战略

金晶集团是以玻璃、纯碱及其延伸产品的开发、生产、加工、经营为主业的大型企业集团。2003 年金晶科技与玻璃巨头美国 PPG 公司联手合作，投资 10 亿元人民币，建设了填补国内空白的、日熔化量 600 吨的超白玻璃生产线，2005 年 7 月超白玻璃成功下线，金晶成为国内首家掌握超白玻璃生产技术的企业。公司生产的超白玻璃的品质已基本达到国外同类产品水准，而市场价格不足国外进口产品的一半，具有较强的市场竞争力。

2007 年金晶集团填补国内空白的产品——超白玻璃成功中标奥运工程“鸟巢”、“水立方”，并广泛应用于国家大剧院、迪拜塔、北京银泰大厦、上海世博会等大型高档建筑。据金晶集团 2007 年中报显示，超白玻璃的毛利率达到 50％以上，明显高于普通优质浮法玻璃。

随着超白玻璃在太阳能等应用领域的不断拓展，以及对其他产品的替代，很多同行企业，如南波、信宜、右匹等公司，也开始做超白玻璃。这样一来，超白玻璃的利润自然下降了，同时客户对产品的差异性感觉也不明显。

金晶看到了这些之后，重新制定营销战略，找出自己的优势：企业是国内首家生产超白玻璃的企业，有多个大型的成功案例，同时锁定超白玻璃的运用领域——建筑和太阳能等方面。然后根据优势，在业界形成一个简单的概念：要选超白玻璃首选金晶。就像“要选建造玻璃，首选南波”一样。由此，在客户心目中也同样留下一个烙印：当选择超白玻璃时，应该马上想到金晶。金晶把这个品牌概念宣传出去，卡位成功。

【案例分享】　　新安化工的卡位剖析

新安化工的主要产品

浙江新安化工集团股份有限公司是一家大型化工企业集团、全国资源综合利用先进企业。公司生产经营三大类九大系列百余种农药、化工、有机硅产品。新安化工的主要产品是草甘膦(有机磷产品)。草甘膦是美国孟山都公司1974年商品化成功的一种高效、低毒、环境相容性良好的除草剂，2001年全球销售额约为30亿美元。孟山都是世界上草甘膦生产规模最大的企业，其草甘膦生产能力为20万吨/年，新安化工在整体实力、科研开发水平等方面均无法与该公司匹敌，但在质量价格比方面有着较大的优势。

国内草甘膦的使用量还相对较小，农业生产中主要采用的是成本低廉的高毒性杀虫剂。随着中国整体经济发展水平的提高和农业生产方式的进步，低毒性除草剂的使用范围和使用量将逐步增长。

有机硅材料市场简介

有机硅材料是性能优异的特种高分子材料，广泛应用于航空航天、船舶汽车、纺织轻工、电子电气、机械化工、建筑建材、医药医疗等领域。有机硅单体是有机硅材料产业的基础，有机硅单体的生产主要集中在几家跨国公司。中国有机硅产品研发起始于50年代中期，60年代开始工业化生产，当时有机硅单体的生产企业有5家，这类企业技术难度大、生产流程长、配套工程要求高，一般为国有大中型企业。

目前国内有机硅产品及深加工制品企业大约有200家，生产点较为分散，其中既有技术含量高、开发能力强的民营和台、港合资企业，也有生产简单制品、产品单一、无技术开发力的乡镇企业和个体户生产厂，较为混杂。

中国有机硅产品消费量约以每年20%以上的速度上升，近年来增幅达30%以上。1990—1998年中国有机硅单体产量的年均增长率为21%，但其年产量远远不能满足国内市场的需要。国内所需大部分从国外进口，进口量逐年增长。

切入点：有机硅与有机磷的联产

新安化工主要产品草甘膦、毒死蜱等属于农药产品，生产过程中会有一定的废水、废气排放。加上公司地处新安江流域，环境保护的要求更高，公司用于环境保护的成本支出也相对较大。公司2000年环境保护设施的运作费用为400余万元，且随企业规模的扩大有逐年递增趋势。针对上述问题，公司开创了将提高公司经济效益与保护环境相结合的新途径，使生产过程对环境的污染得到了有效的控制。

1997年，新安化工集团股份有限公司与开化合成材料有限公司实施资产重组。开化合成材料有限公司前身为开化硅厂，主要生产硅块，1985年开始发展有机硅生产。1995年，新安化工开发了有机硅和有机磷的联产工艺，成功应用于草甘膦生产及开化硅厂的有机硅生产。双方从此开始互惠互利的贸易关系。为了共同的发展需要，双方进行联合，联合后进一步推广了有机硅和有机磷的联产。见图3-25。

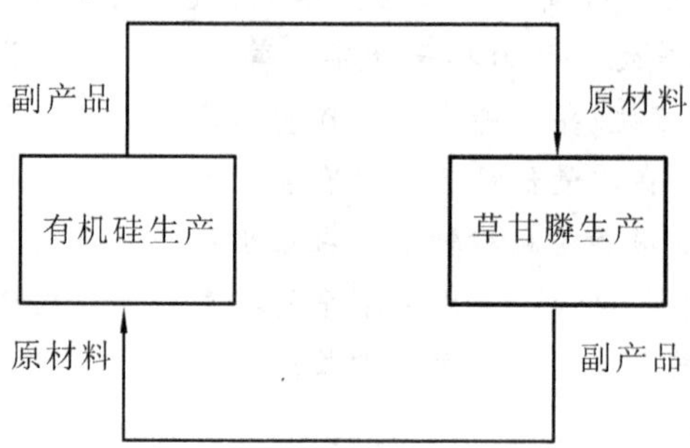

图3-25 新安化工的联产模式

有机硅和有机磷的联产生产模式的优势突出体现在对氯资源的综合循环利用上。氯甲烷是草甘膦生产过程中产生的副产物，企业通常将其直接排放，这不仅造成对环境的污染，而且造成资源的浪费。

公司率先开发了将氯甲烷回收净化后用于合成有机硅单体的工艺技术，同时又将有机硅单体生产中的副产品盐酸精制后用于草甘膦生产。这种氯资源的循环利用，基本消除了氯物质的排放，不仅实现了清洁生产，有效控制和减轻了农药生产过程对环境的污染，而且降低了公司产品的生产成本，增强了公司产品的市场竞争力。

切入有机硅后的盈利能力

表3-6是根据上市公司年报整理的新安股份与江山股份草甘膦产品的盈利能力的对比，表3-7是根据上市公司年报整理的新安股份与星新材料有机硅单体产品的盈利能力的对比。可以看出新安股份有机磷和有机硅联产项目所带来

的成本优势十分明显。其草甘膦与有机硅产品的毛利率均高于国内同类产品。

表 3-6 新安股份与江山股份草甘膦业务对比

单位	业务	2000 年	2001 年	2002 年	2003 年 1～6 月
新安股份	销售收入(万元)	36 313	44 258	51 919	33 600
	销售成本(万元)	31 119	37 965	46 719	29 307
	毛利率(%)	14.30	14.22	10.02	12.78
江山股份	销售收入(万元)	11 760	12 978	14 029	11 695
	销售成本(万元)	11 579	12 610	13 530	10 777
	毛利率(%)	1.54	2.84	3.56	7.85

表 3-7 新安股份与星新材料有机硅业务对比

单位	业务	2000 年	2001 年	2002 年	2003 年 1～6 月
新安股份	销售收入(万元)	7 384	12 506	14 028	10 544
	销售成本(万元)	5 048	8 312	10 760	7 704
	毛利率(%)	31.64	33.54	23.30	26.93
星新材料	销售收入(万元)	21 574	31 148	38 686	20 092
	销售成本(万元)	17 568	25 560	32 258	17 923
	毛利率(%)	18.57	17.94	16.62	10.80

就有机硅单体生产而言，截至 2002 年年末，新安股份拥有 1 套 1.5 万吨/年、1 套 2 万吨/年的生产设备，总生产能力 3.5 万吨/年；星新材料拥有 1 套 2 万吨/年、1 套 5 万吨/年的生产设备，总生产能力 7 万吨/年。

虽然有机硅单体生产中规模经济显著，根据经验估计，硅氧烷装置达到 15 万吨/年，其生产成本是 5 万吨/年装置的 60%。但凭借有机磷和有机硅联产工艺，新安股份的有机硅单体的毛利率比拥有两倍生产规模的星新材料还要高 6.7～16.1 个百分点。

案例剖析

新安化工通过对氯资源的循环利用，成功地卡位进入有机硅生产领域，不仅避免了环境污染，实现清洁生产，而且大幅度降低了成本，为企业创造了丰厚的利润。见图 3-26。

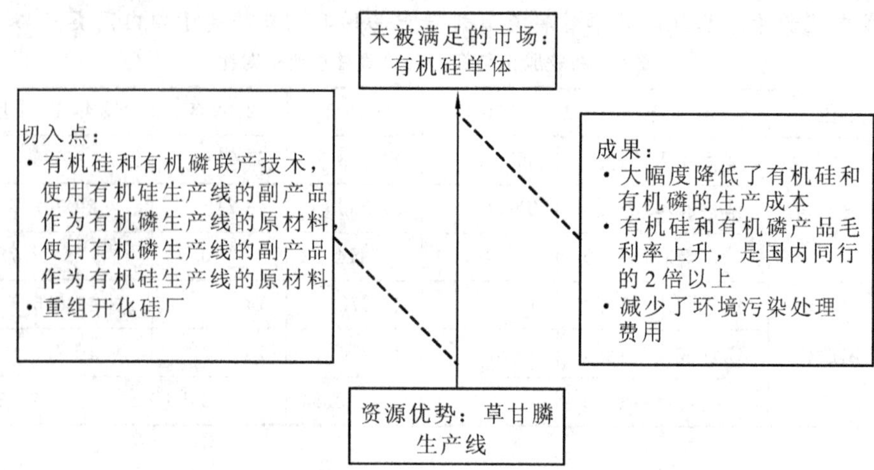

未被满足的市场：
有机硅单体
切入点：
·有机硅和有机磷联产技术，使用有机硅生产线的副产品作为有机磷生产线的原材料，使用有机磷生产线的副产品作为有机硅生产线的原材料
·重组开化硅厂
成果：
·大幅度降低了有机硅和有机磷的生产成本
·有机硅和有机磷产品毛利率上升，是国内同行的2倍以上
·减少了环境污染处理费用
资源优势：草甘膦生产线

图 3-26　新安化工卡位进入有机硅生产路线图

第四章　工业品营销管理模式

本章我们将解决下列问题：

- 工业品营销价格战的危机在哪里？
- 工业品常见的营销模式是什么？
- 工业品营销 4E 营销模型的核心思想是什么？
- 如何运用 4E 营销模型？

现代营销观念认为："营销管理的系统重在过程，控制了过程就控制了结果。"结果只能由过程产生，什么样的过程产生什么样的结果。企业采取"结果导向"还是"过程导向"的营销管理，在很大程度上决定了营销管理最终的成败。我们并不完全反对依靠结果进行营销管理，通过对营销结果的分析，同样能够发现并采取有效的措施进行控制。但实际上，"结果导向"的控制只能起到"亡羊补牢"的效果，因为结果具有滞后性，如果单纯根据具有时间滞后效应的"营销结果"进行决策与营销管理，是行不通的。所以构建营销管理的过程系统在工业品营销中起着决定性的作用。

一、工业品市场价格战的危机与模式

相关资料显示，中国目前有将近 2 000 多家电机生产商，将近 4 000 家电线电缆生产商，将近 6 000 家阀门生产商，将近 6 000 家水泵生产商……过度的竞争使我们今天所看到的工业品营销比 20 年前看上去更加像一场混乱的战争。为了应对这场战争，很多企业都在努力做一件事情：将价格战进行到底。

(一)价格战的危机

虽然价格战并不是市场唯一的竞争手段，却是中国企业最频繁使用的搏杀利器，尤其表现在工业品行业上。以中国企业"价格战"最为激烈的电子信息技术领域为例，来自国家知识产权局的权威数据显示：1996—2003 年在中国申请专利数量排名前六位的国家依次是日本、美国、韩国、德国、荷兰、英国；在企业申请专利量排名中，前十名中没有中国内地企业的身影。由此可见，在核心技术创新能力上的差距，使得中国企业很难跻身"高端产品"的行列，只能亦步亦趋跟着国外企业的脚步，进而使用"杀伤力"和"自伤力"都极强的"价格战”去冲击“低端市场”。

然而，进行价格战对工业品行业产生了毁灭性的打击，具体概括如下：

1. 降价使客户的感性系数下降

客户的感性系数是指客户对市场的敏感程度，它随着市场竞争的白热化而呈边际递减状态。当行业市场上许多厂家、商家进行降价、让利、打折等促销手段时，客户在前期处在好奇、划算、优惠的角度去思考；然而在后期，随着这种形式构成普通的元素，那么降价就再也不能吸引客户购买。况且，工业品行业并不是快速消费品，一定程度上不能对客户进行有效的引导。

2. 长期的降价影响了品牌的效应

就拿中央空调来说，在中国的三大品牌是海尔、格力、海信，可是当国内很多品牌纷纷降价时，虽然短期不会发生变化，然而长期来说，这三大品牌必然会降价。因为在市场趋向于平民化时，企业如果不与时俱进，必然会被社会淘汰。但从发展的角度来说，企业如果不树立品牌形象，便难以生存。虽然海尔也在降价，可是并不在短期内进行，这有一个时间，在这段时间里汲取利润，这是优秀企业的常用手段。

3. 降价对于追求品质的客户的效果几乎为零

业内人士分析，工业品的降价对于追求品质的客户，是行不通的。因为客户如果追求品质，一个设备至少几十万元，他们是不会在乎多付几千元的。

(二)工业品营销重要的不仅仅是价格，更侧重于价值

价格是唯一形成收入的营销手段。尽管非价格因素在现代市场营销过程中的作用日益突出，但价格仍是营销成功与否的决定性因素之一。不过，值得注意的是，工业品行业的价格战在今天已经有了新的演绎，那就是从价格向价值的转变。

从营销角度来看，价格是指企业为了出售产品而预期获得的经济回报，它围绕市场的需求与供给合理设计。而价值是指通过向客户提供最有价值的产品与服务，创造出新的竞争优势取胜的，它有别于价格。价值不等于价格，价值是品牌、技术、服务行业标准、反应速度、成功案例、公司规模等加权平均而得到的，可以说价值包含了价格。

在工业品营销中，应该突出的不是产品价格，而是产品价值。工业品营销不是以价格战取胜，而是以能够提供客户所需要的价值获胜。如果关系基本上都差不多，或者到了最后，为了融洽关系，减少冲突，平衡利益，往往请专家用公平的打分来进行价值的评判。然而，打分的依据什么？每个客户选择的因

素各不同，但在大体上都包括品牌、技术、服务行业标准、公司规模等，根据加权平均进行综合评定。在快速消费品营销中，更加偏重价格；而工业品行业营销当中，更加偏重价值。

(三)价值的呈现模式

现代管理学之父彼得·德鲁克说过："当今企业之间的竞争，不是产品之间的竞争，而是模式之间的竞争。"

是的，21世纪的企业竞争的最高境界，不再是产品的竞争、人才的竞争、营销的竞争、服务的竞争……其最高境界是一种营销模式的竞争。日本日产汽车公司CEO戈恩·卡洛斯这样看待企业的营销模式："这是一个盈利至上的时代，在这个时代里，谁能持续获得比同行更高的利润，谁就是真正的赢家，所以我们需要一个有效的营销模式，让我们的希望变成现实。"

据《科学投资》杂志调查显示：在创业企业中，因为战略原因而失败的只有23%，因为执行原因而夭折的也只不过是28%，但因为没有找到营销模式而走上绝路的却高达49%。没有一个合理的营销模式，不管企业名气有多大，资产有多大，也必定走向衰亡。营销模式是关系到企业生死存亡、兴衰成败的大事，企业要想获得成功就必须从制定适合该企业的营销模式开始，新成立的企业是这样，发展期的企业更是如此。营销模式是企业竞争制胜的关键。

营销模式是一种体系，而不是一种手段或方式。目前公认的营销模式从构筑方式上划分，有两大主流：

一是市场细分法，通过企业管理体系细分延伸归纳出的市场营销模式。

二是客户整合法，通过建立客户价值核心，整合企业各环节资源的整合营销模式。

市场营销模式是以企业为中心构筑的营销体系，而整合营销则是以客户为中心构筑的营销体系。

二、工业品市场开发模式与策略

一提到营销，也许大家都会想到科特勒的《营销管理》；讲到营销组合模式，科特勒的4P营销也同样受到大家的认可。无论是工业品企业还是快消品企业，大多都会以4P营销为基础开展市场。下面简单阐述4P营销的内容。

(一)4P营销

1. 4P营销简介

4P理论产生于20世纪60年代的美国，是随着营销组合理论的提出而出现的。1953年，尼尔·博登(Neil Borden)在美国市场营销学会的就职演说中创造了"市场营销组合"(marketing mix)这一术语，其意是指市场需求或多或少在某种程度上受到所谓"营销变量"或"营销要素"的影响。为了寻求一定的市场反应，企业要对这些要素进行有效组合，从而满足市场需求，获得最大利润。营销组合实际上有几十个要素(博登提出的市场营销组合原本就包括12个要素)。杰罗姆·麦卡锡(McCarthy)于1960年在其《基础营销》(*Basic Marketing*)一书中将这些要素概括为4类：产品(Product)、价格(Price)、渠道(Place)、促销(Promotion)，即著名的4P。1967年，菲利普·科特勒在其畅销书《营销管理：分析、规划与控制》第一版进一步确认了以4P为核心的营销组合方法，即：

产品(Product)：注重开发的功能，要求产品有独特的卖点，把产品的功能诉求放在第一位。

价格(Price)：根据不同的市场定位，制定不同的价格策略，产品的定价依据是企业的品牌战略，注重品牌的含金量。

分销(Place)：企业并不直接面对消费者，而是注重经销商的培育和销售网络的建立，企业与消费者的联系是通过分销商来进行的。

促销(Promotion)：企业注重以销售行为的改变来刺激消费者，以短期的行为(如让利，买一送一，营造现场气氛等)促成消费的增长，吸引其他品牌的消费者或促使提前消费来促进销售的增长。

2. 4P营销评价

尽管营销组合概念和4P观点被迅速和广泛地传播开来，但同时在有些方面也受到了一些营销学者特别是欧洲学派的批评。主要有以下几点：

①营销要素只适合于微观问题，因为它只从交易的一方即卖方来考虑问题，执著于营销者对消费者做什么，而不是从客户或整个社会利益来考虑，这实际上仍是生产导向观念的反映，而没有体现市场导向或客户导向，而且它的重点是短期的和纯交易性的。

②4P理论是对博登提出的市场营销组合概念的过分简化，是对现实生活不切实际的抽象。博登认为，提出市场营销组合的这个概念并不是要给市场营销下个定义，而是为营销人员提供参考，营销人员应该将可能使用的各种因素

或变量组合成一个统一的市场营销计划(Borden，1964)。但在4P模式中没有明确包含协调整合的成分，没有包括任何相互作用的因素，而且，对于什么是主要的营销因素，它们是如何被营销经理体验到并采纳等这些经验研究也被忽视了，“对于结构的偏好远胜于对过程的关注”(Kent，1986)。同时，营销是交换关系的相互满足，而4P模型忽略了交换关系中大量因素的影响。

③4P主要关注的是生产和仅仅代表商业交换一部分的迅速流转(fast moving)的消费品的销售。况且，消费品生产者的客户关系大多是与零售商和批发商的工业型关系，消费品零售商越来越把自己看成是服务的提供者。在这种情况下，4P在消费品领域的作用受到限制。

④4P观点将营销定义成了一种职能活动，从企业其他活动中分离出来，授权给一些专业人员，由他们负责分析、计划和实施。“企业设立营销或销售部具体承担市场营销职能，当然，有时也吸收一些企业外的专家从事某些活动，比如市场分析专家和广告专家。结果是，组织的其他人员与营销脱钩，而市场营销人员也不参与产品设计、生产、交货、客户服务和意见处理及其他活动”(Gringos，1994)，因此导致了与其他职能部门的潜在矛盾。而且它缺乏对影响营销功能的组织内部任务的关注，“如向企业内部所有参与营销或受营销影响的人员传播信息的人力资源管理以及激励设计和控制系统”(Bullet，1991)。

⑤市场营销组合和4P理论缺乏牢固的理论基础。格隆罗斯认为，作为一种最基本的市场营销理论，在很大程度上是从实践经验中提炼出来的，在其发展过程中很可能受到微观经济学理论的影响，特别是30年代的垄断理论的影响。然而，与微观经济学的联系很快被切断了，甚至完全被人们忘记了。因此，市场营销组合只剩下一些没有理论根基的“P”因素堆砌成的躯壳(Christion Gronroos)。高斯达·米克维茨(Gosta Mickwitz)早在1959年就曾指出，“当营销机制中基于经验性的工作表明企业采用了彼此之间大量的明显不同的参数时，市场中的企业行为理论如果只满足于处理其中的少数几个，这样的理论的现实性就很差了”。

针对这些批评，后来的学者们又在不断对4P模型进行充实，在每一个营销组合因素中又增加了许多子因素，从而分别形成产品组合、定价组合、分销组合、沟通和促销组合，这四个方面每一个因素的变化，都会要求其他因素相应变化。这样就形成了营销组合体系。根据实际的要求而产生的营销因素组合，变化无穷，推动着市场营销管理的发展和营销资源的优化配置。

营销因素组合的要求及目的就是，用最适宜的产品，以最适宜的价格，用最适当的促销办法及销售网络，最好地满足目标市场的消费者需求，以取得最佳的信誉及最好的经济效益。

因此至今为止，4P 理论模型仍然是营销决策实践中一个非常有效的指导理论。笔者在后面的应用分析中仍然使用这一理论模型。

(二)4C 营销

1. 4C 营销简介

在以消费者为核心的商业世界中，厂商所面临的最大挑战之一便是：这是一个充满“个性化”的社会，消费者的形态差异太大，随着这一“以消费者为中心”时代的来临，传统的营销组合 4P 似乎已无法完全顺应时代的要求，于是营销学者提出了新的营销要素。

劳特朗 1990 年在《广告时代》中，对应传统的 4P 提出了新的观点——营销的 4C。它强调企业首先应该把追求客户满意放在第一位，产品必须满足客户需求；其次降低客户的购买成本，产品和服务在研发时就要充分考虑客户的购买力；再次充分注意客户购买过程中的便利性；最后还应以消费者为中心实施有效的营销沟通。4C 即：

①消费者的需要与欲望(Customer's needs and wants)。

②消费者获取满足的成本(Cost and value to satisfy consumer's needs and wants)。

③用户购买的方便性(Convenience to buy)。

④与用户沟通(Communication with consumer)。

有人甚至认为在新时期的营销活动中，应当用 4C 来取代 4P。但许多学者仍然认为，4C 的提出只是进一步明确了企业营销策略的基本前提和指导思想，从操作层面上讲，仍然必须通过以 4P 为代表的营销活动来具体运作。所以 4C 只是深化了 4P，而不是取代 4P。4P 仍然是目前为止对营销策略组合最为简洁明了的诠释。

其实，4P 与 4C 是互补的而非替代关系。如：Customer，是指用“客户”取代“产品”，要先研究客户的需求与欲望，然后再去生产、营销符合客户需求的产品；Cost，是指用“成本”取代“价格”，了解客户要满足其需要与欲求所愿意付出的成本，再去制定定价策略；Convenience，是指用“便利”取代“地点”，意味着制定分销策略时要尽可能方便客户；Communication，是指用“沟通”取代“促销”，“沟通”是双向的，“促销”无论是推动策略还是拉动战略，都是线性传播方式。4P 与 4C 二者之间的关系参见表 4-1。

表 4-1　4P 与 4C 的相互关系对照表

类别	4P		4C	
阐释	产品(Product)	服务范围、项目，服务产品定位和服务品牌等	客户（Customer)	研究客户需求欲望，并提供相应产品或服务
	价格(Price)	基本价格，支付方式，佣金折扣等	成本(Cost)	考虑客户愿意付出的成本或代价
	渠道(Place)	直接渠道和间接渠道	便利（Convenience)	考虑让客户享受第三方物流带来的便利
	促销（Promotion)	广告，人员推销，营业推广和公共关系等	沟通（Communication)	积极主动地与客户沟通，需找双赢的认同感
时间	20 世纪 60 年代中期(麦卡锡)		20 世纪 90 年代初期(劳特朗)	

2. 4C 营销的不足

4C 营销理论也留有遗憾。总体来看，4C 营销理论注重以消费者需求为导向，与市场导向的 4P 相比，4C 营销理论有了很大的进步和发展。但从企业的营销实践和市场发展的趋势看，4C 营销理论依然存在以下不足：

①4C 营销理论是客户导向，而市场经济要求的是竞争导向，中国的企业营销也已经转向了市场竞争导向阶段。客户导向与市场竞争导向的本质区别是：前者看到的是新的客户需求；后者不仅看到了需求，还更多地注意到了竞争对手，冷静分析自身在竞争中的优、劣势并采取相应的策略，在竞争中求发展。

②4C 营销理论虽然已融入营销策略和行为中，但企业营销又会在新的层次上同一化，不同企业至多有程度上的差距问题，并不能形成营销个性或营销特色，不能形成营销优势，以保证企业客户份额的稳定性、积累性和发展性。

③4C 营销理论以客户需求为导向，但客户需求有个合理性问题。客户总是希望质量好、价格低，特别是在价格上的要求是无界限的。只看到满足客户需求的一面，企业必然付出更大的成本，久而久之就会影响企业的发展。所以从长远看，企业经营要遵循双赢的原则，这是 4C 需要进一步解决的问题。

④4C 营销理论仍然没有体现既赢得客户，又长期地拥有客户的关系营销思想；没有解决满足客户需求的操作性问题，如提供集成解决方案、快速反应等。

⑤4C 营销理论总体上虽是 4P 的转化和发展，但被动适应客户需求的色彩较浓。根据市场的发展，需要从更高层次以更有效的方式在企业与客户之间建立起有别于传统的新型的主动性关系，如互动关系、双赢关系、关联关系等。

4C 营销理论从其出现的那一天起就普遍受到企业的关注，此后许多企业运用 4C 营销理论创造了一个又一个奇迹。但是 4C 营销理论过于强调客户的地位，而客户需求的多变性与个性化发展，导致企业不断调整产品结构、工艺流程，不断采购和增加设备，其中的许多设备专属性强，从而使专属成本不断上升，利润空间大幅缩小。另外，企业的宗旨是“生产能卖的东西”，在市场制度尚不健全的国家或地区，就极易产生假、冒、伪、劣的恶性竞争以及“造势大于造实”的推销型企业，从而严重损害消费者的利益。当然这并不是由 4C 营销理论本身所引发的。

(三)4R 营销

1. 4R 营销简介

4R 理论的营销四要素包括：

第一，关联(Relevancy)，即认为企业与客户是一个命运共同体。建立并发展与客户之间的长期关系是企业经营的核心理念和最重要的内容。

第二，反应(Respond)，在相互影响的市场中，对经营者来说最现实的问题不在于如何控制、制订和实施计划，而在于如何站在客户的角度及时地倾听，并从推测性商业模式转移为高度回应需求的商业模式。

第三，关系(Relation)，在企业与客户的关系发生了本质性变化的市场环境中，抢占市场的关键已转变为与客户建立长期而稳固的关系。与此相适应产生了 5 个转向：从一次性交易转向强调建立长期友好合作关系；从着眼于短期利益转向重视长期利益；从客户被动适应、企业单一销售转向客户主动参与到生产过程中来；从相互的利益冲突转向共同的和谐发展；从管理营销组合转向管理企业与客户的互动关系。

第四，回报(Return)，任何交易与合作关系的巩固和发展，都是经济利益问题。因此，获取一定的合理回报既是正确处理营销活动中各种矛盾的出发点，也是营销的落脚点。

2. 4R 营销特点

4R 营销理论的最大特点是以竞争为导向，在新的层次上概括了营销的新框架，根据市场不成熟和竞争日趋激烈的形势，着眼于企业与客户的互动与双赢，不仅积极地适应客户的需求，而且主动地创造需求，运用优化和系统的思想去整合营销，通过关联、关系、反应等形式与客户形成独特的关系，把企业与客户联系在一起，形成竞争优势。其反应机制为互动与双赢：建立关联提供了基础和保证，同时也延伸和升华了便利性；“回报”兼容了成本和双赢两方面的内容，为追求回报，企业必然实施低成本战略，形成规模效益。这样，企业为客户提供价值和追求回报相辅相成，相互促进，客观上达到的是一种双赢的效果。

①4R 营销以竞争为导向，在新的层次上提出了营销新思路。根据市场日趋激烈的竞争形势，4R 营销着眼于企业与客户建立互动与双赢的关系，不仅积极地满足客户的需求，而且主动地创造需求，通过关联、关系、反应等形式与客户建立独特的关系，把企业与客户联系在一起，形成了独特竞争优势。

②4R 营销真正体现并落实了关系营销的思想。4R 营销提出了如何建立关系、长期拥有客户、保证长期利益的具体操作方式，这是关系营销史上的一个很大的进步。

③4R 营销是实现互动与双赢的保证。4R 营销的反应机制为建立企业与客户关联、互动与双赢的关系提供了基础和保证，同时也延伸和升华了营销的便利性。

④4R 营销的回报使企业兼顾成本和双赢。为了追求利润，企业必然实施低成本战略，充分考虑客户愿意支付的成本，实现成本的最小化，并在此基础上获得更多的客户份额，形成规模效益。这样一来，企业为客户提供的产品和追求回报就会最终融合，相互促进，从而达到双赢的目的。

3. 4R 理论的缺陷

当然，4R 营销同任何理论一样，也有其不足和缺陷。如与客户建立关联、关系，需要实力基础或某些特殊条件，并不是任何企业可以轻易做到的。但不管怎样，4R 营销提供了很好的思路，是经营者和营销人员应该了解和掌握的。

几乎所有的市场营销理论都是在强调如何强占市场和争取客户，以夺取利润为最大目标，但市场行为本身就是一种风险博弈，也可以说在市场上什么都是可变的，只有利润和风险是永恒的，所以建议学习该理论时能再加上 0.5R，即 risky control，相信能够把握好风险控制的管理者才能拥有更长久的发展动力和空间。

三、工业品营销 4E 模型的运用

由于工业品一些本身的特点，我们发现工业品的销售以及整个市场的发展和运作，不再以产品为中心，而是以项目为核心来进行的，产品只是项目中的一个元素，因此以产品为核心的概念值得再次思考。

工业品中的价格的变化似乎已经不是影响客户购买的重要因素，客户对于“价值”的关注更重要。由于工业品的销售以项目来进行，涉及的金额非常大，价格、服务、质量、技术、信任等都是客户选择供应商所考虑的因素，因此在这么多因素当中，价格不像在消费品销售中那样占有重要的位置。很多供应商为了保证整个工程的顺利进行或者整个生产项目的质量，考虑的取向更趋向于“价值”，即一切为给客户提供更大的价值作为考虑的出发点。

工业品的销售渠道是以工业品产品本身技术壁垒高、售后服务重要、金额大等特点决定的。由于技术含量要求高，因此不容易模仿，并且由于使用年限长，服务需要跟上，所以代理商的选择非常重要，并且不能任意分销，所以工业品的渠道以“短”、“平”、“快”作为其主要特征。消费品当中用“促销”来刺激消费品，从而促进销售是非常奏效的；在工业品的销售及工业品市场推广过程当中，我们无法通过促销来刺激消费者的需求，因为工业品的购买者通常是通过一个项目评估小组来进行的，购买是非常理性的，企业只有通过价格，服务、价值、技术、专业程度等多种因素来取得采购方的信任，从而赢得订单。

由此可见，无论是4P、4C还是4R营销在工业品中的适用性都在实践中受到困惑和质疑，它们在工业品营销中很难起到推动市场的作用，因此工业品行业中的营销模式需要重新定义和诠释。

(一)4E营销模式阐述

4E营销是指以项目为龙头、以价值为导向、以短渠道为主、以信任为原则的营销组合模式。

以项目为龙头，创造价值；

以价值为导向，支付价值；

以短渠道为主，体现价值；

以信任为原则，宣传价值。

1. 项目(Project)

工业品行业产品更多地被定义为产品的客户化——项目。一个项目似乎就是产品，把产品更加扩大化，把产品与客户相结合，产品决策就更多地体现为一个项目的决策。

2. 价值(Value)

快速消费品更多的是价格，价格越低，购买力越强，同质化的产品导致价格不断下降；然而，工业品营销往往不仅仅看中价格，更多地看中质量、交货周期、服务、成功案例、业绩证明等。有时，价格比较低，但是服务比较差，质量没有保障，客户往往不会接受，因为他的风险意识会大大提升，所以他更在乎性价比，也就是价值。

3. 渠道(Process)

快速消费品面对的是数以亿计的消费者，因此要求产品到达客户的面要广、深、宽，以至于让更多的消费者来购买产品；但是工业品往往面对的是企事业单位，往往采取直销(0 级渠道)或者短渠道(1 级渠道)模式。

因为技术含量比较高，因此渠道短就能够及时提供反馈与支持。往往渠道越长，支持的力度越小，故对客户的服务越差，口碑越差，对行业内的影响力就会有负面的影响，因此工业品的渠道应该短。

4. 信任(Belief)

快速消费品往往靠广告的推广、消费者的认知形成销售促进；然而，工业品的用户往往涉及技术交流、参观考察、成功业绩、样板工程等来证明自己企业的实力。仅仅依靠广告宣传，最多使客户了解，但是不能形成互动或者体现自己的能力，所以用户更看中企业在市场上的口碑、美誉度，更注重信任感。

(二)4E 模型的基本原则

作为新时代的新兴理论，它符合工业品本身的特质，并且是以客户为导向的新型的理论体系，同时它也具有符合市场营销整合的共性。4E 模型需要遵循以下原则：

①具有很强的工业品市场特质，它应时代而生，符合市场的需求和发展。

②目标导向性。4E 营销组合作为一个“系统工程”，服务于工业品营销的目标。就是在制定市场管理营销组合时，要明确工业品的目标市场，而并非其他行业的目标市场。这个系统的各个子系统都要围绕这个目标市场的最优实现来进行组合。

③可控性。4E 当中的项目是企业可以调节、控制和整合的。比如企业能根据目标市场的情况，自主决定制定什么项目、采取什么方式、选择什么渠道等。

④连贯性。4E 是以项目为龙头、以价值为导向、以直销为主渠、以信任为原则的整合。

⑤整体性。4E 里的各种手段及组成因素，不是简单地相加或拼凑成集合，而是一个有机整体，在统一的目标指导下，彼此配合，互相联系，能够求得各

因素相加大于局部功能之和的整体效应。

⑥信息性。市场营销组合作为一个“系统工程”，要有信息性。信息是重要的资源，是和商流、物流同样重要的信息流。信息是企业决策的依据、竞争的手段和改进营销的条件。对于变化多端的市场，制定最佳的营销组合，就要靠及时、准确地利用信息；同时，反映本企业的信息也为竞争对手提供了研究本企业营销活动的依据。

⑦协调性。市场营销既要考虑外部不可控制的市场营销环境，又要选定内部不可控制的营销策略手段来适应市场营销环境，以开拓市场，占有市场，这就要求协调“系统工程”各个系统，使其有机地联系起来，使其同步、配套地组合起来，实现资源最优化的配置和使用。

⑧反馈效应。市场营销模型作为一个“系统工程”，要有反馈效应。市场形势多变，市场营销环境的各因素也是变量。为适应由“多变”因素组成的市场而组合的市场营销策略也就不可能是静态的、不变的，而应当是动态的、变化着的。要依靠及时反馈的市场信息，及时地对营销组合正确地进行调整，或者重新组合。反馈是决定市场营销组合协调性的最重要的联系方式，要充分有效地运用经济领域的反馈规律，以实现最优化的市场营销组合。

4E 理论剖析了工业品企业的深度内在价值，引导产业的发展方向，改善企业营销力，提升企业竞争力，使得工业品企业的未来之路走得更加稳当。

(三)4E 模型的内在联系

在市场经济条件下，在日益激烈的竞争环境中，现代工业品企业竞争力来源于项目、价值、渠道及信任的整合，充分发挥四者的力量，形成合力，才能成为现代工业品企业提高竞争力的有效途径，它们之间存在着相互重叠、相互影响、相互依赖的内在联系。

1. 价格和渠道是实现价值的手段

价格是唯一形成收入的营销手段。尽管非价格因素在现代市场营销过程中的作用日益突出，价格仍是营销成功与否的决定性因素之一。但是，工业品行业的“价格战”有了新的演绎，那就是价格向价值的转变。在工业品营销中，应该突出的不是产品价格，而是产品价值。工业品营销不是以价格战取胜，而是以能够提供客户所需要的价值获胜。连接企业与客户之间的桥梁是渠道。如前所述，工业品营销渠道短，创造的价值也高。

2. 项目是贯穿整个 4E 模型的实体性框架

项目其实所指的是在工业品营销中的项目型销售流程管理系统，它提倡的是过程管理，并且认为控制过程比控制结果更重要。而在这一过程当中，会有管理理念的深入讨论，会有价格向价值的转向，更会有渠道之间的设计问题，它并不是孤立的、单一的销售原则或者销售流程，而是始终贯穿于这个模型的框架，是一个由各方面要素组成的管理系统。

3. 信任是项目执行的前提

信任不仅是工业品营销的灵魂，更是项目执行的前提。从客户的角度思考，搞定项目评估小组单单依靠关系是不够的，在工业品营销过程中，由于项目涉及金额一般比较大，客户都是非常慎重的，他们都希望采购到的东西是最耐用的，所以往往这个时候，信任起了很大的作用。

【案例分享】　　　　鼎茂兴业演绎的4E策略

作为中国自动化产业最早的产品营运商和系统集成商之一的鼎茂兴业已历经十多个年头，并且一直致力于为中国制造业提供最好的工业自动化行业运动控制领域系统解决方案和产品配套方案。其优势在于结合国内行业发展特点，将世界最先进技术与国内日益增长的需求进行嫁接，为中国制造业客户赢得成本战略和差异化战略的竞争优势，以确保制造企业产品的国内和国际竞争力，表现了鼎茂兴业“与世界自动化同步，助中国制造业腾飞”的远大目标。

鼎茂兴业塑造的价值内涵是不仅带给客户高科技的产品，而且更要带给客户高科技的服务，并不断丰富。因为形象再好、知名度再高、可信度再强，都还不足以吸引客户。客户需要的不仅仅是高品质的产品，更要有个性化的全面服务。因此，鼎茂兴业信奉的一句话是——客户总是对的。于是，凭借这种对客户的把握，经过多年的不断发展，鼎茂兴业已经集聚了多年的客户资源，从客户需求出发，并且长期保持与客户的良性互动、交流、合作，与客户一起成长。通过与客户的沟通交流，鼎茂兴业逐步培养了客户对其产品的信赖，这样客户更愿意接受产品，鼎茂兴业也能更准确地把握客户的需求。

鼎茂兴业所研发的产品曾多次受到政府表彰，究其成功的原因，庞大的客户资源是鼎茂兴业的优势和发展驱动力，但同时也是企业发展的压力。与其他所有企业一样，尽管鼎茂兴业取得了巨大的成绩，然而目前也面临着市场竞争中各方面的压力，而最大的压力是如何给客户提供他们需要的产品。众所周知，客户的需求是千差万别的，如果一些客户群体对产品和技术不是很认同，就会给企业带来压力。反过来，没有客户就没有企业的未来，鼎茂兴业也不可能永远活在自己原有的客户群中。为此，鼎茂兴业开始不断地开拓市场渠道，以寻求更多的客户资源。为了更好地服务客户，鼎茂兴业实施了全球网络的响应支持、世界级专家的项目开发、百分之百的项目实施保障、24 小时全天候服务体系、全球化的质量保障体系等诸多市场服务策略，并于 2000 年正式启用上海 CBD 地区——徐家汇新的营业总部，也加大了对硬件和软件设备的投入。尤其是 30B+D 的通信系统配合阿尔卡特最先进的数字交换机、CRM 客户管理软件系统等的运用，鼎茂兴业为客户提供了更便利的条件。此外，南京、宁波等外派机构的设置，能在第一时间帮助客户解决技术问题，更进一步拉近了公司与客户的距离，从而为客户创造更大价值。

鼎茂兴业利用自身的优势，立足于工厂自动化行业，特别是面向运动控制领域进行产品销售、咨询、维修服务，为用户创造新价值，实现了在工业品行业的另类营销策略。

（四）4E 模型的整合运用及实施

很多公司在运用 4E 模型的时候，都会自觉或是不自觉地运用整合营销的思想和方法，这应该说是中国企业营销素质提高的一个重要表现。但是，目前企业在运用整合营销的过程中实际上陷入了一个误区：把营销整合变成了营销组合。其具体表现形式就是在它们的营销整合策略规划中，无论在什么条件下，规划几乎包含了上述促销整合和传播整合的所有内容。经常可以看到不少企业的营销规划方案中，对于传播的整合往往包括了电视广告、报纸广告、电台广告、杂志广告、路牌广告、车体广告、公关活动、事件活动、促销活动等所有方面，而不管企业是否具有足够的资源，或是这些形式是否都必要。造成这些情况的原因，其实是企业对“整合”真实内涵的误解。

出现这种状况，问题并不在于营销整合所包含的内容有哪些，关键在于如何运用。如果条件适合，将促销以及传播的所有内容全部整合起来也未尝不可；但问题在于许多企业并不具备合适的条件，只是为了片面追求营销的“整合”，为整合而整合或者说是强行整合，这就对“整合”的含义理解得过于僵化，在实际运作过程中变成了“组合”，并没有达到“整合”所要求的标准。因此，这只是一种形式上的模仿，是不会产生应有的效果的。

1. 营销组合的缺陷

①流于形式。往往着重于营销战术是否包含了促销和传播的所有内容，而不管是否符合企业的实际条件，或者以为营销的各个环节都包含了，就能解决所有问题了，其实这无异于自欺欺人。

②忽视策略。认为只要涵盖了所有的内容，就一定有效果，因此而忽视了对策略的精心安排，其实如果没有策略的统一，组合在一起的东西仍然是一盘

散沙。

③面面俱到，没有重点。企业的资源总是有限的，这种安排将使企业不能集中资源于主要方面，无法形成竞争优势，看起来是没有什么漏洞了，但与专业的竞争对手一比较，就显得底气不足了。

④忽视市场情况。因为对营销整合有所依赖，但又缺乏正确的思想，所以精力根本没有放在市场方面，对市场缺乏真正的了解，心中无数，无法制定出针对性强的对策，最后只能借全面出击来掩盖不足。

⑤浪费资源。由于资源分布的范围太广，而且缺乏重点和针对性，因此造成资源的利用效率不高，无论最后推广的结果成功与否，在无形中都浪费了企业大量的资源。

⑥忽视产品或行业的特点。由于过于重视各种形式的组合，往往会忽视对产品和行业进行详尽分析，对该产品或行业适合什么样的推广方式不清楚，从而也就无法对营销各环节进行有效的整合。

⑦缺乏对媒体的分析。在传播的整合中，企业往往会采取几乎所有的媒体形式，但是并不了解各种媒体的特点和适用条件，因此也就缺乏清晰的媒体策略。而这也是最常被企业误解的方面，认为整合传播就是运用所有的媒体，除非资源充足，否则必将造成媒体利用的低效。

2. 如何有效运用整合营销

①营销整合首先是一种思想，其次才是一种方法，如果思想发生了偏差，那么自然在方法上也会出现偏差。正是由于许多企业对营销整合的误解，才造成实际运作中变成了营销组合，自然也达不到理想的效果，反而浪费了大量的资源。

②营销整合的核心思想是对资源的有效利用。在传统营销理论的指导下，企业在实际操作中，在广告、公关、促销、人员推销等几方面往往都是分别开展，而其组织架构也是分开的，各有各的做法，没有一个部门对这些方面进行有效的整合，因此有很多资源是重复使用的，甚至不同部门的观点都是不统一的，造成品牌形象在消费者心目中的混乱，实际效果很差。而要有效运用营销整合，就要对企业的资源进行合理的分配，并按照统一的目标和策略将营销各个环节有机地结合起来，使企业的运作具备整体的效果，而不是各自为战。

③营销整合的出发点是对消费者需求的正确把握。整合是需要方向的，并不是随便一个目标就可以作为整合的方向。要做到营销各个环节的整合，必须要有一个凝聚点，使各项工作的进行都围绕一个中心，这个凝聚点就是消费者的需求。只有在正确把握消费者需求的基础上，才能确保各项营销工作的有效

性，此时资源的合理分配及整合才有意义，否则建立在一个错误方向上的整合，只会更快地加速企业的失败。

④营销整合的关键在于目标、策略和战术的高度统一。用一句话概括就是：营销整合就是围绕正确的目标，制定清晰的策略和运用灵活的战术手段，合理、有效地分配及利用企业资源的过程。在这个过程中，关键要看资源的应用是否符合企业的现实条件，手段的运用是否符合企业的目标，是否体现了企业的策略，从而确定在哪些方面进行整合；而并不是只要运用了所有的战术手段就是营销整合，其实只利用部分手段也可以进行有效的整合。

3. 4E模型的整合运用与实施

工业品行业的营销整合的方法就是以客户为中心，用4E策略取代传统的4P策略：

①掌握消费者的真实状况。这是营销整合得以正确执行的先决条件。要通过大量的调研，掌握消费者的消费心理特点和消费行为特点，了解他们的生活习惯、购买方式、消费特点、娱乐消遣等详细情况，以及他们日常消费的产品及品牌种类，据此来发掘消费者真正的消费需求，用以研发合适的产品，并通过合适的方式向其推广。

②了解市场的发展阶段。不同的市场以及不同的发展阶段，都会影响企业营销整合的执行，因为在不同的市场和发展阶段，企业面临的市场环境都是不同的，这些外部条件对企业运作的影响很大。比如中国目前的消费品市场所面临的环境和几年前决然不同，自然不能拿以前的推广方式来套现今的营销运作。

③了解竞争者的状况。竞争者状况也是一个很重要的外部条件，不同的竞争状况同样会影响到企业的整合运作。从某种角度说，营销整合要随着竞争者的变化而变化，比如竞争者的实力非常强大、资金非常雄厚，这些都将迫使企业的营销整合要随机应变。

④了解产品/行业的运作特点。了解产品/行业的运作将有助于企业的营销整合更加具有针对性，不同产品/行业对整合方式的要求是不同的，比如药品和食品就是两种截然不同的产品/行业，相应地也就需要不同的整合方式，而有些手段并不能通用，因此具体产品/行业具体对待更显出其重要性。

⑤掌握媒体的特点。不同媒体对于不同的产品或行业，或在不同的推广阶段，其运用的方式和重点都是不同的，那么在进行营销整合时，一定要对当时的市场条件下适合运用何种媒体形式进行详尽分析。而且媒体也在不断地发

展，以前不适合的媒体或许现在正好适合，这些都要求企业对媒体的特点及运用条件了如指掌。

⑥掌握各种营销推广手段的特点。渠道促销、消费者促销、媒体广告、户外广告、公关活动以及事件活动等几种形式，在应用上都具有不同的特点和适用条件，每种形式的运用，其产生的效果都是不同的，而且相同的形式在不同的市场环境下也有不同的运用，因此对于营销整合来讲，必须在策略的引导下正确选择合适的推广形式，而不是不加区别地全部运用，那只是盲目的"组合"，根本不具有策略性，同时对资源也是一种浪费。

⑦分析企业可利用的资源状况。企业的资源条件是营销整合存在的必要条件，如果企业的资源无限，那就不需要整合了，只要策略正确就行了。在现实状况中，资源是每个企业面临的重要问题，而营销整合的开展，就是在策略引导下，合理、有效地对企业资源进行配置，从而提高资源的使用效率，达到企业的发展目标。因此，在进行营销整合时，必须对企业的资源进行分析，在允许的条件下进行各种形式的整合。

⑧制定正确、清晰的策略。在企业对前述所有方面都有充分了解的前提下，需要对营销策略进行正确、清晰地规划，包括总体策略、市场定位、产品研发、渠道建设、促销策略、传播策略以及各种阶段性策略，以此作为营销整合的指导思想。

⑨完成正确的营销整合。经过以上大量、详尽的分析工作，到最后的营销整合阶段，实际上已是水到渠成了。前面的工作准备得越充分，营销整合就越容易，因为企业此时已经掌握了实施营销整合所需的所有条件，对于应该怎样进行整合完全胸有成竹。这其中的关键在于营销整合的真正难点是"整合"的思想是否正确，而具体实施的方法倒并不是最难解决的。

【案例分享】　　　　广州某软件公司展开的4E策略

广州某软件公司致力于提供专业化的应用软件和服务，为客户提供完善的信息化解决方案，是国内呼叫中心和客户关系管理软件的开发和服务领域中规模最大、实力最强的公司之一，拥有强大的研发能力及丰富的项目实施经验。但是，近年来发现，软件行业的个性化用户越来越多，项目型销售更是大势所趋，变化的趋势给公司提出了更大挑战。

问题分析

①怎么对待个性化的用户？以技术见长的研发部门不懂得用户的真正需求，或者没有足够的市场反馈，造成研发投入大，回报甚微。技术出身的销售

部门往往认为自己的产品最好，不能站在用户的需求出发，使销售投入得不到应有回报。

②缺乏工程项目型销售的管理体系，无法掌握终端用户。经销商掌握了用户的信息，而公司业务主要依赖经销商；大客户中心从成立到现在只做一个项目，而不了解大部分用户的信息。目前的销售人员是技术背景，没有真正的销售天才；没有明确的销售流程及标准，更无法指导经销商。

③项目团队中角色与分工不明确。技术工程师是销售人员的下属，受其直接指挥；技术工程师了解用户的信息不充分，导致不能及时为客户准备解决方案；技术服务部门目前只有一个重点，即解决客户投诉及质量问题。

④没有科学管理导致无法预测销售结果。经销商往往夸大自己的能力，虚报一些项目，而销售部门对此无法考证；无法给生产部门准确的信息，导致生产与营销之间互相扯皮；销售预测没有根据，或者根据不充分。

咨询专家的建议

我们对这个行业进行分析后，发现软件企业解决方案的技术含量高，经销商只能做商务方面的内容，而技术方面只能靠公司总部支持；另外有些大项目，企业基本上不愿意与经销商打交道，因为价格与服务不好协调，同时，经销商的服务力度与技术维护也很难保证。所以我们建议，应建立营销新模式及进行内部流程重组，真正形成“以用户为中心、以项目为龙头的营销模式”。

项目成效

①公司构建了以用户为中心、以项目为龙头的项目型销售管理流程体系，帮助企业2004年取得“中国CRM软件商TOP10”及“中国管理软件供应商TOP100”的卓越成绩。

②建立了项目型销售管理体系，对终端实现了一站掌控，在呼叫中心领域拥有了自主产权的、完整的呼叫中心解决方案。

③公司搭建了适应行业的现代化的组织架构和目标客户选择与行业分析体系，对绩效与薪酬体系、岗位职责分析与职业发展规划都形成了有效的促进。

【案例分享】　　上海HK公司执行的4E营销策略

上海HK自控有限公司是一家中外合资企业，专业从事自动化仪表制造、成套工程等经营，公司内设市场部、成套工程部、产品研发部、仪表制造部等部门。

上海HK自控有限公司是美国、日本、奥地利、德国等国的众多公司自控产品中国市场的主要代理商，有多年的推广及应用国内外公司自控产品的经验。在过去的几年中，HK自控的产品已被电力、石油、化肥、化工、轻工、玻璃、造纸、冶金、水厂、锅炉等多个行业的用户采用，业务遍及全中国。为做好用户售前、售中及售后服务，HK自控在全国各地设立有二十多个分公司和办事处，在中国香港和深圳设有设计制造和培训中心，可以为用户提供系统设计、成套制作、产品销售、现场投运、用户培训等服务。从ABB、松下、飞利浦、可口可乐、柯达这些著名跨国公司到宝钢、华能电力、金陵石化、浦东机场，HK自控的产品和服务已进入到中国的数千家企业，获得各界客户的普遍认同和良好赞誉。

2006年HK自控有限公司年度销售额达8 631万元，公司高层为了使销售额突破过亿，展开了新的营销策略——4E营销。经过3年的转变，HK自控有限公司2009年度销售额达2.5亿元。

下面详细介绍HK自控有限公司的4E营销策略。

(一)项目

1.4E之项目执行策略——理顺工作流程

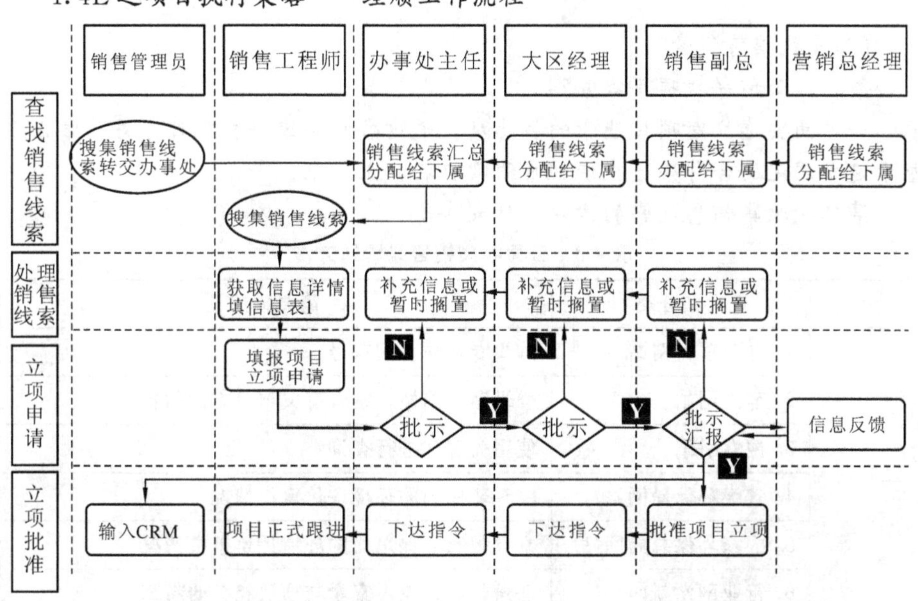

图4-1　工作流程图

2.4E之项目执行策略——寻找项目销售线索

(1)定义目标项目

在浩如烟海的项目信息中，哪些才是HK公司所需要的？在规划产品线的时候，公司对未来的行业和项目已经有所界定，所以寻找项目线索应该符合公司的定位。

表 4-2　公司的行业定位：钢铁、石油石化、有色冶金、化工、轻工建材

产品	品牌	定位行业	价值定位
流量计	德尔塔巴流量计	钢铁、有色	中端
物位仪表	思科	化工、石化	高端
二次仪表	MAXONIC	钢铁、有色、化工	中端
阀门	阿卡	石化	高端
	SF	石化	高端
	MAXONIC	化工	中端
执行机构	PS	钢铁、有色	中端
	西贝	钢铁、有色	中端

(2)寻找销售线索

第一，如何寻找项目线索？

一方面要建立对项目线索的敏感度，通过各种渠道寻找项目；另一方面要善于建立固定的合作渠道，使销售线索自己找上门来。

第二，收集销售线索的方法。见表 4-3。

表 4-3　公司收集销售线索的方法

名称	详细分类	简要描述
互联网	1. 专业项目网站	购买专业项目网账号
	2. 客户网站	登录客户网站，察看有关项目方面的新闻
	3. 搜索引擎	使用关键字进行查询
	4. 省级环保局网站	察看环保局的环境评价审批情况
	5. 国家环保总局网站	察看国家环保总局的环境评价审批情况
	6. 行业网站新闻	登录行业站点，察看与项目相关的新闻
媒体	1. 行业报刊	公司订阅客户行业报刊(电力、石化、钢铁、有色)
	2. 行业杂志	公司订阅行业杂志
	3. 地方报纸	各办事处订阅地方性报纸

续表

名称	详细分类	简要描述
客户	1. 老客户引荐	销售人员让老客户引荐新项目
	2. 老客户内部项目清单	销售人员让老客户帮忙获得客户内部项目清单
	3. 设计院介绍	销售人员向设计院人员了解项目信息
	4. 新客户介绍	未能成交的客户也可以引荐新项目
销售同行	其他厂家销售人员	与销售同行(比如 DCS 销售)交往，交换项目信息

3. 4E之项目执行策略——制定工作任务清单

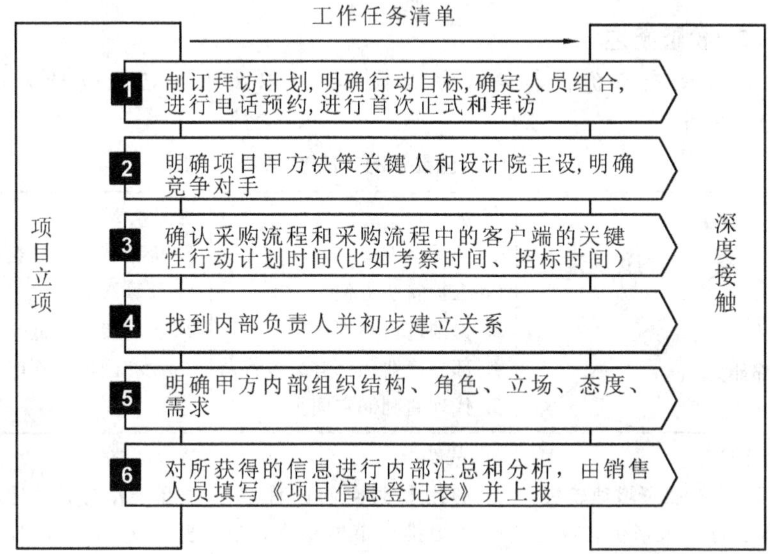

图 4-2　制定工作任务清单

4. 4E之项目执行策略——形成标准的销售会议制度

表 4-4　销售会议制度

会　议	议　题	参加人员	周　期
项目分析会	分析项目进展，制定销售计划书	办事处经理主持、全体办事处销售员参加，重点项目的项目分析会由大区经理主持	每周至少一次

续表

会　议	议　题	参加人员	周　期
销售例会	1. 汇报各大区月度工作 2. 审议各大区下月计划 3. 分析销售财务数据 4. 制定下一阶段销售策略 5. 决定其他重大事项决策	营销总经理主持，销管部、财务部主管、各大区经理、市场部经理、客服部经理、产品事业部经理参加，销售助理列席	每月月底
大区项目总结会	总结当月案例，制定下一阶段销售策略	大区经理主持，各办事处经理参加	每月一次

(二)价值塑造

1. 4E之产品价值与解决方案策略——以德尔塔巴流量计为例的产品SWOT分析

表4-5　流量计的产品SWOT分析表

内部因素 / 外部能力	优势—S 1. 环保节能 2. 维护安装方便 3. 德国进口品牌 4. 部分产业化，有成本优势 5. 代理商利润空间大	劣势—W 1. 价格高，采购会受到客户预算影响 2. 客户接受度低 3. 没有国标，不能用于结算
机会—O 1. 固定资产投资增速较快，仪表行业未来仍将高速增长 2. 客户环保节能意识普遍增强 3. 国家产业政策对节能环保越来越重视	SO战略 1. 利用利润空间的优势，大力推广节能概念，吸引更多的合作伙伴 2. 强化品牌价值	WO战略 把节能作为流量计产品的主要卖点，在销售时为客户计算综合成本而不是购买成本
威胁—T 1. 国内企业仿制 2. 竞争对手众多 3. 让客户改变观念比较困难	ST战略 采用更加灵活的价格政策，对价格敏感的客户推广经济型产品（部分国产化），防止竞争对手恶意仿制	WT战略 定位于内部计量而非贸易计量

2. 4E之产品价值与解决方案策略——以德尔塔巴流量计为例的产品定义

现代营销理论认为产品由五个层次构成：

- 核心产品：产品最基本的层次，即向客户提供的产品基本效用和利益，也是客户真正要购买的利益和服务。客户购买某种产品并非是为了拥有该产品实体，而是为了获得能满足自身某种需要的效用和利益
- 形式产品：即产品的基本形式，主要包括产品的构造外型等
- 期望产品：即消费者购买产品时期望的一整套属性和条件，比如安全性、可靠性、操作的方便性等
- 延伸产品：即产品包含的附加服务和利益，主要包括运送、安装、调试、维修、产品售后服务保证、零配件供应、技术人员培训等
- 潜在产品：即该产品最终可能发生的所有增加和改变

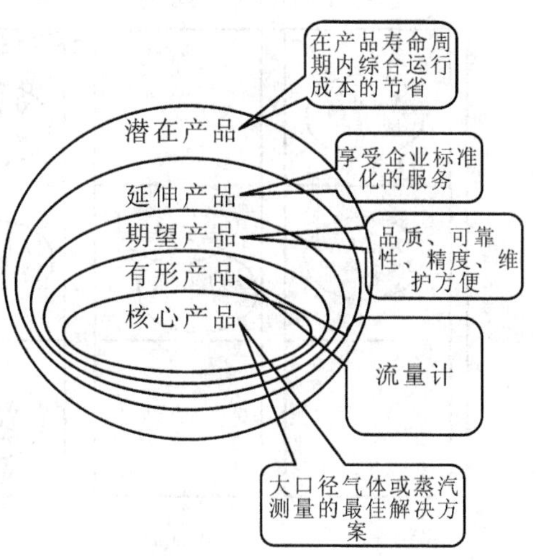

在产品寿命周期内综合运行成本的节省

享受企业标准化的服务

品质、可靠性、精度、维护方便

大口径气体或蒸汽测量的最佳解决方案

图 4-3　流量计的产品定义

3. 4E之产品价值与解决方案策略——产品线生命周期分析

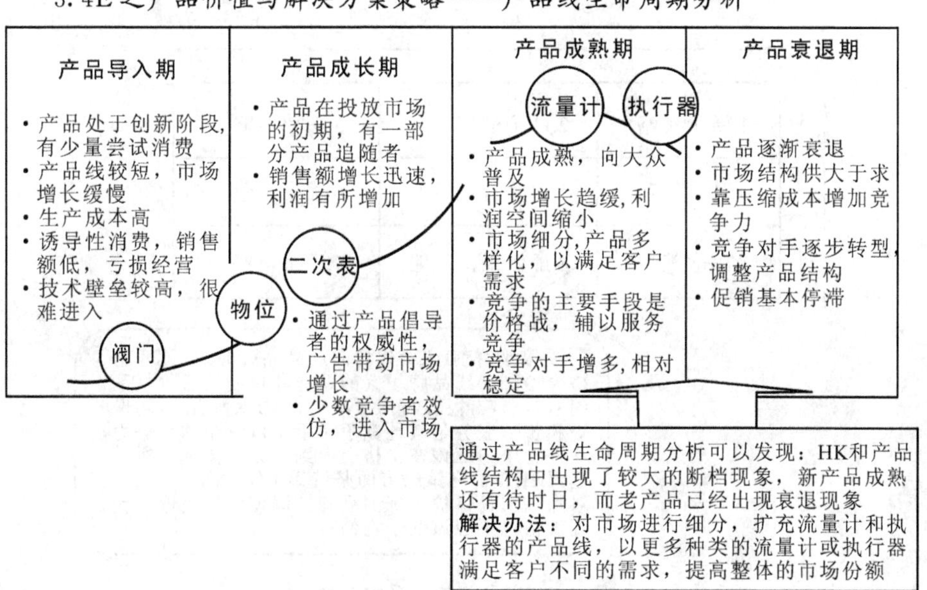

产品导入期
· 产品处于创新阶段，有少量尝试消费
· 产品线较短，市场增长缓慢
· 生产成本高
· 诱导性消费，销售额低，亏损经营
· 技术壁垒较高，很难进入
产品成长期
· 产品在投放市场的初期，有一部分产品追随者
· 销售额增长迅速，利润有所增加
· 通过产品倡导者的权威性，广告带动市场增长
· 少数竞争者效仿，进入市场
产品成熟期
· 产品成熟，向大众普及
· 市场增长趋缓，利润空间缩小
· 市场细分，产品多样化，以满足客户需求
· 竞争的主要手段是价格战，辅以服务竞争
· 竞争对手增多，相对稳定
产品衰退期
· 产品逐渐衰退
· 市场结构供大于求
· 靠压缩成本增加竞争力
· 竞争对手逐步转型，调整产品结构
· 促销基本停滞
阀门
物位
二次表
流量计
执行器
通过产品线生命周期分析可以发现：HK和产品线结构中出现了较大的断档现象，新产品成熟还有待时日，而老产品已经出现衰退现象
解决办法：对市场进行细分，扩充流量计和执行器的产品线，以更多种类的流量计或执行器满足客户不同的需求，提高整体的市场份额

图 4-4　产品线生命周期分析

4.4E之产品价值与解决方案策略——流量计产品线整体规划策略

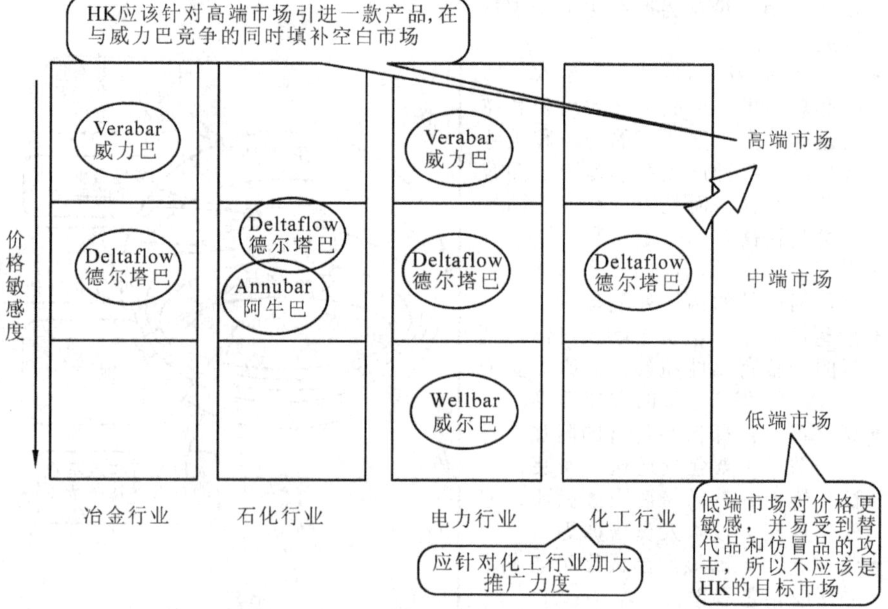

图4-5 产品线整体规划策略

5.4E之价值最终定位

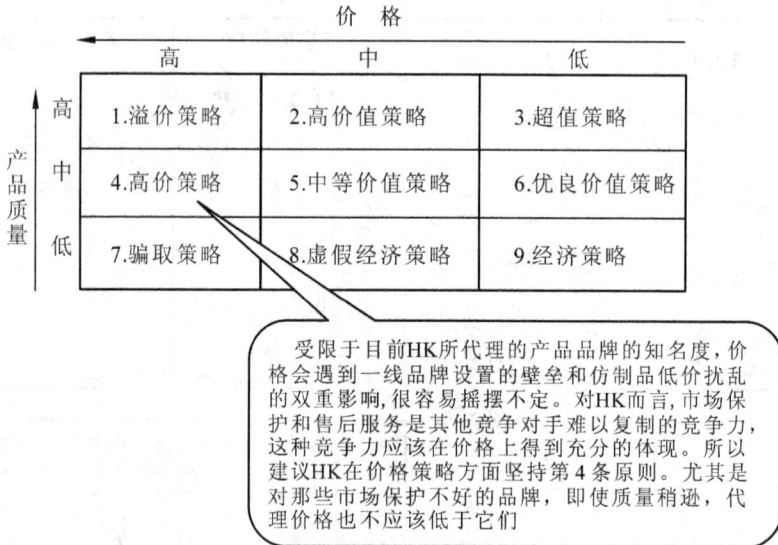

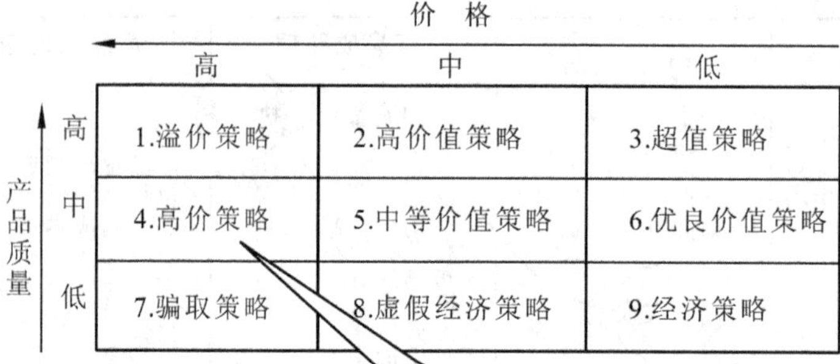

价 格
高
中
低
产品质量
高
中
低
1.溢价策略
2.高价值策略
3.超值策略
4.高价策略
5.中等价值策略
6.优良价值策略
7.骗取策略
8.虚假经济策略
9.经济策略
受限于目前HK所代理的产品品牌的知名度，价格会遇到一线品牌设置的壁垒和仿制品低价扰乱的双重影响，很容易摇摆不定。对HK而言，市场保护和售后服务是其他竞争对手难以复制的竞争力，这种竞争力应该在价格上得到充分的体现。所以建议HK在价格策略方面坚持第4条原则。尤其是对那些市场保护不好的品牌，即使质量稍逊，代理价格也不应该低于它们

图4-6 产品价值的最终定位

(三)渠道策略

1.4E之渠道策略——渠道现状分析

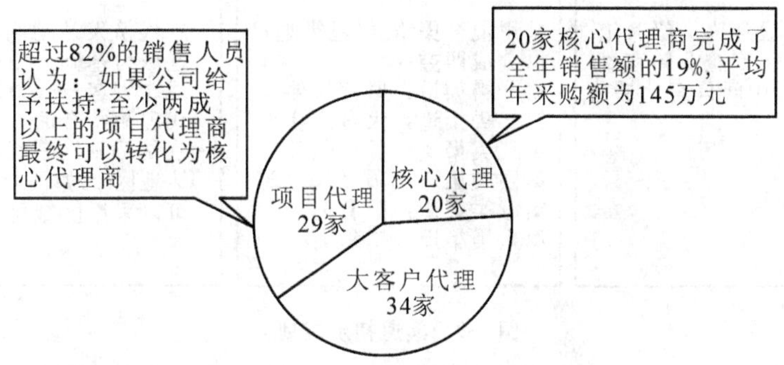
超过82%的销售人员认为：如果公司给予扶持，至少两成以上的项目代理商最终可以转化为核心代理商
20家核心代理商完成了全年销售额的19%，平均年采购额为145万元
项目代理
29家
核心代理
20家
大客户代理
34家

图 4-7　按代理商类别划分的渠道构成

2.4E之渠道策略——渠道问题诊断

问题类别	诊断
渠道规划问题	• 缺乏系统的渠道发展战略规划 • 区域市场渠道空白点多，渠道成员多集中于冶金行业，核心代理数量仍然偏少 • 渠道发展不均衡
渠道管理问题	• 没有建立起有效的代理商的评估和考核体系 • 没有建立起代理商管理制度和相应的流程 • 部分代理商市场开发能力较弱 • 大部分代理商没有签订正式的代理协议，政策约束力和引导作用弱化 • 针对代理商冲突缺乏体系化的管控流程
渠道开发问题	• 电力和石化行业市场渠道开发缺乏有效的手段，制约销售业绩的提升 • 代理商开发长期沿用传统方式，手段单一，培育代理商的周期过长 • 项目代理商数量过多，管理难度增大

图 4-8　渠道问题诊断

3. 4E之渠道策略——渠道初步规划

渠道长度	渠道广度	渠道宽度
渠道长度设计为一级渠道，即产品从生产企业转移到客户手中，中间只有一层代理商	采用混合渠道，渠道类型可以分成四类： 第一类渠道：联营伙伴 第二类渠道：大客户代理 第三类渠道：行业代理 第四类渠道：项目代理商 第五类渠道：配套商 第六类渠道：工程商	• 在经济发达地区以省级区域为基础采用行业代理、大客户代理和区域代理相结合的方针 • 在边远地区或经济不发达地区(比如西北、西南)可以采用区域总代理

图 4-9 渠道初步规划

4. 4E之渠道策略——渠道发展的基本策略

渠道发展的基本策略

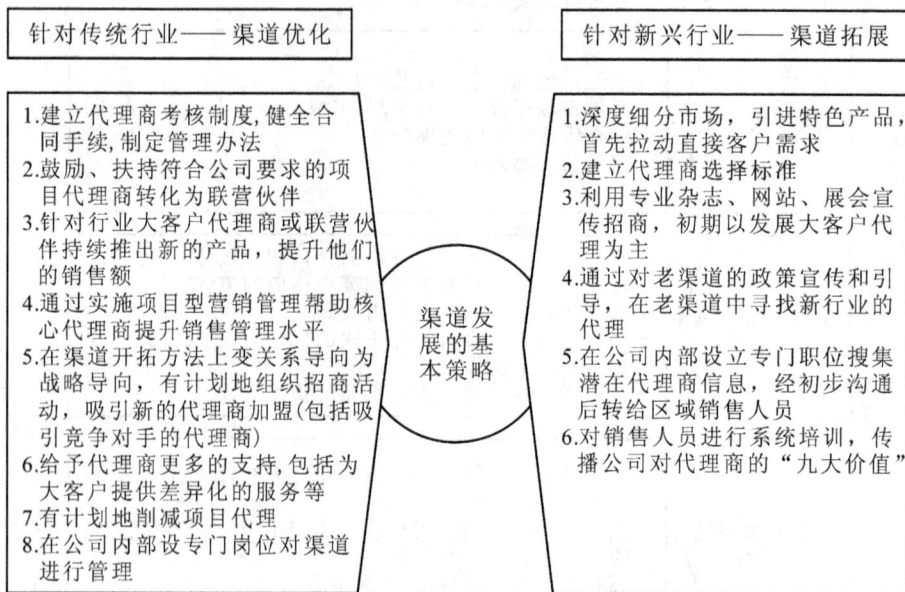

针对传统行业——渠道优化

1.建立代理商考核制度，健全合同手续，制定管理办法
2.鼓励、扶持符合公司要求的项目代理商转化为联营伙伴
3.针对行业大客户代理商或联营伙伴持续推出新的产品，提升他们的销售额
4.通过实施项目型营销管理帮助核心代理商提升销售管理水平
5.在渠道开拓方法上变关系导向为战略导向，有计划地组织招商活动，吸引新的代理商加盟(包括吸引竞争对手的代理商)
6.给予代理商更多的支持，包括为大客户提供差异化的服务等
7.有计划地削减项目代理
8.在公司内部设专门岗位对渠道进行管理

针对新兴行业——渠道拓展

1.深度细分市场，引进特色产品，首先拉动直接客户需求
2.建立代理商选择标准
3.利用专业杂志、网站、展会宣传招商，初期以发展大客户代理为主
4.通过对老渠道的政策宣传和引导，在老渠道中寻找新行业的代理
5.在公司内部设立专门职位搜集潜在代理商信息，经初步沟通后转给区域销售人员
6.对销售人员进行系统培训，传播公司对代理商的“九大价值”

图 4-10 渠道发展的基本策略

5.4E之渠道策略——渠道冲突管理的基本策略

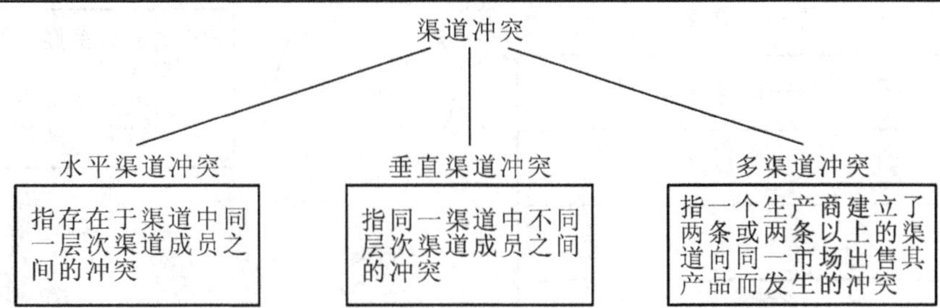
分销渠道管理的重要内容是对现有分销渠道的评估、改进、重建以及加强渠道合作,以此来提高分销渠道的绩效,增强分销渠道的活力
渠道冲突
水平渠道冲突
垂直渠道冲突
多渠道冲突
指存在于渠道中同一层次渠道成员之间的冲突
指同一渠道中不同层次渠道成员之间的冲突
指一个生产商建立了两条或两条以上的渠道向同一市场出售其产品而发生的冲突
目前HK的渠道冲突主要表现为水平渠道冲突,即主要表现为代理商对项目代理资格的争夺。为了在避免冲突的同时能够使最有希望中标的渠道伙伴得到合作机会,需要建立项目报备制度,制定渠道冲突管理办法,建立科学的项目授权评估标准,并在必要时启动协调机制

图 4-11　渠道冲突管理的基本策略

(四)信任塑造

1.4E之信任策略——代理商管理和激励的基本策略(1)

HK需要对经销商定期进行评估和激励，保持渠道的活力

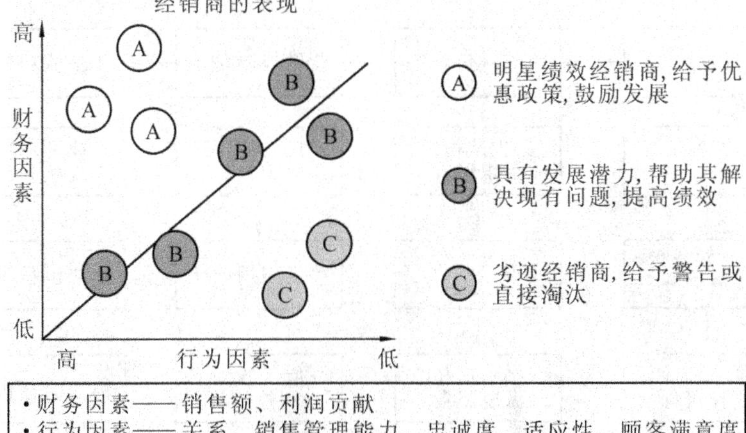
经销商的表现
高
财务因素
低
高
行为因素
低
A
B
C
明星绩效经销商,给予优惠政策,鼓励发展
具有发展潜力,帮助其解决现有问题,提高绩效
劣迹经销商,给予警告或直接淘汰
•财务因素——销售额、利润贡献
•行为因素——关系、销售管理能力、忠诚度、适应性、顾客满意度

图 4-12　对经销商的评估和激励

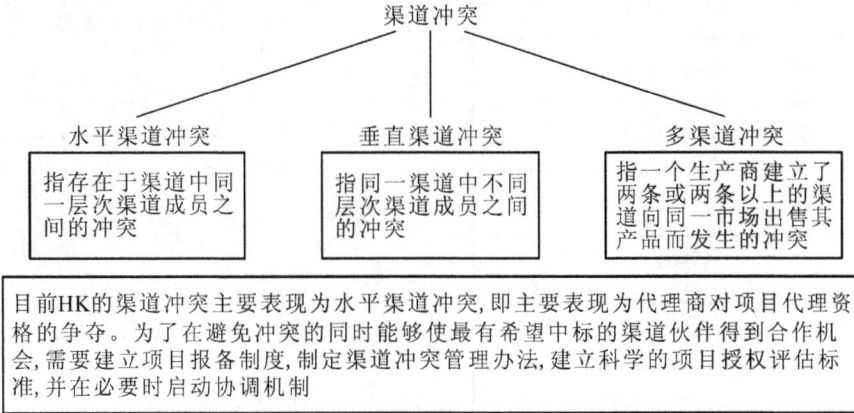

2. 4E之信任策略——代理商管理和激励的基本策略(2)

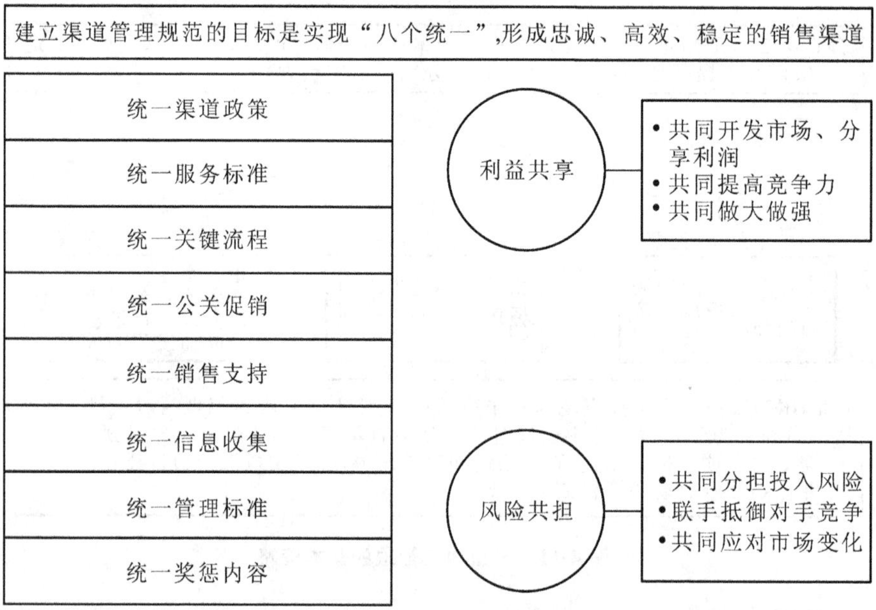

建立渠道管理规范的目标是实现“八个统一”,形成忠诚、高效、稳定的销售渠道
统一渠道政策
统一服务标准
统一关键流程
统一公关促销
统一销售支持
统一信息收集
统一管理标准
统一奖惩内容
利益共享
• 共同开发市场、分享利润
• 共同提高竞争力
• 共同做大做强
风险共担
• 共同分担投入风险
• 联手抵御对手竞争
• 共同应对市场变化

图 4-13 建立渠道管理规范的目标

3. 4E之信任策略——代理商管理和激励的基本策略(3)

代理商管理
销售队伍管理
营销风险防范
业务流程优化
代理商盈利模式
代理商销售区域划分
代理商选择流程
与代理商的战略协作关系
销售队伍的组织形式
销售队伍的考核
销售队伍激励机制
销售表格报告系统
现有信用政策分析
渠道信用政策
信用管理和控制
销售费用使用和控制
业务流程现状分析
核心流程识别
销售流程优化
目标流程设计

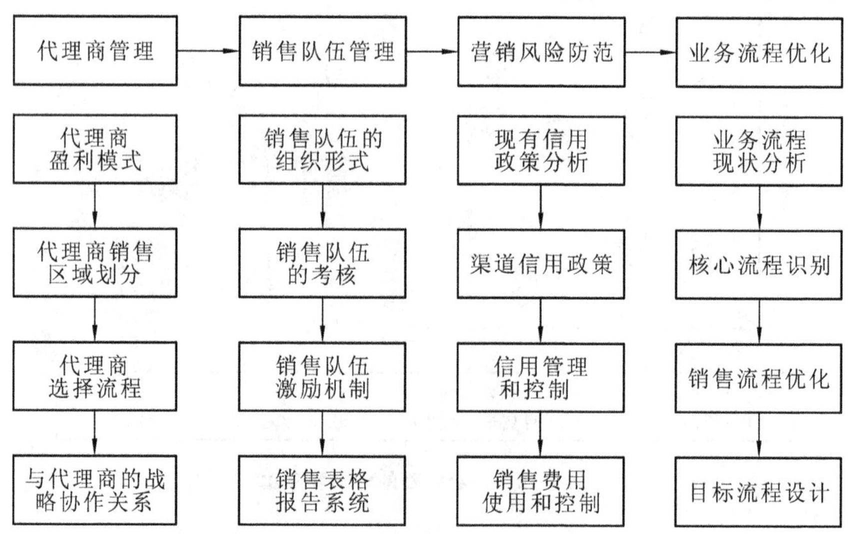

图 4-14 代理商管理的基本策略

第五章　工业品营销组织

本章我们将解决下列问题：

- 工业品企业组织类型是什么？
- 工业品企业组织危机是什么？
- 工业品企业组织管控系统是什么？

一、工业品企业组织概述

企业的组织架构好比自然界的金刚石，为什么金刚石和石墨都是由碳元素组成的，可金刚石十分结实而石墨却非常软呢？二者的差异仅仅源于原子的排列结构不同。金刚石的构成元素是非常廉价的碳，但因为它的内部结构是相互支持、相互耦合、共为一体的，所以才能变得强而有力。为什么有的企业越发展越好，公司规模越来越大，而有的公司却面临着职员流失乃至倒闭呢？它们原本都像那黑黑的石墨，成功的企业之所以会发出金刚石般的光彩，只是由于它们有效、合理地把成员组织起来，为实现共同目标而协同努力，形成合理有序的企业组织架构。

【案例分享】　　订单无法执行是谁的责任

一位重要客户的订单无法按时交货，导致经销商索赔。销售部门认为是生产部的责任，是他们的生产计划性不强、生产安排不当、生产效率低下造成的；生产部门认为是采购部门的责任，因为导致他们无法按时生产的直接原因是备料不齐，所以没能按时交货；采购部门则抱怨销售部门的责任，说他们订单太急，元部件供应商根本无法供货，并且销售部门经常修改订单，打乱了采购的计划，造成退货，甚至死货，给生产部门的工作造成不便。导致该公司发生以上问题的主要原因是：一方面，职员之间互相推卸责任，风气不好；另一方面，各部门的职责划分界不清，需承担的责任不明。

很多企业都有这样似曾相识的问题，只是表现形式不太一样，这就是低效率。

销售部是管销售的，生产部是管生产的，采购部是管采购的，财务部是管财务的，可是对于具体的职责，不同的公司或是同一个公司不同时期都是不一样的，因此，要清晰地划定各个部门的责任。

上述案例中的企业的组织结构内部协调出了问题，此外还包括整个组织架构的设计以及各部门的职责问题，以及流程问题，这就需要优化企业的组织架构。

由此可见，公司组织结构是否合理，对于公司的发展与生存起着至关重要的作用，建立适当的组织结构，可以使公司的各项业务活动顺利进行，减少矛盾与摩擦的产生，避免无休止的不必要的协调，最终提高了公司的工作效率。有人曾这样说，公司组织结构的重要性仅次于公司最高领导人的挑选。对于各层管理人员来说，在一个结构设计良好的公司中工作，能保持较高的工作效率，并且能够充分发挥自己的才能；而在一个结构紊乱、职责划分不明的公司工作，其工作绩效就很难保持在一个较高的状态了。结果往往变成：由于职责不清，管理人员无所适从，对公司产生失望乃至不满情绪，从而使公司效率低下，人员纷纷离开，最终甚至导致公司面临破产。

在工业品行业，组织架构设计的好坏将严重影响企业的正常运转，因为每个岗位都很重要，销售员很重要，技术工程师很重要，服务工程师也很重要，我们需要建立的是一个能融合所有元素的组织架构。

(一)工业品企业的架构设计——组织扁平化

所谓组织扁平化，就是通过破除公司自上而下的垂直高耸的结构，减少管理层次，增加管理幅度，裁减冗员来建立一种紧凑的横向组织，达到使组织变得灵活、敏捷、富有柔性和创造性的目的，它强调系统化、管理层次的简化、管理幅度的增加与分权。

现代企业组织结构理论可以分为两个阶段：第一个阶段从亚当·斯密的分工理论开始，至20世纪80年代，这一阶段强调高度分工，组织结构也以庞大为目标，组织形式从直线制开始，一直到事业部制，可称之为传统观念科层制组织结构；第二个阶段自20世纪90年代开始，这一阶段强调简化组织结构，减少管理层次，使组织结构扁平化。科层制组织模式中，直线—职能制是企业较常采用的组织形式，其典型形态是纵向一体化的职能结构，强调集中协调的专业化。适用于市场稳定、产品品种少、需求价格弹性较大的情况，其集中控制和资产专业化的特点，使得它不容易适应产品和市场的多样化而逐渐被事业部制组织取代。事业部制组织强调事业部的自主和企业集中控制相结合，以部门利益最大化为核心，能为公司不断培养出高级管理人才，这种组织形式有利于大企业实现多元化经营，但其劣势在于企业长期战略与短期利益不易协调。

随着企业规模的扩大，科层制组织不可避免地面临：沟通成本、协调成本和控制监督成本上升。部门或个人分工的强化使得组织无法取得整体效益的最优，难以对市场需求的快速变化做出迅速反应。扁平化组织正是由于科层式组织模式难以适应激烈的市场竞争和快速变化环境的要求而出现的。现代企业都在推广组织扁平化，这是一种极有利于企业发展的组织形式。

(二)工业品行业组织架构的特点

1. 组织扁平化

从扁平化组织架构当中我们可以看到，其最大的特点在于它强调系统化、管理层次的简化、管理幅度的增加与分权，而在工业品行业，面对的行业客户对于企业在技术、产品、服务、反应速度等方面都有很高的要求，扁平化的组织架构灵活、敏捷、富有柔性和创造性等特点都能满足工业品销售的要求。

2. 责任负责到人

在工业品销售过程中，无论是售前咨询过程、销售过程还是售后服务过程，每一个环节中涉及的每一个人，都对整个销售过程有影响。如果有一个环节得不到客户的认可，或者收到客户的投诉，那整个销售就将面临危机。所以整个销售过程就好像一个终身服务过程，这个过程当中的每一个人都必须清楚自己的责任，并且把这份责任做好，只有这样，才能保证整个终身服务过程成功完成，从而得到客户的肯定。

3. 环环相扣

工业品终身服务的特点是通过不间断的每一个环节组合起来的，售前的咨询过程是为销售过程做准备；而在销售过程当中，咨询也不能停下，在整个销售过程当中还应该注意技术的投入与销售技巧的配合；当产品成功地销售出去，服务过程又必须参与进来。正是这些环环相扣的过程，把整个工业品销售打造成一个永不间断的终身服务过程。

4. 储备后备力量

工业品销售行业是一个终身服务行业，在这个终身服务的过程当中，必须具备终身服务的能力，那就是强大的储备力量。任何一个企业的发展目标都不应该只是十年二十年，都想要长久地发展下去，但是很多企业又会受利益的短视影响，造成在整个过程当中不注重后备力量的培养，只顾眼前利益，不创造一种技术、服务、产品、销售的生长基地，所以，工业品企业的发展必须注重后续力量的储备。

二、工业品企业营销组织与控制

所谓营销组织，就是将企业所拥有的各种营销资源(包括人力、财力、物力)，按最有利于实现企业营销目标的方式组合起来。营销组织的设计，要根据市场营销计划所确定的目标与要求，将营销工作进行分工，确定企业不同营销部门和营销人员的职责与权限，设立相应的协调机构，以求得以最低费用和最高效率来实现企业的营销目标。

(一)营销组织机构的类型

营销组织机构的形式由于受多种因素的影响，相应出现多种多样的形式。归纳起来如表 5-1 所示。

表 5-1　营销组织机构的形式

组织结构	优　点	缺　点
职能型营销组织	机构简单、分工明确、管理方便，便于发挥不同部门的专业知识与专门技能，有利于在人力使用上提高效率	分立门户过多，易使各单位只顾本身工作，并为了获得更多的预算和较其他部门更高的地位而相互竞争，给经理的协调带来难度
产品型营销组织	对所管产品在市场上出现的问题能及时做出反应，对自己所管理的产品即使是一些名气较小的产品也不会忽视	由于产品经理权力有限，不得不与其他部门合作，容易造成产品经理与其他职能部门之间的矛盾冲突。另外，产品管理人员的增加会导致人工成本的增加
地区型营销组织	能充分发挥每个地区部门熟悉该地区情况的优势	由于每一个地区组织是相对独立的，都是一个独立的利润中心，容易使各地区经理从本地区利益出发，使各地区的活动协调比较困难
市场管理型营销组织	各个分市场经理易于分析各自的市场趋势，针对不同的细分市场及不同的客户群体的需要来开展营销活动，并可以灵活进行调整。另外，可以有效吸引各种客户，扩大企业的服务面	服务面的扩大和市场的细分，容易造成各个部门对人力、物力、财力资源的争夺，引起部门之间的矛盾和资源的浪费。同时，也会给控制带来一定的困难

续表

组织结构	优　点	缺　点
产品—市场管理型营销组织	使营销活动按目标要求进行，一组人员熟悉各种产品，另一组人员熟悉各个市场，两组互相配合取长补短	部门之间容易发生矛盾，如在制定价格决策和人员推销决策时会产生以产品经理为主还是以市场经理为主的问题，从而会增加营销副总经理的协调工作

(二)营销组织机构的影响因素

企业无论怎样设计其营销组织形式，其根本目标都是要保证企业各项营销策略的顺利实施，所以在设置市场营销组织时，必须要根据主客观条件，选择适当的组织形式。具体来说企业在选择设计其营销组织形式时，应重点考虑下列因素的影响。

1. 企业规模

企业规模的大小影响着企业设置市场营销组织机构时究竟采用哪种组织形式。一般来说，企业规模越大，需要的专职部门、层次和营销专业人员就越多，因而往往采用比较复杂的组织形式，如产品型、地区型、市场管理型、产品—市场管理型组织形式；若企业规模较小，市场营销组织就相对简单，可考虑采用职能型组织形式。

2. 产品因素

如果企业经营的产品种类、数量很多，且产品之间的差异性较大，可以考虑采用以产品型组织形式为主的营销组织形式。

3. 市场因素

若企业实行市场多元化方针，营销市场的地理分布区域广泛，它们的营销环境彼此有较大差别，则可以考虑采用以地区形式为主的营销组织形式。

4. 企业营销最高管理者的态度

如果企业营销最高管理者倾向于加强对营销活动的“集权”控制，则可能赞成产品型的营销组织形式；反之，若他赞成“分散”经营的做法，企业可能认为采用地区型的组织形式更加合适。

总之，没有一种理想的十全十美的组织形式。在西方国家，越来越多的企业按市场管理型营销组织对营销部门进行重建。一些营销专家认为，以主要目标市场为中心建立相应的营销部门和分支机构，是确保企业实现市场导向的唯一方法。因此，对于企业来说，应根据特定的发展阶段，结合企业内部的产品、技术、资源等条件，寻求一种有利于企业发展的组织形式。

(三)工业品企业营销控制

所谓市场营销控制，是指市场营销管理者经常检查市场营销计划的执行情况，看看计划与实绩是否一致。如果不一致或没有完成计划，就要找出原因所在，并采取适当措施和正确行动，以保证市场营销计划的完成。市场营销控制有四种主要类型：年度计划控制、盈利能力控制、效率控制和战略控制。

1. 年度计划控制

年度计划控制，是指企业在本年度内采取控制步骤，检查实际绩效与计划之间是否有偏差，并采取改进措施，以确保市场营销计划的实现与完成。年度计划控制的主要目的在于：促使年度计划产生连续不断的推动力；控制的结果可以作为年终绩效评估的依据；发现企业潜在问题并及时予以妥善解决；高层管理人员可借此有效地监督各部门的工作。

年度计划控制系统包括四个步骤：制定目标，即确定本年度各个季度(或月)的目标，如销售目标、利润目标等；绩效测量，即将实际成果与预期成果相比较；因果分析，即研究发生偏差的原因；改正行动，即采取最佳的改正措施，努力使成果与计划相一致。企业经理人员可运用以下五种绩效工具以核对年度计划目标的实现程度：

(1)销售分析

销售分析主要用于衡量和评估经理人员所制订的计划销售目标与实际销售之间的关系。这种关系的衡量和评估有两种主要方法。

①销售差异分析。销售差异分析用于决定各个不同的因素对销售绩效的不同作用。假设年度计划要求第一季度销售 4 000 件产品，每件 1 元，即销售额 4 000 元。在该季结束时，只销售了 3 000 件，每件 0.80 元，即实际销售额 2 400元。则这个销售绩效差异为－1 600 元，或预期销售额的－40％。问题是，绩效的降低有多少归因于价格下降？有多少归因于销售数量的下降？我们可用如下计算来回答：

$$\text{因价格下降的差异}=(1-0.8)\times 3\ 000=600(\text{元})$$

$$600\div 1\ 600=35.5\%$$

$$\text{因数量下降的差异}=1\times(4\ 000-3\ 000)=1\ 000(\text{元})$$

$$1\ 000\div 1\ 600=62.5\%$$

可见，约有 2/3 的销售差异归因于未能实现预期的销售数量。由于销售数量通常较容易控制，企业应该仔细检查为什么不能达到预期的销售量。

②微观销售分析。微观销售分析可以确定未能达到预期销售额的特定产品、地区等。假设企业在三个地区销售，其预期销售额分别为1 500元、500元和2 000元，总额4 000元。实际销售额分别是1 400元、525元、1 075元。就预期销售额而言，第一个地区有7%的未完成额；第二个地区有5%的超出额；第三个地区有46%的未完成额。主要问题显然在第三个地区。造成第三个地区不良绩效的原因有如下可能：一是该地区的销售代表工作不努力；二是有主要竞争者进入该地区；三是该地区居民收入下降。

(2)占有率分析

企业的销售绩效并未能反映出相对于其竞争者，企业的经营状况如何。如果企业销售额增加了，可能是由于企业所处的整个经济环境的好转，或可能是因为其市场营销工作较之其竞争者有相对改善。市场占有率正是剔除了一般的环境影响来考察企业本身的经营工作状况。如果企业市场占有率升高，表明它较竞争者的情况更好；如果下降，则说明相对于竞争者其绩效较差。衡量市场占有率的第一个步骤是清楚地定义所使用的度量方法。一般来说，有四种不同的度量的方法。

①全部市场占有率。以企业的销售额占行业销售额的百分比来表示。使用这种测量方法必须作两项决策：第一是要以单位销售量或以销售额来表示市场占有率；第二是正确认定行业的范围，即明确本行业所应包括的产品、市场等。

②可达市场占有率。以其销售额占企业所服务市场的百分比来表示。所谓可达市场一是企业产品最适合的市场；二是企业市场营销努力所及的市场。企业可能有近100%的可达市场占有率，却只有相对较小百分比的全部市场占有率。

③相对市场占有率(相对于三个最大竞争者)。以企业销售额对最大的三个竞争者的销售额总和的百分比来表示。如某企业有30%的市场占有率，其中最大的三个竞争者的市场占有率分别为20%、10%、10%，则该企业的相对市场占有率是30/40＝75%。一般情况下，相对市场占有率高于33%即被认为是强势的。

④客户渗透率。了解企业市场占有率之后，尚需要正确解释市场占有率变动的原因。企业可从产品大类、客户类型、地区及其他方面来考察市场占有率的变动情况。一种有效的分析方法，是从客户渗透率CP、客户忠诚度CL、客户选择性CS，以及价格选择性PS四因素分析。所谓客户渗透率，是指从本企业购买某产品的客户占该产品所有客户的百分比。所谓客户忠诚度，是指客户

从本企业所购产品与其所购同种产品总量的百分比。所谓客户选择性，是指本企业一般客户的购买量相对于其他企业一般客户的购买量的百分比。所谓价格选择性，是指本企业平均价格同所有其他企业平均价格的百分比。这样，全部市场占有率 Tams 就可表述为：

$$Tams=CP\times CL\times CS\times PS$$

(3)市场营销费用对销售额比率分析

年度计划控制也需要检查与销售有关的市场营销费用，以确定企业在达到销售目标时的费用支出。市场营销费用对销售额比率是一种主要的检查方法。营销管理人员的工作，就是密切注意这些比率，以发现是否有任何比例失去控制。当一项费用对销售额比率失去控制时，必须认真查找问题的原因。

(4)财务分析

营销管理人员应就不同的费用对销售额比率和其他的比率进行全面的财务分析，以决定企业如何以及在何处展开活动，获得盈利。尤其是利用财务分析来判别影响企业资本净值收益率的各种因素。

(5)客户态度追踪

如上所述的年度计划控制所采用的衡量标准大多是以财务分析和数量分析为特征的，即基本上是定量分析。定量分析虽然重要但不充分，因为它们没有对市场营销的发展变化进行定性分析和描述。为此，企业需要建立一套系统来追踪其客户、经销商以及其他市场营销系统参与者的态度。如果发现客户对本企业和产品的态度发生了变化，企业管理者就能较早地采取行动，争取主动。企业一般主要利用以下系统来追踪客户的态度。

①抱怨和建议系统。企业对客户的书面或口头抱怨应该进行记录、分析，并做出适当的反应。对不同的抱怨应该分析归类做成卡片。较严重的和经常发生的抱怨应及早予以注意。

②固定客户样本。有些企业建立由一定代表性的客户组成的固定客户样本，定期地通过电话访问或邮寄问卷了解其态度。这种做法有时比抱怨和建议系统更能代表客户态度的变化及其分布范围。

③客户调查。企业定期让一组随机客户回答一组标准化的调查问卷，其中问题包括职员态度、服务质量等。通过对这些问卷的分析，企业可及时发现问题，并及时予以纠正。

通过上述分析，企业在发现实际绩效与年度计划发生较大偏差时，可考虑采取如下措施：削减产量，减低价格，对销售队伍施加更大的压力，削减杂项支出，裁减员工，调整企业簿记，削减投资，出售企业财产，出售整个企业。

2. 盈利能力控制

除了年度计划控制之外，企业还需要运用盈利能力控制来测定不同产品、不同销售区域、不同客户群体、不同渠道以及不同订货规模的盈利能力。由盈利能力控制所获取的信息，有助于管理人员决定各种产品或市场营销活动是扩展、减少还是取消。下面拟就市场营销成本以及盈利能力的考察指标等作一阐述。

(1)市场营销成本

营销成本直接影响企业利润，它由如下项目构成：直接推销费用、促销费用、仓储费用、运输费用及其他营销费用等。上述成本连同企业的生产成本构成了企业的总成本，直接影响企业经济效益。其中，有些与销售额直接相关，称为直接费用；有些与销售额并无直接关系，称为间接费用。但有时也很难划分。

(2)盈利能力的考察指标

取得利润是任何企业的最重要目标之一。企业盈利能力历来为市场营销管理人员所高度重视，因而盈利能力控制在营销管理中占有十分重要的地位。在对营销成本进行分析之后，我们特提出如下盈利能力考察指标。

①销售利润率。一般来说，企业将销售利润率作为评估企业获利能力的主要指标之一。销售利润率是指利润与销售额之间的比率，表示每销售 100 元企业获得的利润，其计算公式为：

销售利润率＝本期利润/销售额×100％

但是，在同一行业各个企业间负债比率往往大不相同，而对销售利润率的评价又常需通过与同行业平均水平来进行对比。所以，在评估企业获利能力时最好再考虑利息支出和税负，这样将能大体消除由于举债经营而支付的利息对利润水平产生的不同影响。因此，销售利润率的计算公式应为：

销售利润率＝税后息前利润/产品销售收入净额×100％

运用这种方法，在同行业间衡量经营水平时才有可比性，才能比较正确地评价营销效率。

②资产收益率。指企业所创造的总利润与企业全部资产的比率。其公式为：

资产收益率＝资产周转率×销售利润率

与销售利润率的理由一样，为了在同行业间有可比性，资产收益率可以用如下公式计算：

资产收益率＝税后息前利润/资产平均总额×100％

其分母之所以用资产平均总额，是因为年初和年末余额相差很大，如果仅用年末余额作为总额显然不合理。

③净资产收益率。指税后利润与净资产所得的比率。净资产是指总资产减去负债总额后的净值。这是衡量企业偿债后的剩余资产的收益率。其计算公式为：

净资产收益率＝税后利润/净资产平均余额×100％

其分子不包含利息支出，是因为净资产已不包括负债在内。

④资产管理效率。可通过以下比率来分析：

资产周转率。该指标是指一个企业资产平均总额去除产品销售收入净额而得出的全部资产周转率。其计算公式如下：

资产周转率＝产品销售收入净额/资产平均总额

该指标可以衡量企业全部投资的利用效率，资产周转率高说明投资的利用效率高。

存货周转率。该指标是指产品销售成本与存货(指产品)平均余额之比。其计算公式如下：

存货周转率＝产品销售成本/存货平均余额

这项指标说明某一时期内存货周转的次数，从而考核存货的流动性。存货平均余额一般取去年年末余额的平均数。一般说来，存货周转率次数越高越好，说明存货低，周转快，资金使用效率较高。

资产管理效率与获利能力密切相关。资产管理效率高，获利能力相应也较高。这可以从资产收益率与资产周转率及销售利润率的关系表现出来。因为资产收益率实际上是资产周转率和销售利润率的乘积。

3. 效率控制

假如盈利能力分析显示出企业关于某一产品、地区或市场所得的利润很差，那么紧接着下一个问题便是有没有高效率的方式来管理销售人员、广告、销售促进及分销。

①销售人员效率。企业各地区的销售经理要记录本地区内销售人员效率的几项主要指标，这些指标包括：每个销售人员每天平均的销售访问次数；每次会晤的平均访问时间；每次销售访问的平均收益；每次销售访问的平均成本；每次销售访问的招待成本；每百次销售访问获得订购的百分比；每个期间的新客户数；每个期间丧失的客户数；销售成本对总销售额的百分比。企业可以从以上分析中。发现一些非常重要的问题，从而改善销售人员效率。

②广告效率。企业应该至少做好如下统计：每一媒体类、每一媒体工具接

触每千名购买者所花费的广告成本；客户对每一媒体工具注意、联想和阅读的百分比；客户对广告内容和效果的意见；广告前后对产品态度的衡量；受广告刺激而引起的询问次数。企业高层管理可以采取若干步骤来改进广告效率。包括进行较好的产品定位工作、确定广告目标、利用电脑来指导广告媒体的选择、寻找较佳的媒体，以及进行广告效果测定等。

③促销效率。为了改善销售促进的效率，企业管理阶层应该对每一销售促进的成本及其对销售的影响做记录，注意做好如下统计：由于优惠而销售的百分比；赠券收回的百分比；因示范而引起询问的次数。企业还应观察不同销售促进手段的效果，并使用最有效的促销手段。

④分销效率。分销效率主要是对企业存货水平、仓库位置及运输方式进行分析和改进，及达到最佳配置并寻找最佳运输方式和途径。

效率控制的目的在于提高人员推销、广告、销售促进和分销活动的效率，市场营销经理必须注意若干关键比率，这些比率表明上述营销组合因素的功能执行的有效性以及应该如何改进执行情况。

4. 战略控制

战略控制是指市场营销管理者采取一系列行动，使实际市场营销工作与原规划尽可能一致，在控制中不断通过评审和信息反馈，对战略进行修正。市场营销战略的控制既重要又难以准确实施，因为企业战略的成功是总体性和全局性的，战略控制注意的是控制未来，是还没有发生的事件。战略控制必须根据最新的情况重新评估计划和进展，因而难度也就比较大。

企业在进行战略控制时，可以运用市场营销审计这一重要工具。目前，在国外越来越多的企业运用市场营销审计进行战略控制。

【案例分享】　　科诺公司的营销控制模式

武汉科诺公司是由武汉东湖高新集团、武汉东湖高新农业生物工程有限公司和湖北省植保总站于1999年5月共同组建的一家高科技企业，注册资本8 000万元人民币，主要从事生物农药及其他高效、低毒、无公害农药的研发、生产、销售和推广。

截至2000年5月，科诺公司共有员工1 033名，其中有601名销售人员，这些销售人员直接分布在全国各市场片区。这充分体现出营销工作在科诺公司的重心地位，同时也反映出营销工作的成败直接影响了科诺公司的生存和发展。科诺公司的营销管理工作主要有以下几个特点：

①公司正处于生命周期的引入期，开拓市场、销售额最大化是公司的首要

目标；

②公司的主要产品是生物农药，属于有形产品，销售业绩目标的可量化程度较高；

③销售区域分布广，销售过程透明度不高，公司总部对各片区销售人员行为的可控性较低，因此销售人员有可能“粉饰”销售业绩，并牺牲公司长期发展而获取个人短期利益；

④生物农药产品直接面对的是农村市场，销售人员主要是与农民消费者打交道，大多数销售人员是在当地市场直接招募的，因此综合素质不高。

因此，公司在市场部设置了督办部，设计了一种“双回路”的营销控制模式，并且这种营销控制模式对公司早期的快速成长以及规范销售人员的行为发挥了重要的作用。“双回路”营销控制模式主要是强调工作计划与督办落实两条腿走路，一方面要求销售人员做出详细的工作计划，包括具体的销售业绩目标；另一方面派出督办人员不定期地到市场一线去检查工作计划的完成情况，并及时反馈检查的结果。督办人员的工作目的不是为了“挑刺”，找出销售人员工作中的不规范行为，而是帮助销售人员解决工作中的困难，及时“纠偏”，从而顺利完成销售目标。

科诺公司的这种营销控制模式实际上是将结果控制、过程控制以及他人控制等几种类型的营销控制有机地结合起来了，而且在每种类型的营销控制中设计和运用的具体方法和流程之间也是相互联系、相互支撑的。因此该种整合的营销控制模式较好地弥补了单个控制模式的不足之处，并使其发挥了“1＋1＞2”的作用。

企业作为一个开放性的系统，每时每刻都在与外部环境进行交换。中国企业所处的经营环境具有较高的不确定性和复杂性，这无形中大大增加了企业的管理控制成本和难度。因此通过合适的营销控制模式来规范营销工作以及销售人员的行为是提高营销绩效的有效途径之一。企业在设计和选择营销控制模式时，必须注意以下几点：

①不能将各种营销控制模式孤立地看待，它们之间不是互相排斥的，而应该将各种类型的营销控制模式有机地结合起来，互为补充，互为促进。

②不同类型的营销控制模式所适用的条件和环境是不同的，营销控制模式的设计与选择必须与企业所处的环境匹配起来。这里的环境包括企业内外部环境，例如企业的营销目标、营销人员的素质、销售区域、产品特点等。

③营销控制模式不是一成不变的，应该随着企业生命周期阶段的变化而改

变。营销控制模式是一个动态的机制，因此企业必须定期对营销控制模式的效果和效率进行检查，并将检查结果作为调整营销控制模式的依据。

三、工业品企业组织危机与标准化管理

(一)工业品企业组织危机

许多工业品企业，面临着项目经理掌握着公司的大订单，“挟天子以令诸侯”，人在，项目在；人不在，项目无影踪，公司承受着巨大的风险。也有些老板喜欢自己掌握项目，比较踏实，但是不得不加班加点工作。放权，心里不安；不放权，自己太累，该如何放手呢？

有些企业往往缺乏对营销过程的分析，无法按照系统化的流程来管理自己的团队。经常听到销售人员抱怨：“技术人员能力太差，关系我都搞定了，就差技术方案，我都不知道这些技术人员成天待在公司做什么，不主动贴近客户，最后搞砸了”；然而，技术人员也经常抱怨：“销售人员一点儿技术不懂，如此简单的技术问题都搞不定，都不知道怎么混的；而且动不动就让技术人员先写标书，写出来的标书50%～70%都是废标，工作没有成就感……”

以下是常见的工业品企业组织的危机，是我们不得不面对的。企业遇到以下危机该如何解决？我们将在下面详细分析。

第一大危机：销售经理掌握公司大客户，风险太高了，怎么办？

不少企业在销售过程中都曾经遇到过这样的困惑：一个非常重要的营销管理人员，尤其是营销骨干离职后带走大批客户，如果他跳槽到竞争对手的公司任职，就会把他的客户和营销网络全部带走，企业为建立营销网络和开发客户所做的各项投入最终全部付诸东流。它给企业带来了巨大“阵痛”和“虚空”，让很多企业从此一蹶不振。这种“切肤之痛”甚至使有些企业走向了衰亡的道路。

【案例分享】　　营销骨干离职的危机

几个月前，我遇到一位民营企业家张总。他的公司是上海一家高科技软件公司，在纺织行业内有非常大的知名度和影响力，从2004年开始经过四年时间把销售额由200万元发展到2 500万元。但是企业老板张总向我透露了他最近遇到的一件非常烦心的事：属下一位颇有开拓及沟通能力的销售功臣李华，不知何故，突然离职投奔了另一家竞争对手公司，不但让销售工作大受影响，而且还使以前的客户纷纷“倒戈”，不再购买他的产品。为这件事情，张总大伤

脑筋，并一度让他非常迷惑，甚至非常懊恼，以至于他不止一次地向我吐露心声：“我是不是做错了什么，到底是什么原因让营销人员背叛自己，最终使他投靠到竞争对手那里去了?”

在2005年，四川X集团的梁总的离职曾经轰动整个传媒界、企业界，梁总的离职之所以得到重视，除了X集团是知名企业之外，还因为梁总的离职带走了一批公司的骨干和公司多年积累的大客户，使X集团在当年的业绩下降为原来的二百分之一。

梁总曾是中国手机行业的经营奇才，在X集团创造了辉煌，同时也树立了一个高调的“手机狂人”形象。随着X集团手机业务的成功，梁总的事业与声望也随之到达顶峰。他已全面掌握X集团手机从市场到销售的一切业务，甚至公司的董事长也无法过问。如今“手机狂人”跟X集团的“婚姻”彻底走到了尽头，此后将加盟Z集团，统率Z手机业务子公司。这宣告了梁总在X集团过关斩将的辉煌历史的终结。当记者求证他去Z集团的传言时，梁总可惜地说：“愿X集团的青春常在，但Z集团也将迎来新的一片阳光。”他的离开导致X集团几千万元的资产流失，企业人才也大量流失，它们掌握的客户资源被掏空，企业的无形资产直线下降，X集团从此一蹶不振。

这种营销人员离职带走客户的现象，可以说比比皆是，屡见不鲜。一个人的出走对一个企业的打击不会太大，但一个团队的出走就会沉重打击企业的经营和商誉，况且还带走了公司的大客户，使公司的利润直线下滑，甚至造成公司破产。大家都知道在任何企业中，没有销售人员肯定是不行的。只有销售人员卖出去了产品，企业才有资金保障，生产才可以正常运转，所以销售人员很重要。我们认为，正是因为销售人员很重要，所以万一他们出了问题，对企业的危害就很大，企业很可能损失的是一个销售网络，而不仅是一个人。

第二大危机：小企业靠“英雄”，但是英雄成本和风险太高，该如何壮大?

“英雄”，就是职业上的老鸟级人物。老鸟级人物对企业的影响是巨大的，80/20的法则告诉我们，80％的企业利润由20％的销售人才创造出来。而20％的销售人才在企业中被称为“英雄”。英雄可以令企业的收入不断提升，然而也是最危险的一批人，稍微不注意，他们就会跳槽，很多企业无法控制这种风险，致使企业很难发展壮大。

【案例分享】　“英雄”员工带来的困惑

3年前，我们在一家浙江WM电缆公司做培训时，老总自豪地向我推荐了两名“销售状元”：他们的年销售额分别是0.4亿元、0.2亿元，公司73%的销售额都是他们创造出来的；其他34个销售人员创造出来的业绩是16%，还有11%的业绩是老客户的维护产生的。

我马上问了两句话：“公司业务近75%掌握在2个销售精英手中，你感觉到有风险吗?”“34个销售人员创造的业绩不好，你该怎么办呢?”那个老总顿时无语。

2005年10月，我与山东青岛一家生产钎焊板式换热器的企业的总经理陈总在一起聊天的时候，便提到了这个问题。该公司的销售英雄小张以其在工业品操作上的丰富经验和实战理论，曾针对钎焊板式换热器的行业特征，制订了一套行之有效的区域市场突破执行计划，通过区域分析、区域框架定制、区域定位切入、榜样客户公关、持续跟进等工业品行业中针对性极强的实战策略，步步为营，严格推进，在双方的紧密配合和高效执行下，短短的9个月时间，即扭转了公司在B省市场的不利局面，将销售引入正轨。然而公司里却除了他和几个销售能力强一点的员工在工作，其他员工却没有什么业绩。

对于钎焊板式换热器市场，群雄逐鹿，竞争愈演愈烈，区域营销成为企业立足市场、有效拓展销售的“战略枢纽”。在市场需要精耕细作、营销越来越精细化的今天，如何从区域市场实现有效切入并突破，如何通过焦点客户来引爆行业市场，如何实现区域销量快速提升，如何实现弱势行业客户的培育引导，如何保证区域健康良性的运转……成为企业区域实战的精髓所在，亦是市场营销的关键一环。可以说：得区域者得天下！但是想得到那么大的业务单，占据市场份额，并不是一两个销售人员能够完成的。面对如此困惑，陈总感到心急又无奈。

陈总深刻体会到了区域市场争夺战的激烈程度与重要性，公司定位区域市场突破策略在事实中也被证明是完全正确和及时的。但是老鸟级的人物，可望不可求。

第三大危机：项目前期，轰轰烈烈；项目后期，偃旗息鼓，该如何使项目柳暗花明?

“陪标”这是工业品行业比较熟悉的一个名词。我们经常听到中小企业老板说：我们企业有很多项目，期望业务人员能够全程跟踪一个项目，但是，效果总是不尽如人意；或者项目跟进到后期，竟然无缘无故被别人拿走了，导致项目前期做的工作不仅全部白费，而且沦为别的企业的“陪标”。发生这种情况，我们该怎么办呢?

【案例分享】　　如何将项目进行到底

2007年11月，西安RH公司从事电力系统的仪表项目营销。

公司分布在全国六个区域的经理，经常向公司提出申请，需要售前技术部门配合。然而本部门只有3位技术人员，导致技术人员经常出差，疲于奔命地赶做技术投标方案。

同时，公司对认为比较有把握的项目，在前期招标加班加点，而在中期项目信息不足，导致后期项目杳无音信。造成技术人成就感不够，激励也不足，跳槽频繁。

西安RH公司“三只手指拧田螺”的项目，为什么走样呢？

加拿大铝业集团是一家跨国集团公司，以市场为导向并在铝业和特种包装业居世界领先地位，在原铝、铝制品、软包装和特种包装、航天应用、铝土采掘和氧化铝加工方面拥有世界级的生产设备，能够通过创造性的方法和服务更好地满足客户的需要。集团在全球55个国家运作，共有260家分支机构，雇有75 000名员工。对客户决策流程中涉及的多个单位、多个部门、多个联系人进行管理，掌握影响项目进展的多项因素，把复杂的客户关系管理变得简单、可控。可是集团在中国的运作却遇到多次困难，每次项目的运作的前期都能做得最好，然而就在关键的时候却陷入困境。关键的原因是前期期望值太高，但是后面运作项目的时候，由于与本土化的环境理念不入，技术和服务人员采用的都是国外的一套标准，与国内的性质完全不相符合；也没有针对中国的文化进行新的深入分析，总是采用技术演示导向型营销手段。而国内长期存在的灰色营销，促使企业除了采用技术演示之外，还需要加入有人情味的调味料作为润滑剂，才能使项目顺利推进。

第四大危机：分工不明确，相互推诿，项目团队如何协调呢？

一个群体不能形成团队，就是一盘散沙；一个团队没有共同的价值观，就不会有统一意志、统一行动，当然就不会有战斗力；一个企业没有灵魂，就不会具有生命的活力。企业进行项目销售时，如果造成分工不明确的局面，后果可想而知。

【案例分享】　　你了解公司的销售流程吗

珠海的YT电力效能公司的业务以经销商为主，依靠300个全国经销商开展业务，销售与技术人员只是支持部门。在销售流程上，公司遇到以下几个问题：

经销商直接指挥技术工程师，技术工程师成了经销商的“下属”；

技术工程师了解的用户信息不充分；

技术服务部门目前只有一个工作重点，即解决客户投诉及质量问题；

公司不了解使用产品的用户的信息。

因此，珠海YT公司往往感到困惑：我是经销商的下属吗？

我们曾经在一家管理软件企业做咨询时，也遇到这些问题。例如有一次我问道：“在座的销售团队成员都有2～5年的软件销售经验，且做过软件销售培训，请问贵公司的销售流程是什么？”

对于“销售流程”，他们都知道怎么回事，但没有人清楚地把软件企业的销售流程理清。听到的回答大多是：寻找客户、确认商机、接触客户、产品演示、讲解与示范、提供方案、排除异议、达成协议。部分人将参观案例、提供演示版、试用，甚至将请客吃饭或办展会也列为销售流程的一部分。

有销售人员说：“所有这些流程，我们都知道，且天天都在做，只是无法表述出来，我们只要知道就可以了啊。”

我的回答是：“如果您不了解软件销售流程，那么相信您也无法引导潜在客户进行正确的软件选型，进入从正式立项、需求确认开始，到开始实施、正式上线的流程。更不知道您的团队在这当中扮演的是什么角色，该如何配合一起把项目拿下来！”

有人更是一针见血地表示：“国内的很多软件公司，项目销售时团队配合分工的很少，甚至是没有管理，规模稍微大一点的，大家只是根据以往经验，把任务分了分，然后便开始去与客户进行沟通。而且销售团队管理也不是十分健全，这也是一个很可笑的地方。软件企业天天向客户推销所谓的先进的ERP、CRM、SCM管理理念，自己却在管理上还是一片空白。我们熟悉客户的管理流程，却没有自己的销售团队管理流程。”

2006年，长沙的JB公司就是因项目时分工不明确，造成企业破产，引人深思啊！

第五大危机：长期驻外，信息屏蔽，管理难度太大，市场预测缺乏依据，该如何加强管控？

工业品行业的特殊性，致使企业需要派销售人员长期驻外生活，这就面临一个重要的问题：长期驻外，企业对在外的销售人员看不见也摸不着，不能直接进行考核，要了解的信息遭到屏蔽，造成管理难度加大。面对如此困惑，我们该如何处理?

【案例分享】　　　　　　对驻外销售人员如何管控

北京HYJQ公司华东区域的张经理这几天一直发愁：年底马上就到了，可是今年的销售任务却只完成了八成，而过几天就要召开年度总结大会了，销售部的部门报告实在没办法拿出去汇报呀。

想起总经理对自己的厚望，张经理真不知道该如何向总经理交代。其实，张经理也有说不出的苦衷：张经理对市场上的各种信息很敏感，对市场竞争的分析把握能力也非常强，可以说，公司要想拿到预计的销售业绩是没有很大问题的。

可是，年内有几个销售人员跳槽了，带走了几个大客户，使公司损失了不少订单。而另一些销售人员跟进的项目却一直没有进展，项目一拖再拖，到目前还是没有拿下来。

销售预测呢？销售人员总是说，快了，快了。怎么就没有结果呢？

真实情况如何呢？我们再通过下面的情景假设来了解一下销售经理所面临的管理状况。

清早，公司销售人员大李兴冲冲地跨入办公室，心里正打算着在晨会时间向销售经理汇报与某客户销售项目的飞跃性进展，却猛然发现静静地躺在自己办公桌上的辞退通知。这张辞退通知有如寒冬里浇下的一盆冷水，让大李浑身冰凉。要知道，为了拿下这张订单，大李花费了多少的时间和精力啊。大李想找经理问个明白，却遭到张经理"毫无进展"、"不敬业"、"吃干饭"等数落。大李遭到经理的无端谴责，一气之下，不多加辩解便离开公司。后来，大李非常成功地应聘成为同行业中另一家公司的销售人员，便将这份争取了好久的销售订单带给了新东家。

第六大危机：销售政策制定左右为难，该如何制定？

一位伟大的文学家曾经说过这样一句话：这是最好的时代，这也是最坏的时代。任何一个销售政策同样如此，可以说我们作为销售人员所面对的任何销售政策都应该是：这是最坏的政策，这也是最好的政策。

所谓到哪个山唱哪个歌，达尔文的进化论同样告诉我们：适应即是进化。任何一个企业的销售政策，都是综合各个方面的因素考虑制定的。作为一个销售人员在面对销售政策的变动时，我们所要做的是以积极的心态去面对，迅速适应，并迅速改变。

大凡企业的销售政策一旦制定，往往就是这个企业某一阶段、某一相对时间内不会改变的政策。如果我们不能很好地面对、适应和改变，如果我们对政策埋怨、抵触和误解，那么最终接受惩罚的还是我们自己。任何一个销售人员都清楚，销售政策对自己的销售工作业绩的最终达成会起到什么样的作用。但是，行业里也有这样一句话：经销商永远做你考核的事情，决不做你希望的事情。

【案例分享】　　左右为难的销售政策

深圳 LELT 公司的蒋经理面对着两个经销商，一个是 A，他们的产品要经过三个层次才能到达客户的手中。在浙江，虽然这几年，这个层级有被打破的趋势，但相对而言还比较规范，直销渠道有比较清晰的分界线。另一个是 B 经销商，他们的层级阵营就更加明显，基本上还是官商的做派，对 LELT 公司的价格执行比较稳定，他们不管市场上其他商家的价格如何变化，总是以进价再加 5%的利润批发出去。而 A 经销商的手段比较灵活，他们求的是销售量，看中的是公司的年终返利。因此，往往压低价格，甚至是不赚钱，平进平出(产品)，这样导致了产品的利润越来越低，从而又反过来影响了他们经销的积极性，同时又扰乱了市场，损害了公司的利益。令蒋经理头疼的是，B 经销商可不管这些，他们把责任推到了公司的身上，认为一切皆由公司的过错造成。两方都在抱怨，蒋经理为此很烦恼。他曾经想过种种办法，如取消对经销商返利的承诺。但这一招也不行，因为这些经销商精明得很，反正货款在他们手上，照样压低价格走货，到时不管你答不答应，照样从你的货款中把返利的钱扣回。眼看着这个问题愈演愈烈，蒋经理可谓是心急如焚，他必须想出一个办法来解决这个矛盾，蒋经理该怎么办呢？

第七大危机：新销售员成长困难，流失率惊人，该如何进行销售管理？

随着人才市场的逐步完善和健全，现代企业在吸引和利用人才方面获得了更大的自由度，同时在如何留住人才的问题上也遇到了很大的挑战。企业的人才流失是企业领导者最为头痛的问题之一。“人才是企业最重要的资本”，流失人才就意味着要付出巨大的补偿费用，意味着资产的损失。人才流失不仅会给企业带来有形的或无形的损失，而且会使竞争对手更强大。许多企业已为此付出了巨大代价。

【案例分享】　　怎么管理新销售人员

2008 年 4 月，广州 YL 公司的陈总抱怨说：“现在的人太不务实，销售经验也没有，而且培养了一段时间后就离职。在工业品行业做销售，没有一两年的磨炼，是不能熟悉业务的；而一个项目就算接下来，也还要很长时间才能完成。但是很多新员工都留不下来。唉，想起来都不知该怎么办，培养一个忠诚的员工，实在很困难。”

类似于陈总的困惑，相信在很多企业都会有，为什么呢？

我们再来看一段销售人员与销售经理之间的对话。

情景假设：

销售人员来到销售经理的办公室。

销售人员：经理，我这个月怎么没有奖金？

销售经理：因为你这次考核不合格。

销售人员：为什么？

销售经理：没办法，你这个月没有业绩。

销售人员：怎么会没有业绩？不信你看看这个。

说完销售人员拿出一份资料递给销售经理。销售经理看了看资料，这是销售人员对自己正在跟进的项目的详细记载。从资料上看，有些订单应该很快就可以拿下了。

销售经理：我承认你干得很努力，也表现得非常不错，可是毕竟你还没有拿到订单，按照公司的奖励政策，你是没有资格拿到奖金的。

销售人员：可是我马上就能够拿到订单了呀。

销售经理：我知道。所以我相信下个月你一定能够拿到一大笔奖金的。加油吧。

无奈，销售人员只好闷闷不乐地离开了。

我们先来看看工业品行业营销的特殊性。由于大部分工业品销售的金额巨大，项目周期较长，有的甚至要一两年才能完成一个项目销售。因此，很多新的销售人员看到销售时间很长，很难在短期里达到自己的期望，导致很多销售人员在进来几个月就匆忙离开。

第八大危机：项目过程难以掌控，形成费用黑洞，该如何有效控制？

项目过程当中，少不了需要给销售人员跟进项目的费用，除了销售人员的费用以外，还有付给项目对方的一些费用。然而，整个项目过程是难以控制的，甚至有的销售人员利用这个机会向企业谎报费用额度，夸大项目成本，从中拿回扣。遇到这种事件，我们该如何有效控制呢？

【案例分享】　　如何有效控制项目过程

上海的XX自动化公司，业务繁多，靠销售人员全国各地奔波，长久以来，销售成本越来越高。然而，成本数据的归集都依靠手工操作进行，部门之间成本数据的交互依靠纸介质进行，无法进行成本数据的统计、查询、分析。而且销售人员所报的交际费用，总能够找出理由上报，以项目进展的方式来忽悠企业的费用。另外，项目当中除了真正需要的成本外，还会出现大量的未知因素。还有，企业在项目成本管理工作中面临的一个普遍现象是，操作流程不规范，造成了成本浪费的隐患、成本管理的低效及管理漏洞。XX自动化公司的张总因这个问题，曾咨询过很多的管理公司，但都毫无头绪，因为企业对于项目的运作过程，往往是最难控制的。

(二)工业品企业的标准化管理

以上的八大危机是我们企业在销售管理中经常遇到的，而且是难以解决的。然而，在大多数500强跨国企业中这些问题却并不突出，原因何在？经过研究，我们认为以下几个方面十分关键。

1. 健全和完善相应的职能部门，建立客户档案与数据库

组建客户管理部或市场部，其主要职责就是客户的档案管理及日常管理，其隶属关系可划归为营销部下属机构。具体工作是对客户进行日常及分类管理，并掌握客户的名称、地址、联系方式、经营状况，客户目前的进展，有潜力的项目，更进一步的还包括客户的抱负、品行、性格、喜好、特长等。

2. 销售过程细分化，强调角色分工和团队合作

根据项目销售过程来进行角色分工，一个项目不是由销售部一个部门来完成的，而需要有几个节点，例如，在业绩展示阶段需要售前技术支持人员来配合；在需求调研与方案确认阶段需要技术咨询专家或顾问来确认技术需求的可行性；在项目评估阶段可以申请公司高层部门来参与；在合作谈判阶段需要商务、财务、法律等相关人员来参与；在签约成交阶段需要高层来互动为项目后续提供支持。

这样做可以淡化销售人员对项目的重要性，即强调靠一个项目团队来完成；同时，人员配置并不一定要全部到位，可以挑选重要流程来切割。

3. 建立项目定期沟通制度，遵循“1、15、30法则”

“1、15、30法则”即销售经理可以定期(通常是每周一次)检查每个销售人员的工作进展情况，请销售人员逐个介绍自己的每个客户的情况，包括本周做了哪些工作、有什么进展、存在哪些问题等。这样销售经理就对每个销售人员的工作情况有了一个大致的了解，对客户的情况做到心中有数。15 天后必须再次跟进同样的客户进展。30 天后根据询问进展的情况来判断这个客户的意向性，否则就不要浪费太多的时间与精力了。

4. 建立项目型销售过程控制系统

销售过程需要分解成为几个标准化的阶段，例如，一个工业品项目销售过程可分解如图 5-1 所示。

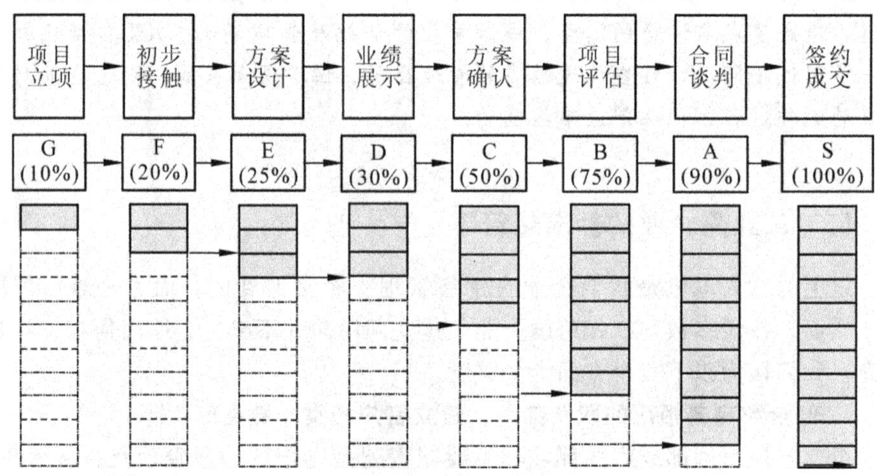

图 5-1 工业品项目销售过程分解图

我们可以根据销售过程，要求销售人员填写客户进展、拜访记录，留下客户信息，以监控项目进展。可以启动预警的作用，同时重视项目过程，建立标准化，避免销售人员的随意性。

5. 营销管理标准化

营销工作能否标准化，取决于我们对营销到底是科学还是艺术的认识。

优秀企业之所以优秀，并非人才济济，而是让平凡的人做出了不平凡的业绩。

优秀企业之所以能让平凡的人做出不平凡的业绩，关键在于它们做好了专业分工、培训和营销标准化这三项工作。这些是支持平凡的人做出不平凡业绩的“支持平台”。

①在普通企业，业务员既是调研员、企划员、市场开发员，还是促销员、培训员。要同时承担这些职能，确实需要多专多能的精英人才，而且最好是通才。优秀企业通常进行严格的专业分工，专业化不仅意味着更高的熟练程度、

更高的效率，还意味着只需要专才即可，无须通才式的精英人才。因此，在专业分工的条件下，平凡的人更容易做出不平凡的成绩。

②标准化是让平凡的人做出不平凡的业绩的最有效手段。的确，营销活动难以像生产管理那样标准化，但只要仔细研究，总是可以在某个层面发现共性，只要是共性的东西，就可以标准化。在优秀企业，总可以找得到很多"标准化手册"。笔者在做营销管理或咨询时，总是要为每个营销岗位制定标准化手册。营销培训的一个很重要的内容就是标准作业流程。营销人员遇到问题，总是习惯性地拿出手册找答案，答案也常常就在手册之中。

标准化的营销程序与标准化的营销管理，通常是在对营销各方面进行深入细致研究的基础上，并借鉴优秀企业和优秀营销人员的"经验"与"教训"编制而成的。它的最大优点就是避免营销人员反复"交学费"，避免由于营销人员个人经验、能力、悟性等不足而可能给企业造成损失。一个平凡的营销人员，只要按照标准化的营销程序从事营销工作，就可以尽可能地避免失误，并取得超乎个人能力的业绩。

③营销培训，大多数企业都在做，但优秀企业与普通企业的目的和做法不一样。普通企业为了培训而培训；优秀的企业为了"流程分析与提升员工能力"而培训。优秀企业都有这样的特点：靠科学、标准化的营销建立企业强大的营销能力，而不是靠一两个能干的营销人员。那些在科学、标准化的营销体制之下业绩出众的普通营销人员，一旦离开该企业，离开企业强大的营销能力的支撑，业绩立即大滑坡。因此，**在标准化的营销管理体系之下，营销人员的离职率相对较低，离职后对企业的损失也相对较小。**

四、工业品营销组织管控系统分析

工业品营销的组织管控需要一套完善的管理系统，我们这里特别设定项目型企业组织管控系统。它不仅仅是一种管理理念，同时也是一个管理体系，是一个操作性很强的管理系统。

工业品营销组织管控系统非常提倡过程管理，而且控制过程比控制结果更重要。在销售中，一个销售项目受到太多来自内部和外部因素的影响，其结果的成败与否是难以预测和控制的。

(一)工业品营销组织管控系统的特点

主要是让原来只掌握在销售人员手中的有关销售过程的信息向销售团队、

销售经理和企业公开，使得：

销售人员的信息更加公开化，便于掌控客户的进展；

项目的销售过程更加明确化、标准化、系统化；

便于项目内部的角色分工，使团队合作进一步加强；

更好地进行销售管理与销售预测的工作；

有利于企业积累应有的销售知识和客户资源。

(二)项目型企业运营时的组织管控系统

1. 基础组成要素：客户内部采购流程

客户内部采购流程是从客户的角度，对整个采购过程进行划分和描述。它通过跟踪和记录客户采购目前的状态，以及客户、竞争对手的回应，依据对内部采购流程的划分，分析并确定目前客户采购所处的阶段。客户内部采购流程包含以下八个阶段。

①发现问题，提出问题。一般公司都有现成的供应商，我们的机会点就在于寻找目前客户与现有供应商合作中的不满意或者问题，往往问题越大，我们的机会点就比较有优势。所以，在采购方的需求酝酿的阶段，销售方在这个阶段介入明显是最好的时机，毕竟“先入为主”，销售方可以在这个阶段影响到采购方后来的“采购标准”。

②分析研讨，确定预算。了解目前项目的预算，估算项目立项的可能性。如果项目的预算不够，一般都要向老板进一步申请，这时，销售方往往与对方老板见面的可能性较大，因为有时项目的经办人无法说服他自己的老板，有可能请销售方协同说服。

③项目立项，建立小组。紧接着，在客户项目立项阶段，销售顾问应当提供准确信息，培养内部的 spy，准备应标。因此需要对内部采购流程有相当了解，如此才能建立项目采购的优势。

④建立标准，稳定目标。当客户的采购部门开始收集信息和标书时，销售顾问应当在内部确认招标范围，主动了解技术表述的内容，参与制定采购标准，目的是为了建立客户关系，同时了解竞争对手以及客户内部的关系。

⑤确定招标，初步筛选。经办人通常是客户内部的采购经理类的角色，他需要发布信息，收集信息，同时，初步筛选合格的供应商，一般是从十家供应商中挑出两三家，为确定首选供应商做铺垫。

⑥认准首选，筛供应商。依据技术标与商务标的因素而确立筛选的标准，例如依据价格、质量、品质、品牌、行业标准、职业化、关系等因素来选择首

选的供应商。

⑦合同审核，合作谈判。作为采购方来说，确定供应商后，要在谈判中尽量压低成本，并为企业争取有利的付款方式降低风险。该项目的后续实施很大程度上取决于合同条款上的具体规定，所以该过程是非常关键的，客户可能专门组织谈判小组，与首选供应商来谈具体的条款。

⑧双方商定，签约成交。商定具体条款后，双方法人签署合同，开始进入具体的合作及售后服务阶段，在该阶段之前，可以说销售方是很成功的，否则，对方也不会选择和你合作。有人错认为销售活动到此结束了，其实还没有，这只是个开始，如何将该客户绑定为企业的忠实客户，这就需要销售方在项目实施及售后客户关系维系方面下工夫了。

项目型销售管理的起点是客户内部采购流程。产品、服务的供应方了解客户内部采购流程的目的是为了提高项目型销售的成功率。每个客户都有自己的一套内部采购流程，供应方想要实现销售，必须按照客户的规则行事，根据客户的内部采购流程来一步一步推进销售过程，如果无法随着客户内部采购流程不断前进，就代表着供应方的项目型销售失败了。因此，在项目型销售中，供应方在规范化企业内部的销售流程之前，应该首先关注客户内部的采购流程。如果对客户内部采购流程不了解，就不知道应该如何根据客户的采购流程做出及时准确的响应。

客户内部采购流程是项目型销售流程管理系统的基础组成要素。项目型销售最大的特点就是“以客户为中心”，在实际销售中的做法就是：尊重客户的兴趣、需求和规则。因此，项目型销售流程管理系统将“尊重客户的规则”放在了第一位，销售和管理都是围绕着客户内部采购流程展开的。项目型销售流程管理系统从两个方面向我们介绍客户内部采购流程。首先从理论推广的角度，向我们介绍了客户的内部采购流程的一般形式和步骤；其次从实际应用的角度，向我们介绍客户内部采购流程的操作和应用，譬如如何根据客户内部采购流程来收集和使用有关客户、竞争对手的信息。

2. 主要组成要素：项目型销售推进流程

我们知道，处于内部采购流程不同阶段的客户位于销售漏斗的不同状态。随着内部采购流程的推进，客户所在的状态也在向销售漏斗底部的最佳状态推进，这也意味着项目型销售的成功几率逐步上升。

如何保证客户的内部采购流程顺利向前推进呢？也就是说，作为销售一方，我方应该做出哪些努力呢？我们为了保证客户内部采购流程顺利向前推进而做出的努力所形成的轨迹，就是我们的项目型销售推进流程。

对应于客户内部采购流程的八个阶段，项目型销售推进流程也由八个阶段组成。这八个阶段分别是：项目立项；初步接触；方案设计；业绩展示；方案确认；项目评估；商务谈判；签约成交。

由于项目型销售推进流程的八个阶段与客户内部采购流程的八个阶段一一对应，因此，随着项目型销售推进流程的向前发展，项目型销售的成功率也随之提高。在整个流程中，每个阶段的最终目的都是激发客户对我方的兴趣，同意我们参加客户内部采购流程的下一阶段。见图 5-2 和表 5-2。

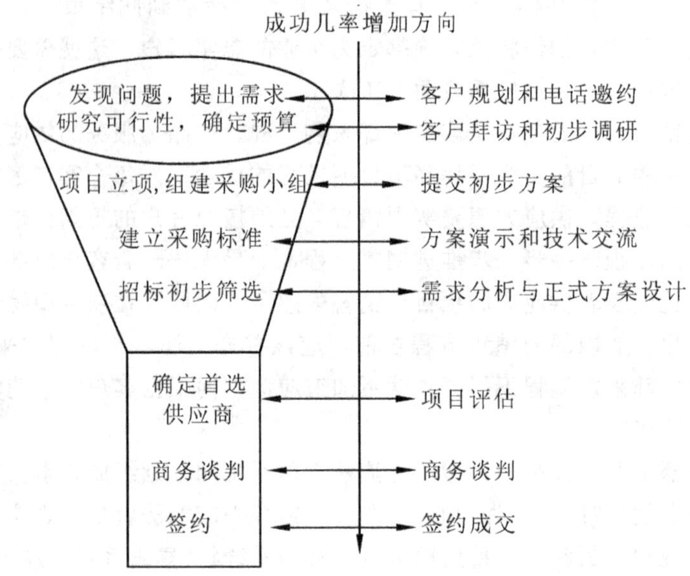

图 5-2 项目型销售推进流程

表 5-2 成功标准的路径

1. 项目立项 客户：发现问题，提出需求 供应商：项目立项 里程碑：有兴趣	2. 初步接触 客户：分析研讨，确定预算 供应商：初步接触 里程碑：找对经手人士
3. 方案设计 客户：项目立项，组建小组 供应商：方案设计 里程碑：客户化的初步方案	4. 业绩展示 客户：建立标准，稳定目标 供应商：方案演示与业绩展示 里程碑：业绩展示

续表

5. 方案确认 客户：确定招标，初步筛选 供应商：方案确认 里程碑：正式方案的提交	6. 项目评估 客户：认准首选，筛供应商 供应商：项目评估 里程碑：项目评估
7. 商务谈判 客户：合作谈判 供应商：合作谈判 里程碑：合作谈判	8. 签约成交 客户：签约 供应商：签约成交 里程碑：签约成交

3. 衡量阶段成功的标志：里程碑

项目型销售各阶段的里程碑与成功标准主要描述的是项目型销售推进流程处于每个阶段时的标志性事件，以及从一个阶段进入下一个阶段的特征。尽管销售经理可以通过客户内部采购流程来了解客户当前的状态，也可以通过项目型销售推进流程来了解销售人员目前的工作，但是他仍然有疑问：销售人员所做的事情是否真的与销售进度相匹配呢？这就要求有一组标准来判断销售的进度、状态。正因为有了项目型销售各阶段的里程碑与成功标准，才使得通过对客户内部采购流程所处的阶段和项目型销售推进流程所处的阶段进行对比，判断销售人员所做的工作成为可能。另外，项目型销售各阶段的里程碑与成功标准也通过报告销售项目当前的状态的方式向项目型销售成交管控系统提供了管理依据。

项目型销售各阶段的条件描述的主要是要使项目型销售推进流程随着客户内部采购流程顺利地向前发展，销售人员在每个阶段所必须完成的事情或者任务。它可以帮助销售经理指导和监督销售团队和销售人员，下达下一阶段任务，也可以帮助销售人员制定工作日程表。项目型销售各阶段的条件可以作为销售经理考核销售人员的出发点。

4. 有力的材料分析：辅助工具

项目型销售辅助工具主要描述的是进行项目型销售时，在各个阶段中，销售人员所需使用的不同辅助工具，以及销售经理进行项目型销售管理时所需使用的辅助工具。这些辅助工具可以帮助销售人员在销售的各个阶段当中：

①记录销售现场的情况；

②记录客户的信息；

③对不同的信息进行分类管理；

④对当前应该完成的事情进行提示。

5. 管理组成要素：项目型销售成交管控系统

项目型销售成交管控系统一方面可以用于了解单个销售项目的当前销售进度和销售成功的几率，另一方面也可以对当前企业所有销售项目的进展情况进行统计。项目型销售成交管控系统不仅可以用于了解企业销售的情况，也可以用于对企业的销售预测。

项目型销售成交管控系统是项目型销售流程管理系统的组成要素，是销售经理进行销售管理的平台。在整个项目型销售流程管理系统中，其他的要素的主要作用是帮助销售经理了解销售的现状，而项目型销售成交管控系统则对企业的销售状况做出适当的统计，并发现销售中存在的异常情况，供销售经理进行分析和决策。

6. 项目型销售流程管理系统的作用

项目型销售流程管理系统的作用可以归纳为：

①掌握客户基本信息；

②随时了解客户采购进展；

③随时了解销售进展；

④了解销售人员的工作情况；

⑤考核销售人员；

⑥指导和调整工作进度；

⑦发现销售中存在的问题。

(三)项目型工业企业营销组织管控系统的优势

这套系统巧妙地将项目型销售所需的销售模式和销售技巧融入整个项目型销售流程管理系统当中，通过集合整个销售团队，甚至整个企业的力量来实施项目型销售。如前所述，它让原来只掌握在销售人员手中的有关销售过程的信息向销售团队、销售经理和企业公开，使得：销售人员之间共享成功经验；作为整个系统管理者的销售经理得以了解、掌握进而全面控制销售；企业积累应有的销售知识和客户资源。

项目型销售流程管理系统是一种管理理念，其在管理理念上有其独特的见解。

首先，项目型销售流程管理系统非常提倡过程管理，并且认为控制过程比控制结果更重要。

其次，在整个管理架构上，项目型销售流程管理系统将原来分隔开来的销售管理和销售技巧通过过程管理方式融合到一起。

最后，在销售技巧上，强调找对人、说对话、做对事。进行项目型销售时，我们首先要弄清楚在客户内部中哪些人员是有权力决定销售成败的人物。项目型销售要求销售人员能够准确掌握客户内部的职能分工，判断哪些人员是我们应该进行接触的“权力人士”。在确定要接触的客户内部人士之后，应该将着重点放在与客户建立起良好的关系上，使客户对我们产生信任感。在建立起供求双方的信任关系后，我们并不需要急于向客户推荐自己的产品和服务，而应当尽量引导客户发现他们的需求，与此同时，通过倾听，了解客户的需求，分析我们成功实施销售的突破口。项目型销售的关键要点见表 5-3。

表 5-3　项目型销售的关键要点

销售模式	以客户为中心
管理架构	注重过程管理
销售技巧	找对人、说对话、做对事

目前许多企业所使用的销售模式、管理架构实际上都不能够适应项目型销售的要求，没有起到真正的作用。而且，在销售技巧上，尽管存在许多讲授销售技巧的书籍，但大部分都是零散的、缺乏体系的。项目型销售非常需要一套全面的、完整的销售模式、管理架构和销售技巧。

附录　常用的辅助工具

(一)电话邀约型辅助工具

电话记录表

编号：

填写人：　　　　　　　　　　　　　　　　　　　　　联系日期：

序号	时间	客户名称	编号	找到谁	联系方式	电话沟通内容	信息跟踪内容	计划下次联络时间	对客户的承诺	需完成工作	完成时间

客户基本信息表

企业名称		企业简称	
企业标识/编号			
客户类别	一般、重要、VIP		
客户来源	广告反馈、展会、老客户介绍、主动上门、销售人员发掘		
法人代表		联系人	
地址		关键决策人	
邮编		电话	
传真		E-mail	
企业性质	外资、合资、国有、集体、个体、其他		
企业类型	生产型、贸易型、服务型、其他		
企业所属行业	航空、机械、电器、电信、烟草、信息、传媒、政府、其他		
主营产品		企业规模	
年产值		市场占有率	
销售额		效益	
成本		利润	
开户银行		销售费用	
企业资信	红、灰、黑、白	账户＼账号	
异常情况			
信息登记日期			
信息录入人		信息采集人	
信息审核标记		信息审核人	
信息修改记录			

联系人基本信息表

编　号：

填写人：　　　　　　　　　　　　　　　　　填写时间：

客　户		客户编号	
姓名		职位	
服务企业			
客情状态	初步接触、能交流、投缘、非常好		
影响力	一般成员、核心成员、组织者、决策者		
关系性质	目标客户、商务朋友、联系人的朋友、私人朋友		
关系状态	未接触、点头之谊、常往来、很铁		
性别		年龄	
政治面貌		住址	
邮编		电话	
传真		E-mail	
生日		出生地	
毕业学校		专业	
性格	分析型、表现型、控制型、友善型、未能判定		
兴趣			
喜爱运动			
家族成员状况			
社交圈			
个人资信			
信息登记日期		信息采集人	
信息录入人		信息审核人	
信息审核标记			
信息修改记录			

客户综合评估

编号：

评价人：　　　　　　　　　　　　　　　　　　　　日期：

客户名称				
客户编号				
评价指标		权重	客户 1	客户 2
行业因素	行业成熟度			
	行业利润			
	竞争状况			
生命周期	历史			
	生命周期阶段			
规模状况	区域跨度			
	分支机构			
	行业地位			
组织因素	组织结构			
	部门机构			
	权力结构			
	决策人员			
发展目标	长期目标			
	短期目标			
	业务目标			
经营状况	盈利状况			
	技术状况			
	客户			
	供应商			
	业务范围			
	产品服务			
	关键问题			
客户关系	业务交往			
	成员交往			
综合评价		100%		
级别				

签字：

(二)上门拜访型辅助工具

客户拜访总结报告

编号：

大客户经理：　　　　　　　　　　　　　　　　　　　　日期：

客户名称		客户编号	
拜访处在哪个阶段	□客户规划与电话邀约；□客户拜访；□提交初步方案；□方案演示与业绩展示；□需求性分析及方案确定；□项目评估；□合作谈判；□成交		
拜访对象			
拜访时间		拜访地点	
拜访主要内容			
要达到什么结果			
拜访陪同人			
拜访实际情况			
关键评估元素情况	我们的成功	我们的失败	客户建议
拜访中对客户的承诺	反馈时间	责任人	任务行动计划
约定下次拜访时间：			
约定下次拜访的地点：			
下次拜访目的：			

续表

下次拜访主要计划：
对此客户下一步拟采取行动计划：
领导建议： 签字：　　　　　日期：

注意：不一定在第二阶段，销售过程中任何阶段的拜访都要填写该表。

资源支持申请表

编号：

填表人：　　　　　　　　　　　　　　　　　日期：

客户分类：□A类客户　□B类客户　□C类客户　□D类客户　□________

项目名称		客户		客户编号	
需何支持					
支持原因					
支持时间					
支持形式	□出差；□提供专业服务；□其他________				
有何要求					
预期目标					

续表

资料附件			
审批	所属部门领导审核	总经理审核	人力资源管理部门领导

营销活动表

企业名称		企业标识/编号	
使用业务类型		开始使用时间	
业务总量		费用构成	
使用时长		购买频率	
第一需求			
优惠政策			
对新产品的倾向			
公司报价情况			
公司评价			
业务承办人		业务介绍人	
特殊需求			
异常信息			
异常客户跟踪信息			
营销活动记录、费用、时间			
信息登记日期		信息采集人	
信息录入人		信息审核人	
信息审核标记			
信息修改记录			

客户内部采购流程

步骤	采购过程	采购负责人	职位	考虑因素

客户内部组织结构图

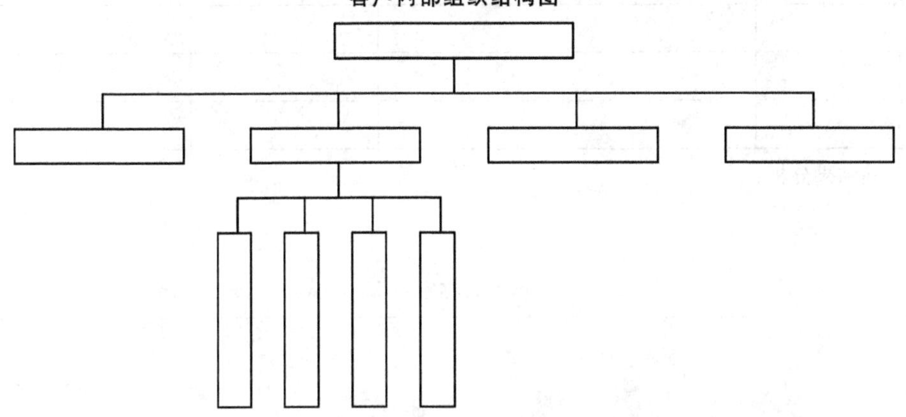

客户内部与采购有关人的角色与态度

项　目	描　述	选　项
姓名	客户本人的姓名	
职务	客户在所在机构的职务与他在客户组织结构图的位置，反映了他的级别	操作层、管理层和决策层
科室	客户所在科室的名称	财务、采购、使用、技术
角色	客户所在采购中的角色	发起者、设计者、决策者、使用者、评估者
态度	客户对我们的态度	支持者、中立者、反对者
联系	与我们之间的联系的密切程度	密切、频繁、疏远、未联系

建立客户关系评估分析图

编号：

填写人：　　　　　　　　　　　　日期：

<table>
<tr><td>项目名称</td><td colspan="2"></td><td>项目编号</td><td></td></tr>
<tr><td>项目决策人</td><td>所属部门</td><td>对项目的作用</td><td>目前的关系</td><td>影响项目的比重</td></tr>
<tr><td></td><td></td><td></td><td></td><td></td></tr>
<tr><td></td><td></td><td></td><td></td><td></td></tr>
<tr><td></td><td></td><td></td><td></td><td></td></tr>
<tr><td></td><td></td><td></td><td></td><td></td></tr>
<tr><td></td><td></td><td></td><td></td><td></td></tr>
<tr><td></td><td></td><td></td><td></td><td></td></tr>
<tr><td colspan="5">评估结果分析：

填写人签字：　　　　　日期：</td></tr>
<tr><td colspan="5">领导建议：

填写人签字：　　　　　日期：</td></tr>
</table>

强化客户关系计划表

编号：

填写人：　　　　　　　　　　　　日期：

与项目有关的角色	推动的影响力	和竞争同业间的关系	竞争同业间的活动情况	客户所在的科室	强化对策	时间	检查对策

(三)初步方案型辅助工具

初期调研报告

编号：

项目经理：　　　　　　　　　　　　　　　　　　日期：

<table>
<tr><td rowspan="9">基本信息</td><td>客户名称</td><td></td><td>客户编号</td><td></td></tr>
<tr><td>地　　点</td><td></td><td>调研日期</td><td></td></tr>
<tr><td>调研部门</td><td colspan="3"></td></tr>
<tr><td>调研对象</td><td colspan="3"></td></tr>
<tr><td>职　　务</td><td colspan="3"></td></tr>
<tr><td>电　　话</td><td colspan="3"></td></tr>
<tr><td>联 系 人</td><td></td><td>电　　话</td><td></td></tr>
<tr><td>传　　真</td><td></td><td>E-mail</td><td></td></tr>
<tr><td>调研范围</td><td colspan="3"></td></tr>
<tr><td>调研目标</td><td colspan="4"></td></tr>
<tr><td>调研议程</td><td colspan="4"></td></tr>
<tr><td>需求特点及描述</td><td colspan="4"></td></tr>
<tr><td>客户关注点</td><td colspan="4"></td></tr>
<tr><td>客户建议</td><td colspan="4"></td></tr>
<tr><td>初步方案优势</td><td colspan="4"></td></tr>
<tr><td>初步方案劣势</td><td colspan="4"></td></tr>
<tr><td>改进措施</td><td colspan="4"></td></tr>
<tr><td>领导建议</td><td colspan="4">签字：　　　　　　　日期：</td></tr>
<tr><td>备注</td><td colspan="4"></td></tr>
</table>

客户意见反馈表

编号：

大客户经理：　　　　　　　　　　　　　　　　　　日期：

<table>
<tr><td>客户名称</td><td colspan="3"></td><td>客户编号</td><td></td></tr>
<tr><td>项目名称</td><td colspan="5"></td></tr>
<tr><td colspan="6">意见反馈人情况</td></tr>
<tr><td>拜访人</td><td>部门</td><td>职务</td><td>影响力</td><td>个人特征</td><td>意见</td></tr>
<tr><td></td><td></td><td></td><td></td><td></td><td></td></tr>
<tr><td></td><td></td><td></td><td></td><td></td><td></td></tr>
<tr><td></td><td></td><td></td><td></td><td></td><td></td></tr>
<tr><td></td><td></td><td></td><td></td><td></td><td></td></tr>
<tr><td></td><td></td><td></td><td></td><td></td><td></td></tr>
<tr><td colspan="6"></td></tr>
<tr><td colspan="6">关注焦点：</td></tr>
<tr><td colspan="6">项目经理综合意见：

签字：　　　　　　日期：</td></tr>
<tr><td colspan="3">销售总监意见：

签字：　　　　　　日期：</td><td colspan="3">技术总监/项目总监意见：

签字：　　　　　　日期：</td></tr>
</table>

(四)业绩展示型辅助工具

业绩展示计划

客户名称			客户编号		
项目名称					
交流目的：					
客户参加业绩展示关键人员					
姓名	部门	职位	沟通风格	管理风格	关心问题
公司参加业绩展示关键人员					
姓名	部门	职位	承担角色	针对关键人	要解决的问题
交流议程：					
存在的问题或障碍：					
给客户带来的价值：					
可能存在的问题：					
优势：					
如出现问题该如何处理：					
交流达到的目标：					

业绩展示总结

编号：

项目经理：　　　　　　　　　　　　　　　　　　　日期：

<table>
<tr><td>客户名称</td><td colspan="4"></td><td>客户编号</td><td></td></tr>
<tr><td>项目名称</td><td colspan="6"></td></tr>
<tr><td>交流时间</td><td colspan="4"></td><td>交流地点</td><td></td></tr>
<tr><td>联系人姓名</td><td></td><td>部门与职位</td><td colspan="2"></td><td>电话号码</td><td></td></tr>
<tr><td>方案演示</td><td colspan="4"></td><td>所属部门</td><td></td></tr>
<tr><td>演示情况</td><td colspan="6"></td></tr>
<tr><td>方面</td><td colspan="3">我方建议</td><td colspan="3">客户建议</td></tr>
<tr><td></td><td colspan="3"></td><td colspan="3"></td></tr>
<tr><td></td><td colspan="3"></td><td colspan="3"></td></tr>
<tr><td></td><td colspan="3"></td><td colspan="3"></td></tr>
<tr><td colspan="7">重要的资料、资源的协助：</td></tr>
<tr><td colspan="7">竞争对手的详细情况</td></tr>
<tr><td>竞争对手</td><td colspan="4"></td><td colspan="2"></td></tr>
<tr><td>优势</td><td colspan="4"></td><td colspan="2"></td></tr>
<tr><td>劣势</td><td colspan="4"></td><td colspan="2"></td></tr>
<tr><td colspan="7">改进措施：</td></tr>
<tr><td colspan="7">建议：

领导签字：　　　　　　　日期：</td></tr>
</table>

(五)方案设计型辅助工具

关键决策人基本信息表

编号：

填写人：　　　　　　　　　　　　　　　　　　　　　　日期：

姓　　名		职　位	
服务企业			
性　　别		年　龄	
政治面貌		住　址	
邮　　编		电　话	
传　　真		E-mail	
生　　日		出生地	
性　　格	分析型、表现型、控制型、友善型、未能判定		
兴　　趣			
喜爱运动			
教育背景			
社会经历			
婚姻状况		结婚纪念日	
配偶姓名		配偶生日	
配偶的兴趣/爱好			
子女姓名		子女年龄	
子女溺爱程度		子女生日	
子女的兴趣/爱好			
家族其他成员情况			
社 交 圈			
个人资信			
信息登记日期		信息采集人	
信息录入人		信息审核人	
信息审核标记			
信息修改记录			

方案说明书

方案说明书编号：　　　　　　　　　　　　　　　　　填写日期：

客户名称		客户编号	
项目名称			
背景介绍			
项目目的			
项目范围及工作成果			
具体工作安排			
费用说明			
付款方式			
售后服务说明			
客户的一些特殊要求			
我方对特殊要求的回应			

(六)项目评估型项目辅助工具

竞争对手分析表

编号：

填写人：　　　　　　　　　　　　　　　　　　　日期：

<table>
<tr><td>客户名称</td><td colspan="2"></td><td colspan="2">客户编号</td><td></td></tr>
<tr><td>项目名称</td><td colspan="5"></td></tr>
<tr><td>评估指标</td><td>权　重</td><td>我们公司</td><td>A竞争对手</td><td>B竞争对手</td><td>标准(1～5)</td></tr>
<tr><td>产品质量</td><td></td><td></td><td></td><td></td><td></td></tr>
<tr><td>效　果</td><td></td><td></td><td></td><td></td><td></td></tr>
<tr><td>价　格</td><td></td><td></td><td></td><td></td><td></td></tr>
</table>

影响因素分析表

编号：

填写人：　　　　　　　　　　　　　　　　　　　日期：

<table>
<tr><td>客户名称</td><td colspan="3"></td><td>客户编号</td><td></td></tr>
<tr><td>项目名称</td><td colspan="5"></td></tr>
<tr><td>评估指标</td><td>权重</td><td>相关的部门及人员</td><td colspan="2">改善可能性</td><td>策略与方法</td></tr>
<tr><td>产品质量</td><td></td><td></td><td colspan="2"></td><td></td></tr>
<tr><td>服务及时性</td><td></td><td></td><td colspan="2"></td><td></td></tr>
<tr><td>价　格</td><td></td><td></td><td colspan="2"></td><td></td></tr>
<tr><td>客户关系</td><td></td><td></td><td colspan="2"></td><td></td></tr>
<tr><td>技术指标</td><td></td><td></td><td colspan="2"></td><td></td></tr>
<tr><td>其　他</td><td></td><td></td><td colspan="2"></td><td></td></tr>
</table>

强化客户关系计划表

编号：

填写人： 日期：

客户角色	推动的影响力	和竞争同业间之前的关系	和竞争同业间发展的关系	本公司对应的负责人员	强化对策	时间表	检查对策

(七)合作谈判型辅助工具

关键采购标准清单

编号：

填写人： 日期：

客户名称		客户编号	
项目名称			
关注点		权重	
合　计		100%	

合作谈判计划书

<table>
<tr><td>客户名称</td><td></td><td>客户编号</td><td></td></tr>
<tr><td>项目名称</td><td colspan="3"></td></tr>
<tr><td colspan="4">合作谈判小组成员</td></tr>
<tr><td>姓名</td><td>职位</td><td>职责</td><td>联系方式</td></tr>
<tr><td></td><td></td><td></td><td></td></tr>
<tr><td></td><td></td><td></td><td></td></tr>
<tr><td></td><td></td><td></td><td></td></tr>
<tr><td></td><td></td><td></td><td></td></tr>
<tr><td colspan="4">客户谈判成员</td></tr>
<tr><td>姓名</td><td>职位</td><td>职责</td><td>联系方式</td></tr>
<tr><td></td><td></td><td></td><td></td></tr>
<tr><td></td><td></td><td></td><td></td></tr>
<tr><td></td><td></td><td></td><td></td></tr>
<tr><td></td><td></td><td></td><td></td></tr>
<tr><td colspan="4">合作谈判目标：</td></tr>
<tr><td colspan="4">合作谈判推进进度表：</td></tr>
<tr><td colspan="4">合作谈判计划</td></tr>
<tr><td>合同样本</td><td colspan="3"></td></tr>
<tr><td>项目经理及成员安排</td><td colspan="3"></td></tr>
<tr><td>合同工作范围</td><td colspan="3"></td></tr>
<tr><td>产品策略与产品配置</td><td colspan="3"></td></tr>
<tr><td>总价格和分价格策略</td><td colspan="3"></td></tr>
<tr><td>价格折让策略</td><td colspan="3"></td></tr>
<tr><td>价格底线</td><td colspan="3"></td></tr>
<tr><td>付款方式</td><td colspan="3"></td></tr>
<tr><td>处罚方式</td><td colspan="3"></td></tr>
<tr><td>阶段验收标准</td><td colspan="3"></td></tr>
<tr><td>知识产权约定</td><td colspan="3"></td></tr>
<tr><td>其 他</td><td colspan="3"></td></tr>
</table>

商务条款偏离表(格式)

编号：

填写人：　　　　　　　　　　　　　　　　　　　　制定日期：

<table>
<tr><td>客户名称</td><td colspan="2"></td><td>客户编号</td><td></td></tr>
<tr><td>项目名称</td><td colspan="4"></td></tr>
<tr><td>序　　号</td><td>招标文件条目号</td><td>招标文件的商务条款</td><td>投标文件的商务条款</td><td>说　明</td></tr>
<tr><td></td><td></td><td></td><td></td><td></td></tr>
<tr><td></td><td></td><td></td><td></td><td></td></tr>
<tr><td></td><td></td><td></td><td></td><td></td></tr>
<tr><td></td><td></td><td></td><td></td><td></td></tr>
<tr><td></td><td></td><td></td><td></td><td></td></tr>
<tr><td colspan="5">客户经理综合意见：

签字：　　　　　　日期：</td></tr>
<tr><td colspan="5">销售主管综合意见：

签字：　　　　　　日期：</td></tr>
</table>

谈判记录表

编号：

填写人：　　　　　　　　　　　　　　　　　　　　　　日期：

<table>
<tr><td colspan="2">客户名称</td><td colspan="3"></td><td colspan="2">客户编号</td><td colspan="2"></td></tr>
<tr><td colspan="2">项目名称</td><td colspan="7"></td></tr>
<tr><td>谈判次数</td><td>负责人</td><td>参与人员</td><td>客户谈判人</td><td>日期</td><td>主要成果</td><td>条款修改意见</td><td>修改负责人</td><td>其他信息</td></tr>
<tr><td></td><td></td><td></td><td></td><td></td><td></td><td></td><td></td><td></td></tr>
<tr><td></td><td></td><td></td><td></td><td></td><td></td><td></td><td></td><td></td></tr>
<tr><td></td><td></td><td></td><td></td><td></td><td></td><td></td><td></td><td></td></tr>
</table>

合同评审记录

编号：

填写人：　　　　　　　　　　　　　　　　　　　　　日期：

<table>
<tr><td>合同名称</td><td colspan="2"></td><td>合同编号</td><td></td></tr>
<tr><td>客户名称</td><td colspan="2"></td><td>客户编号</td><td></td></tr>
<tr><td colspan="5">增值税号：
增值税发票地址：
开户行名称：
账号：
税务登记电话：</td></tr>
<tr><td colspan="5">参加评审人员</td></tr>
<tr><td>姓名</td><td>职位</td><td colspan="2">所属部门</td><td>评审结果</td></tr>
<tr><td></td><td></td><td colspan="2"></td><td></td></tr>
<tr><td></td><td></td><td colspan="2"></td><td></td></tr>
<tr><td></td><td></td><td colspan="2"></td><td></td></tr>
<tr><td></td><td></td><td colspan="2"></td><td></td></tr>
<tr><td></td><td></td><td colspan="2"></td><td></td></tr>
<tr><td>审核总结：</td><td colspan="4">商务条款：</td></tr>
<tr><td>综合意见：</td><td colspan="4">项目执行：</td></tr>
<tr><td colspan="2">审核：

日期：</td><td colspan="3">批准：

日期：</td></tr>
</table>

(八)签约成交型辅助工具

售前与工程实施交接单

编号：

填写人：　　　　　　　　　　　　　　　　　　　　　　　　　　日期：

合同名称		合同编号	
客户名称		客户编号	
项目名称			
交接日期			
购买产品范围			
产品功能范围			
产品标准报价			
实施划拨费用			
实施开始日期及结束日期			
培训情况			
工程实施范围			
实施内容及目标			
主要客户承诺			
备　　注			
销售经理：	技术工程师：	项目经理(生产经理)：	

异常客户信息表

企业名称		企业标识/编号	
业务类型			
异常产生类型	过高/过低消费、行为变化异常、信用度很低、客户流失		
异常客户跟踪			
正常确认			
信息登记日期		信息采集人	
信息录入人		信息审核人	
信息审核标记			
信息修改记录			

第六章　工业品市场策略

本章我们将解决下列问题：

- 工业品市场常用的策略手段是什么？
- 如何塑造工业品企业品牌？
- 工业品企业促销的方式是什么？

【案例分享】　　　　　　　　　　用户的忧虑

购买200元的化妆品谈不上什么风险，但购买几十万，甚至上百万元的设备是存在很大风险的。

用户担心：

产品是否真的像你所说的那样技术先进？

你的质量可靠吗？

你是否能够提供高质量的售后服务？

你提供的产品真的能解决我的问题吗？

……

无数个问题，无数个不确定，无数个疑虑……

如果万一出了问题，采购错了，结果是很可怕的。

对于卖者关心的是把产品卖出去，对于买者更关心的采购以后的事情！

我们在考察用户是通过什么方式来打消自己的疑虑的。

用户一般会问这些问题：

你是哪一家公司的？这是一个什么样的公司？

都有谁用过你的产品？效果如何？

你的售后服务是如何保障的？

用户会做这些事：

参观你的公司。

请专家论证你的方案。

走访你的客户，了解用户的使用效果，确认你是否说的是真话。

我们发现在工业品营销中，用户关注公司远远超过人们对产品品牌的关注。当谈起消费品时，人们常会关注牌子，而当谈到机器设备时，常常会问是哪家公司的产品。我们也发现在工业品营销中，一个行业往往前三名厂家就占有市场一半以上的份额，第一名占有前三名市场的一半，而整个市场的其余份额由其他厂家竞争。

在工业品营销领域，尤其是在价格昂贵的设备营销中，绝不会发生类似“脑白金”这样的营销模式，在产品大行畅销之道时，还不知道生产产品的公司是谁。

在采购工业品时，人们很自然地会看这个行业都有哪些企业生产该产品，龙头企业是谁，信得过的企业有哪些，货比三家，慎重购买，因为公司的实力和信誉是企业购买的安全性的根本保障。

因此公司如果想真正做市场，必须运用营销策略。

一、工业品市场策略的常用手段

(一)工业品关系营销

工业品关系营销是指在工业品营销的过程中，拉拢与腐蚀客户的采购人员，进行灰色交易，满足他们的吃、拿、卡、要，甚至销售人员主动挖掘，投怀送抱，认为产品技术与品牌不是最重要的，而搞定关键人，建立良好的客户关系才是关键的。这已经成为工业品企业营销过程中的“潜规则”。关系营销也被称为灰色营销。

关系营销能够在部分工业品企业中大行其道，最根本的原因还是营销领域有其繁衍的土壤，这一整套行贿受贿系统能够得以运转，必然有其存在的深层次原因。

原因一：在日趋激烈的市场竞争中，企业为了在短期内能够迅速增加销量、提高销售业绩而不择手段。

原因二：也许企业其实也不愿意这么做，但是“大家”都这么做，既然是业内潜规则，就不得不遵从。

原因三：原始积累心态所致。部分企业认为干完这一阵就收手，等到市场扩大、业绩提高之后就不走“野路子”了，到时候再“从良”也不迟。

原因四：部分企业的销售人员本身素质有待提高，除了会搞点“关系”外，对真正的市场营销却知之不多。

原因五：部分企业的经销商认为，短期利益最为重要，反正是一锤子买卖，赚一笔是一笔，企业的品牌建设与我何干？所以，关系营销就会大行其道，招摇过市。

关系营销的现象与问题：

第一，关系营销影响了业内的风气。

目前，在行业内，非常盛行吃喝，而且会出现攀比现象。在我们的经历中，与工业品企业的销售人员进行沟通，发现目前许多企业的销售人员的营销观念依然停留在"关系"营销的层面，"富有中国特色"的老一套营销方式在工业品行业销售人员中依然盛行。

现在已经形成了销售过程中"一定有吃喝"的观念，你不提出，客户就会主动提出要求，有时吃喝也解决不了问题，而客户的胃口越来越大，卡拉OK、桑拿、礼品等也是平常之事，导致企业营销成本增加，而且也培养了客户的依赖性。这种关系营销曾经在一段时间对于企业，甚至全国各行业的营销都产生了一定的效果。但是随着竞争的加剧，商家观念的不断改变，关系营销在实际销售中的作用逐步削弱。关系营销可以采用，但是它永远不可能成为市场开拓和维护的主流。而且这种关系营销一旦控制不好，对企业会造成很大的伤害。关系营销会造成销售人员与代理商之间的关系牵扯不清，甚至一部分企业的销售人员与商家结成私人联盟，一起反过来损害生产企业的利益。

第二，建立关系导致销售成本增加，价格更贵。

由于销售企业要花大量的精力与金钱在请客、送礼、回扣上，造成企业销售成本的增加，这样销售企业就会把这部分增加的成本加在购买方的身上或者降低产品质量，以保证自己的利润，从而增加了客户的成本，导致产品质量下降，所以，就会出现伪劣产品或问题工程等，甚至给整个工程项目造成更大危害。因此，这种关系维护导致成本扩大，反而会给客户带来更大的麻烦。

第三，关系盛行，导致企业缺乏创新。

如果长期依赖关系方式来建立工业品项目的营销，导致企业的销售人员及企业高层就会把精力集中于发现客户关系、了解客户背景、挖掘客户需求，来发现与之有关的客户关系，导致企业长期依赖关系，而不注重锻炼企业"内功"和加强自己产品品牌的建设，因此企业无法创新，无法形成自己的拳头产品，无法在市场上建立自己的核心竞争力。

第四，依赖关系，缺乏内练，与国外差距加大。

国内工业品企业目前的核心技术几乎都是国外厂家形成垄断，而且外资或者合资企业在国内也越来越多，行业内的竞争程度加剧，如果国内企业还是依赖"吃喝"来建立客户关系，而不建立自己的核心竞争力，长期发展下去，将使我们的企业和产品无法与这些国外的企业和产品在技术、质量、服务，甚至新的营销模式上形成有力的竞争，差距越大，企业核心竞争力越弱。

因此，关系营销必然会遇到新的困惑，因为：

第一，关系营销不遵循一般竞争优胜劣汰的游戏规则。作为短期促销手段，处理企业积压产品，对于营销者来说在中国目前的环境下不无可取之处，但若长此以往则后患无穷。它会使企业竞争环境恶化，导致卖方企业之间的恶性竞争，直至最后迫使企业以降低产品质量为代价提高提供灰色利益的能力。

第二，关系营销是一种恶性竞争，而且在存在灰色需求的情况下力量强大，对此不依赖灰色营销的企业绝不能等闲视之。比较稳妥的策略是，利用自己的优势(如买方可接受价较高)参与其中，但始终以正常营销为主。

第三，关系营销的根源在于买方的采购代理制，所以要想根除灰色营销也必须从买方着手。只要社会上有大量的灰色需求存在，即使国家制定了有关法律限制灰色营销，灰色营销也是很难限制得住的。因为灰色营销的特点在于一个"灰"字，由于灰，即使有法律条文限制，也很难监督和执行。而从采购代理制着手，想方设法使"灰"变"白"，如规范采购程序、健全采购机构、强化监督机制等，再加大打击力度，那么灰色需求就能得到有效的控制。一旦灰色需求被控制住，灰色供给自然没有了用武之地。而这一切在一定程度上又取决于买方企业的产权关系是否理顺。

【案例分享】　　A企业的工业品关系营销实践

A企业是北京中关村地区的一家典型的生产高技术复杂设备产品的工业品企业，当时A企业在吸收国外先进技术的基础上自行研发了一种用于密封性检测的仪器，主要应用于与真空有关的行业，如航天行业、真空开关管等行业的密封性检测。与多数高价格设备行业一样，这个行业虽然同类厂商数目并不是很多，但竞争也是很激烈的。当时的A企业在整个行业几乎没有任何名气，A企业面临一系列难题。

A企业利用关系营销启动市场，最终成功树立企业品牌的过程为我们提供了的关系营销在工业品营销中应用的很好的范例。其具体做法如下。

分析市场特点，制定关系营销战略

开始的时候，当A企业的推销人员拿着自己的产品样本到处推销时，发现人们并不相信销售人员所说的。用户总是自然地问起，你的东西听起来是不错，可是这么贵的东西，你让我们如何相信你呢？你的设备我们很感兴趣，但为慎重起见，你能告诉我，哪些厂家用过你的产品吗？我们要证实一下。

面对用户的疑惑，A企业知道如果想要大家购买自己的产品，就必须让大家相信自己，而自己最迫切的问题是如何找到自己的第一个用户。

A企业认真分析自己的目标市场，发现行业市场的特点之一就是用户数目少，比如全国生产真空开关管的企业一共才几十家。而且一个行业内通常有几个领头企业、几个权威人物和一个行业协会。发现整个市场几乎都向同一个或几个企业看齐，而且整个行业会有大家都很尊敬的几个关键人物，你如果想在这个行业有大作为，他们的态度很是关键。

A企业此时清醒地认识到，用户所关心的不是你说什么，而是想得到来自第三者的声音的证实，用户认为来自推荐渠道与影响因素市场的说法才是可靠的说法。A企业当前首要任务是找到有说服力的用户，关系营销的战略已经确定了，关键是与谁建立关系。

两笔关键订单，初步启动市场

在关系营销原则的指导下，A公司没有单纯把力量集中在广告和推销上，而是分析市场结构，按关系营销的原则找出市场中关键的公司和关键的人物，并与之建立关系。

(1)与关键公司建立关系，启动一个行业市场

A公司在分析市场时发现，当时的真空开关行业是竞争对手力量最薄弱的地方，当时虽然在国外真空开关行业检漏仪的应用已得到普及，但在我国应用还未开始。当时国外的公司在中国一般只有一个办事处或者一个代理商，市场开拓能力不足。B公司作为龙头企业进取心不足，不关心这一很好的潜在市场，或说他们都不愿做用户培育工作。因为这有一个让用户了解这种设备的先进性的过程，让用户认为更新自己的设备是必要的。A公司按照关系营销原则，决定从其行业领头企业着手。A公司找到了真空开关行业的领头企业C公司，同样C公司对这种新设备存有疑虑。A公司通过与C公司全面交流，并引导其认识到自己设备的先进性，认识到原有设备更换的必要性。A公司为了降低对方的风险意识，打消对方的疑虑，决定让对方免费试用，不满意无条件退货，因为A公司当时太需要C公司这样的用户了。终于在A公司专家的帮助下，使其更新了设备，改进了工艺，通过使用该设备使其产品质量得到大幅度提高，增强了企业竞争力。终于C公司成了A公司在该行业的第一家购买者。

(2)与关键人物建立关系，获得关键订单

A公司了解到航天部某集团要整体招标，集体采购一批仪器，这是一笔大

订单，对任何一家公司都很有吸引力，因此引起了国内外供应商的注意。据了解，当时该集团形成两种意见，一种观点是认为作为航天设备的检测可靠性是关键的，因此建议采购国外知名企业的产品，但是价格昂贵，维修起来也不方便。一种观点是用龙头企业B公司的产品，虽然设备技术落后，但也能达到集团的要求，而且价格低廉，维修方便，但B公司由于长期处于领导者地位，不注意维护与用户的关系，用户对其的售后服务颇有微词。作为新企业，A公司如何才能获得订单呢？

公司了解到航天部门成立了一个关于检测的专家组，这些人虽然不管采购，但对选型等很有发言权，虽然他们不是什么高官，但他们的话却很有权威性，这正是关系营销所说的影响因素。公司通过努力和他们建立联系，把新产品的资料送给他们，并把他们请到公司来让他们熟悉、试用，亲身感受，让专家了解企业产品的优点和质量的可靠性。通过让他们参观以了解公司的科研实力，使其对企业产生信任感。

在和专家接触的过程中，A公司了解到该集团有一个高难度的工程需要做密封检测。A公司通过说服专家，在专家的介绍下，A公司派出最好的工程人员使用自己的设备为其免费检测。A公司设备的良好性能以及员工的敬业精神给专家和集团留下了良好的印象，而且A公司在检测过程中和设备未来的使用人员建立了良好的关系，教他们学会了仪器的使用，并请他们做出了良好的评价。最后A公司在专家组的推荐下，终于在国内外同行的竞争中获得了订单。

广泛建立关系，树立企业品牌

如前所述，在工业品营销中，人们关注公司品牌远远超过人们对产品品牌的关注。因此A公司如果想真正全面启动市场，必须在用户心目中建立企业地位。

(1)对用户开展关系营销

用户是企业生存的基础，是关系营销的重要内容。A公司在对用户开展关系营销时主要有以下举措。

①运用顾问式销售，创建关系。A公司不仅教给用户如何使用设备，而且帮用户解决自己的工艺问题，成为用户生产上的顾问。通过这种销售模式使用户满意度上升。

②利用设备偶然故障，加深关系。A公司认为，再好的设备，也难免出问题，对于偶然的设备故障，不是坏事，而是企业开展关系营销的好机会。有一次，四川某单位在生产旺季设备出了故障，希望A公司派人尽快解决问题，

没想到第二天维修人员就到了，对方惊讶得不知说什么好，只是说竟然这么快。原来A公司考虑到路途遥远，怕用户着急，因此派人坐飞机赶了过来，要知道这个用户可在别的供应商那从未享受过这种待遇，事后该用户负责人在很多场合都动情地讲起了这件事。

③通过使用户关系具体化，提升关系。在对用户开展关系营销的过程中，A企业还有一个创举，就是把良好的用户关系具体化。A企业在销售过程中发现用户在购买之前总是喜欢问同行业有哪些厂家购买了设备，以降低购买风险。因此A企业采取了信件证明法，即A企业会在用户购买仪器后的一定时间请用户对仪器性能和企业的服务做出评价，并请用户盖上公章。一般来说，都是热情洋溢而又不失真实的评价。把这种看不见的用户关系变成看得见的评价信。A公司选择有影响地位的企业评价信，编订成册，当新用户担心采购风险时，便出示此手册，效果很好。

(2)对影响因素市场开展关系营销

影响因素市场包括行业协会、相关的政府官员、相关媒体和记者、业内专家和权威人士等。这些人职业不同，身份地位不同，所关心的东西也不同，因此和他们建立关系的方法也不同。另外由于设备的采购对于影响因素市场的利益并不直接相关，他们和用户关心的不一样，因此对他们应采取不同策略。A公司在多年的实践中也总结了一套自己的方法。

(二)工业品信任营销

在21世纪的营销世界里关系营销只会使企业的运营越来越差，从上面的分析中便可以看得出来，工业品营销的病态预示着需要一种新的营销思维的出现来替代旧的灰色营销，这就是信任营销。现在的工业品营销中，没有谁再会因为跟你的关系很好而你的产品很差，就能和你交易。冒着失职的风险做这种事情的人越来越少了。

信任营销是指企业与用户的合作是建立在企业信任的基础上，它更看重的是企业的资历，而非个人的人脉关系、社会关系。

【案例分享】 **拿什么让客户信任你**

前一段时间北京某一个地铁出口发生塌方现象，这种情况一旦发生，那个建筑的主管部门就要受到问责。

前一段时间湖南某一个建筑公路的负责企业的项目经理已经被暂时收押

了，因为桥还没建好，居然就全部塌方塌下来了。

所以现在我们发现，工业品营销现在越来越慎重，越来越理性，就算有关系在，成交也不容易。在这种情况下做营销，买家似乎更多考量的是：

第一点，你的公司有没有这个实力，有没有这个能力，他要去做考察。以前做生意，你可能自己没有工厂，借别人的工厂，挂一块牌子还可以。现在的情况不对了，客户更多地看你公司在行业里面有没有什么成功案例，你的公司在行业里面有没有什么典型客户。

第二点，你公司的技术究竟做得怎么样，能不能给他做一个技术交流。

第三点，客户见证。如果你的公司是电气自动化行业的，如果你说三峡工程用的是我的电气设备，广东大亚湾核电站用的是我的设备，那么你基本上发现交易没有问题。

因为人家一个小的发电站的采购者就在想了，“哇，这么大的政府工程都用你们公司的设备，那像我的公司就更加没有问题了。”那么，面对亲爱的客户们，你的企业该拿什么给大家呢？技术、质量、品牌还是价格？

1. 关系营销与信任营销的区别

表 6-1 关系营销与信任营销的区别

区别	关系营销	信任营销
概念	纯粹的关系营销	建立在企业信任的基础上
性质	强调恶性竞争	强调美誉度
营销手段	吃、喝、拿、卡	信任树法则

2. 信任树法则

在工业产品的销售中，我们非常注重其产品本身的特点，因为工业产品才是销售的基础，才是销售真正的开始，才是销售努力提升的基石。

从客户角度讲，建立客户对公司的信任有三个层次，客户对公司组织的信任是基础，对销售人员的信任是升华，对风险防范的信任是深化。见图 6-1。

第一，对公司组织的信任——基础。

有人说，客户对公司最好的信任就是广告，因为科特勒营销大师说：广告可以提升客户对企业的认知度，越多的人知道公司就越证明公司有实力。我们发现这个观念在工业品营销过程中有问题。因为广告只是增加客户对公司的认知度，却缺乏美誉度与忠诚度，而后两者却是工业品营销非常看重的，因为工业品营销金额比较大，风险比较高，客户购买很理性、很慎重。所以，在工业

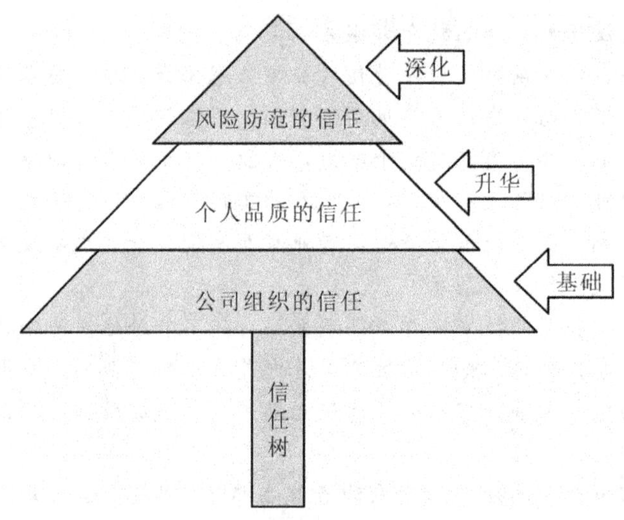

图 6-1 信任树

品行业内，我们发现邀请客户实地参观考察、技术交流、样板工程、第三方用户见证、商务活动等方式，更容易建立客户对公司组织的信任，这种信任包括了对公司实体、公司产品以及公司品牌的认可。

第二，对销售人员个人品质的信任——升华。

与客户建立联系、发展关系以及促成交易的是销售人员，往往在工业品销售过程中，如果与客户沟通时，双方能够产生火花或者投缘的感觉，面访的效果通常比较良好，后续就会有进一步活动；或者，你与竞争对手的销售人员相比而言，你非常值得客户信任，你的专业知识非常丰富，你的脸上就写满了两个字“信任”。另外，信任感不是在瞬间形成，而是比较长期的，所以我们常对工业品行业销售人员说：“信任来源于信心，信心来源于了解，了解来源于接触，接触了解来源于感觉，感觉来源于参与，参与来源于意愿!”因此，我们要想让客户对我们产生信任，就必须激发客户的意愿，客户的意愿越高，相对沟通就越好，客户关系就越深入。

因此，要想让客户相信我们，就必须不断提高自身的综合素质，这是信任关系的升华。

第三，对风险防范的信任——深化。

在对公司组织以及销售人员品质信任的基础上，工业品行业客户对交易的风险还有更多的顾虑：这个公司对大项目是否有能力，甚至，我们买了这家公司的东西，对方是否履行合同？这都是他们考虑的重点，只有通过核算交易风险，让客户对交易风险做到心里有数，才可以防范交易风险，这时信任关系就深化了。

信任关系建立了，这就为后面的交易流程的顺利进行奠定了基础。

对于今天的工业品营销，遵循“信任树”法则，在新形势下激励更多的行业人创造出更多的经典，而不是一味地将智能和精力用于那些效果已越来越相互抵消的“拼体力”(如渠道争夺战、价格战、促销战等)式竞争上。

【案例分享】 B企业的工业品信任营销实践

乌鲁木齐高新区留学生创业园大楼共计两万多平方米，采用了B企业的双变多联中央空调，是迄今为止西北地区最大的中央空调工程项目，这也是B企业的中央空调在西北地区建立的最大的样板工程，同样也是业界最大的样板工程。

在大楼的建设过程中，各种配套设施的选择都是经过严格的考察和审核，统一招标来确定的。其中在中央空调的招标过程中，B企业的双变多联中央空调以其超级的节能优势和超低温启动功能在竞标的20多个知名中央空调品牌中胜出，建立了中央空调业在西北最大的样板工程。

在前期项目跟进的过程中，B企业针对新疆地区特殊的气候情况，专门为双变多联机设计了低温启动功能，使得B企业的中央空调即使是在超低温的情况下也能启动。这个低温启动功能为用户解除了后顾之忧，而且B企业的双变多联中央空调变频变容量技术凸显了业界领先的节能优势，最终夺下了这个西北地区最大的工程项目。

如果有客户需要中央空调项目，找到B企业时，客户要是问：“你们有什么成功的案例?”

B企业的销售人员会说：“没问题，来，我带你去参观一下。”于是开车把客户带到这个创业大厦，从一楼爬到二十几楼，然后从二十几楼再下来，感觉使用的效果很好。最后创业大厦的主管对客户讲了一句话：“我们当初选择B企业，感觉B企业的服务好。现在使用下来，整体感觉B企业的中央空调使用效果更好。”这时客户对客户讲的一句产品效果好，往往要比我们直接对客户讲效果更好。客户就在想，二十几层的大楼都用B企业的中央空调，我的公司四五层大楼如果也用B企业的产品，至少说明产品的质量不会有问题。这种情况下样板工程往往对他比较有说服力。

(三)工业品价值营销

工业品营销战的另一个常用策略就是价值战。为了应对这场战争，很多企业都努力地对产品进行差异化改造，用更多的产品价值、服务和承诺来留住客户的忠诚。可当它们一旦取得成功，竞争对手就会迅速模仿，结果大多数的竞争优势只能维持很短的时间。因此，每个企业都需要通过价值营销不断探索客户的价值取向变化，通过技术手段和产品价值战术为客户提供更多竞争对手还无法提供的价值，以期最终能够在这场残酷的战争中生存下来。

工业产品的采购行为是一种非常理智和专业的行为，当客户对众多厂家的产品和服务进行评判时，客户依据的不会是单一的价值标准，而是一个全面的价值标准。一个全面的价值标准应该包含所有客户认为至关重要并要求企业必须提供的价值，这些价值对企业来讲就是客户关注价值；还有另外一些价值，企业认为自己提供这些价值能够帮助客户，可客户却认为这些价值对自己来说是无关痛痒、可有可无的价值，我们称之为客户忽略价值。

在评判各个企业所提供的产品价值是客户关注价值还是客户忽略价值的问题上，客户似乎拥有绝对的权力，企业只能处于被动的地位。

很显然，客户的想法和要求千差万别，任何一家企业也不可能满足所有客户的关注价值。为了赢得客户，企业只能做两件事：一是准确、深入地把握目标客户的关注价值，并通过技术手段或营销战术向客户提供并展示这些价值；二是对客户施加影响，使客户关注价值恰好是企业产品和服务所能提供的价值。

客户关注价值的本质就是有关产品功能、产品使用价值和取得成本的组合。一般情况下，客户形成自己关注价值的过程是非常严谨的。客户会根据经验和企业的实际情况，在综合考虑各种内部、外部影响因素的情况下采取集体决策的方式列出所关注的所有价值，再把这些关注价值按照从重要到次要的顺序进行排列，最终把这些价值折算成分值的形式作为评判产品价值的技术标准。

工业品营销的产品价值战术的最终目的就是要发现客户关注的价值，努力提供并向客户展示这些价值，同时通过向客户提供高于竞争对手的客户关注价值而取胜。产品价值战术必须围绕客户关注价值展开，并最终超越客户关注价值。

1. 初级布局战术：向客户展示产品价值

价值需要被客户感知和验证，没有经过感知和验证的价值不能被称为价值。所以企业必须通过各种方式展示产品的客户关注价值，使技术变成客户可以感知的价值；同时企业还必须通过各种方式验证客户关注价值，使客户消除所有疑虑，并确信价值的真实性。

在展示产品的客户关注价值之前，企业必须确保自己已经通过深入细致的售前服务了解到客户的关注价值和这些价值在客户头脑中的主次顺序。这样企业就可以有针对性地安排展示活动，在展示活动中突出自己的产品在客户认为最为重要的关注价值方面的优势，并通过各种努力来证明自己提供的这些价值是真实可靠的。

展示客户关注价值的常用方法是：

①邀请客户参观样板工程，使客户亲身体验产品的实际使用情况，对产品价值形成全面感知和体验。

②邀请客户考察产品生产的工艺流程，展示企业实力，使客户增强对产品品质、供货能力、厂家信誉度等方面的信心。

③邀请客户参加技术交流会，通过演示、演讲、现场试验等方式向客户介绍产品的原理、技术和功能，现场与客户进行技术交流，使客户全面了解企业的产品，消除疑虑。

④向客户展示业绩、其他企业的推荐信，以及权威机构对质量、标准、技术水平、项目实施能力等方面的资质和认证，或邀请客户方技术人员或客户认可的第三方对产品技术水平进行评价和认定，增加客户对价值真实性的认可。

⑤让客户试用产品，带给客户真实的产品体验，真实、全面地感知和验证产品价值。

以上几种方法既可以单独使用，又可以配合使用。但无论怎样使用，企业必须确信自己向客户展示的是客户关注价值而非客户忽略价值。

2. 中级布局战术：改变客户关注价值

如果一个企业有能力为每个客户提供他们所关注和需要的全部价值，这个企业中标的概率就会大大增加。遗憾的是这只是一个梦想，因为受企业资源的制约，任何一个工业品生产企业的营销部门在任何时候也不能保证本企业的产品所提供的价值会完全符合每一位客户的关注价值标准。

但是，企业可以通过高超的产品价值战术与产品价值技术相结合的策略，改变客户试图全面掌握价值评判权的局面，从而使企业能够全面影响客户制定价值评判标准的全过程，并使自己独特的产品价值成为客户关注价值。

【案例分享】　A企业成功影响客户关注价值，一举中标

曾经有一家生产电制冷中央空调的A企业参与一个项目的议标，几轮谈判下来，只剩下A企业和另一家B企业角逐。B企业的产品使用的是招标文件中规定的使用技术标准——双螺杆压缩机，而A企业的产品使用的却是单螺杆压缩机。尽管A企业的销售员反复向评委说明单螺杆压缩机的综合性能优于双螺杆压缩机，可评委们还是比较倾向于按标书的技术要求向B企业订货，形势对A企业非常不利。

此时A企业的销售员决定破釜沉舟，他当场提出请评委们参观他们在附近的一个样板工程，就算给他们最后一个机会，评委被他的执著感动了，同意了他的请求。

当评标委员会的专家们来到现场时，A企业的销售员为专家们详细讲解了单螺杆压缩机的优点，并与双螺杆压缩机进行了全面的对比，为了解释个别专家提出的噪音和震动问题，他还把一个一元硬币立在中央空调主机上，机器启动时，硬币纹丝不动。最终，A企业使用的单螺杆压缩机以低噪音、低震动、平稳可靠运行6万小时的事实征服了现场的所有评委，评委们经慎重考虑后决定改变评标标准，最终A企业一举中标。

在上述案例中，A企业能够成功地影响客户的关注价值，已经在战术方面超越了竞争对手。但仍有少数企业并没有仅仅满足于影响客户，他们更期望凭借自己在业界的技术领导地位或非凡的产品营销能力，成为帮助客户制定价值评判标准的人而不是标准的被动承受者。这样企业就可以真正做到“以己之长攻敌之短”，在帮助客户制定价值评判标准的过程中轻松地把自己独特的产品价值变成了客户关注价值。

3. 高级布局战术：为客户创造更高价值

少数企业在研究客户关注价值时发现，有些价值可能对客户非常有帮助，但客户自己却没有意识到，因为直到目前还没有企业提供过这种价值。这些价值并不是传统意义上的产品价值，它可能是某一行业的客户所遇到的无法通过目前市场上的常规产品能够解决的普遍性问题，或是某客户无法通过单一产品或服务能够获得满意效果的问题。这些问题就需要我们拿出可行的解决方案。

解决方案是针对某一问题或某一行业提出的一个解决问题的系统方案。它既可以被看成企业组织设计的一种战略，也可以看成整合企业内外资源，重新塑造客户价值的一种战术。若想成功地应用这种战术，就必须对企业的组织结构与功能进行重新设计。

产品价值战术必须围绕客户关注价值而展开，并最终超越客户关注价值。解决方案超越了单纯产品价值的范畴，使客户关注价值的范围扩大到更加广泛的领域，它不但为客户塑造出了超越客户期望的价值，也为那些具备相应的组织与功能和较强整合能力的企业提供了超越竞争对手的机会，并把那些仍然停留在只关注产品本身价值的竞争对手远远地甩在身后。

IBM前任总裁郭士纳曾经说过："像我这种主管不属于某一个行业或某一个产品，我的责任是把当地所有的IBM的队伍整合起来，提供整合的解决方案，给外界展示整体的IBM形象。"

IBM公司在前任总裁郭士纳的领导下，成功地完成了公司组织结构变革，形成前端后端混合模式的新结构。这一新型组织的特点是通过客户导向型强有力"前端"完成各种产品以及数百项的"解决方案"的销售，而原有的IBM公司个人电脑、服务器、软件和技术服务业务单元则成为解决方案销售人员的"后端"供应商，销售人员从原来只销售产品变为销售"随需应变"的企业IT解决方案。

【案例分享】　美登制图公司通过销售解决方案，为客户塑造更高价值

美登制图公司是美国的一家中小型印刷企业，在吉姆·多纳休担任总裁之前，美登公司和众多同行一样，通过不断提高印刷质量、改善设备和服务来与客户建立长期的关系，企业在激烈的价格战中艰难地生存了很多年。

1988年美登制图公司争取到了一份为美国一家大型食品商印制10万份促销宣传单的合同。该食品商要求该宣传单必须赶在劳动节前被分发到全美的每个经营自己产品的食品杂货店。节后的一天，多纳休来到一家杂货店想看看自己公司印制的传单，但他找了好几家杂货店也没有找到，杂货店老板都表示没有收到过任何宣传单。经过调查多纳休很快就明白了问题的所在——客户的宣传单订得太多！而且由于没有人来监督宣传品的发放，大部分宣传单都躺在仓库里或被扔进了垃圾箱。多纳休立即去见客户，把调查结果告诉客户并与客户商定了一个问题的解决方案：为了使客户所有的促销宣传活动都能够真正执行到位，美登公司将在承接印制宣传品的同时也负责对促销所需宣传品的数量进行统计，根据统计数量进行印制并分发到所有的食品杂货店。

在应用美登的方案之后，这家食品商以前被割裂的促销宣传功能被整合到一个简洁的系统之中。依靠这一系统，他们既缩短了时间，也减少了不必要的成本浪费。从此以后美登制图公司就成为一家在美国为数不多的有能力为客户提供一体化促销宣传解决方案的公司。现在，美登制图公司已更名为美登通讯公司，并将自己的业务集中到10个左右的一流消费品公司。多纳休通过销售解决方案为客户提供了超越客户期望的价值，把这个印刷公司的年收入从1980年的500万美元提升至1997年的1.2亿美元。

（四）工业品服务营销

服务营销是一种通过关注客户，进而提供服务，最终实现有利的交换的营销手段。实施服务营销首先必须明确服务对象，即“谁是客户”。像饮料行业的客户分为两个层次：分销商和消费者。对于企业来说，应该把所有分销商和消费者都看做上帝，提供优质的服务。通过服务，提高客户满意度和建立客户忠诚度。

1. 服务营销在工业品市场的必要性

首先，服务营销有利于提升客户的满意度与忠诚度。工业产品客户的生命周期一般比较长，所以满意而忠诚的客户带给企业的回报是长远和巨大的；而服务营销的着力点是攻心为上，其核心是通过提升客户满意度去培养忠诚度，因此二者的结合点十分清晰和契合。

其次，服务营销有利于工业品企业的品牌建设。关于商业社会中品牌的作用在此不做赘述，然而相对于当今正如火如荼进行的消费品品牌大战而言，工业品企业不是品牌意识较弱，就是尚未找到工业品品牌推广的方法，其实无数成功案例已经证明服务营销正是品牌传播的高效之术。

最后，服务营销有利于树立差异化竞争优势。工业品的同质化时代也已来临，不同供应商之间很少能形成价格差异，在成熟的工业品市场上普遍存在着价格竞争的压力，对于许多企业来说，防止同质化趋势的营销努力是工业品市场策略的关键。为了跳出价格恶性竞争的圈子，工业品企业必须在产品本身相关概念之外寻找突破口，而服务营销正为企业提供了一个从客户心理、情感、精神的角度树立某种差异化竞争优势的方法。

2. 工业品行业的五层服务营销

第一，解决抱怨——对客户显示积极态度。

服务客户的第一个层次，也是首先要解决的是客户的抱怨。客户抱怨的时候是最需要平息的，因为这个时候客户产生了抱怨，我们必须解决他的不满。这个时候客户的抱怨也是最容易解决的，是挽留客户的最好时机。

第二，内部流——建立服务的标准化体系。

内部流是指客户产生要求的时候，我们要在企业解决客户要求的内部流程上来考虑。我们建立服务的标准化体系都是有一定范围的，按照流程来处理问题，满足客户的要求。

第三，个性化——把握服务的差异特色。

客户服务的第三个层次是解决客户的个性化问题。每个客户都有自己的实际情况，我们要根据客户自身的状况，为客户量身制订出合乎其要求的解决方案。

第四，进攻——确保你的客户成为回头客。

当客户可能会产生更大的影响层面时，我们要采取进攻的服务方式。就是说客户可能要提出一些条件，我们不能轻易拒绝，又不能太过于迁就他，这时就要采取综合、权衡、变通的方式满足客户的要求，确保客户成为回头客。

第五，战略性服务——提升服务的深层次意义。

服务客户的最高层次是基于战略的考虑。在这个层面上，客户不仅仅是一个人、一个产品的问题，要上升到企业的战略高度上来把握。这个时候的客户也属于我们维系的战略体系的一部分，不能草率处理，要从战略性角度来服务客户。

【案例分享】 瑞典利乐公司的“服务共赢”模式

瑞典利乐公司是包装材料、饮料加工设备和灌装设备的工业品供应商。在传统的工业品营销中，供应商的职责主要是提高产品质量，不断推出适应企业需要的产品，降低价格，完善对客户的售后服务等。而利乐公司的营销没有局限在产品的市场推广上，而是把营销的发力点集中于客户成长上。从客户的设备引进、产品开发、技术培训，到市场信息收集、营销体系构建、新品上市，利乐公司无不全程参与，全程服务，甚至以品牌联合的形式，使客户的产品品牌出现在利乐的电视广告中。

利乐以其跨国公司的丰富营销管理经验和员工的专业素质，全力帮助客户发展壮大。这种颠覆传统工业品营销的“服务共赢”模式，不但通过全程服务降低客户的购买风险，更着力于帮助客户经营成功；最终客户的生意越做越大，利乐需要供应的包装材料和设备自然就越多。从2000年起，利乐在中国一直以20%以上的增长速度迅猛发展。2003年，利乐中国的包装销量更是突破了77亿包，中国已经成为利乐在全球最大的市场。来自中国包装工业协会的资料显示，伊利、光明、三元、蒙牛、娃哈哈、汇源等中国几大乳业、果汁行业的品牌都毫无例外地采用瑞典利乐公司的无菌包装生产线与包装材料。

利乐有效地把握住工业品客户“高关注、高参与”的心理需求，在实现了价值链双赢的同时，利乐也占据了相当稳固的市场地位。

启示：

对工业品客户销售时，对大众媒体、品牌情感诉求、定价策略和服务共赢的把握是成功的关键。这些策略可以从不同角度满足客户“高关注、高参与”的心理，降低其公理上的购买风险，最终在产品成功营销的同时实现价值链共赢。

二、工业品企业品牌的塑造

国内报纸曾经报道了一条令人深思的文章，咨询很多跨国企业500强的CEO们一个问题：企业经营的目标是什么？答案是：品牌的市场占有率。这表明许多企业的总裁们早已认识到了品牌的重要性。当前国际市场生产力已经处于过剩状态，所有开放市场经济国家都不同程度地进入了买方市场，市场竞争的环境、手段与过去相比都发生了很大的变化。在这种情况下，企业取胜的主要手段已不再单纯局限于产品本身的竞争，还包括品牌的竞争。可以说，未来国际市场竞争的主要形式将是品牌的竞争，品牌的优势将成为企业在市场竞争中出奇制胜的法宝，无论是工业品品牌还是快速消费品品牌。

中国工业品产业近年来的飞速发展，技术水平、服务能力、产业规模等都有了较大提高，并且走出了一条属于中国特色的工业品发展之路。和其他产业一样，发展到了一定程度，建设成功品牌自然而然地成为工业品企业着力打造的目标。

(一)工业品企业品牌的建立与其他行业的不同

品牌是什么？品牌是针对目标客户而建立的感情需求，直白地讲，是目标客户的心理感受。在这一点上，工业品品牌与消费品品牌是基本相同的。但是品牌建立途径和方式方法却有较大的差异。这种差异主要源于以下几个方面：

第一，使用目的不同。工业品的主要使用目的是作为生产资料，这种投资是要讲回报的；而消费品的购买目的是享用，这与个人爱好和物质财富的多少有关。

第二，理性程度不同。工业品的购买是偏于理性的，基本属于企业决策；而消费品的购买过程中更容易产生非理性消费，属于个人消费决策。

第三，工业品专业程度和购买次数不同。工业品购买者相对比较专业，对产品的了解程度较高，但购买次数有限；消费品购买者的专业程度相对较弱，但购买次数非常多。

一般情况下，消费品可以进行适当的引导消费，这时广告可以起到很好的作用，比如农夫山泉、海飞丝洗发水等成功的例子不胜枚举。一则好的广告创意可以很好地进行差异化定位，找到理想的消费对象，并通过优质的产品和服务达到建立品牌的目的。而工业产品更多的属于理性购买，客户购买的目的是赚取利润。生产企业要理解客户的盈利心理和经营环境，了解盈利心理是为了能够更加准确地把握客户需求，了解经营环境就可以针对客户制定更加完善的解决方案。这时广告基本上是起不到太大作用的，要想建立企业品牌，如何满足客户对盈利的需求是关键点。

(二)建立品牌的误区

在品牌与销售的关系上，多数企业的市场部和销售部总是有一些不协调的地方。做品牌是市场部的工作，做销售是销售部的工作，这是多数企业的职能分工，品牌和销售也往往被认为关联度不大。营销界对品牌与销售的关系有这样一句比较经典的话："销售是卖产品，品牌就是卖更多的产品。"如果一个品牌在自己的目标市场中连前五名都进不去的话，根本谈不上建立品牌；反过来，建立了强势品牌也会促进企业的销售。销量是品牌生存的基础，只有销量，才能激活品牌在目标客户心中的地位，销量的多少意味着与客户发生的关系的多少，品牌传播才会有受众。工业品行业的品牌建设必须以销售为前提，企业的品牌是要以坚实的销售、稳定的客户群、良好的服务等基础性结构为基础的。没有这些因素，品牌就成了空中楼阁。在销售中做品牌，品牌反过来会提高销售，两者相互促进，相得益彰。当然也并不是说销售做好了，品牌就一定是水到渠成，建立良好的品牌，要考虑到知名度、美誉度、忠诚度、品牌联想等全面的品牌因素。

建设品牌不是企业天生的愿望，而是企业在市场竞争中产生的需求。品牌对于企业来说，只有成为企业占领市场、攻城拔寨的武器，品牌才会有真正的意义。

一些企业对品牌的爱好有点像叶公好龙，张口闭口树品牌，但在实际营销工作中，却不重视品牌建设和品牌价值的开发，更谈不上品牌营销。作为生产资料，工业品营销有很多不同其他市场的地方，品牌建设也存在一些误区，我们认为主要有以下三点：

①关系至上，品牌无用。很多人认为，工业品营销就是关系营销，能不能成功，完全取决于关系到没到位。持这种观点的人忘了关系营销的最根本的基础——所提供的产品和服务能够满足用户的需求，这正是品牌的优势所在。工业产品的营销从客户跟踪到签订合同，从下单生产到验收提货，从使用培训到售后服务，是一个系统的、较长的过程，会涉及企业的各个职能部门，一个环

节出差错都可能导致客户不满甚至丢失客户的后果，因此必须以客户需求为中心，提高品牌号召力，确保产品与服务的质量。

②唯利是图，品牌失效。众所周知，在工业品产品营销中会出现灰色地带，有些时候会起到关键性作用。但是随着国家法制建设的不断深入，市场也会越来越规范，灰色地带的生存空间会不断缩小。提升品牌竞争力、完善服务水平将成为工业品营销的重要基础。

③低价竞争，品牌陷阱。产品竞争日益激烈，价格战成为很多企业的第一营销手段，我们不能否认低价对客户的吸引力，但这不是全部。在工业品产品购买中，用户会从购买风险、使用收益及购买成本三个方面进行权衡，而考虑得最多的是购买风险，价值是决定性因素。用户担心的问题是产品是否可靠、服务是否周到、工业品使用费用是否经济合算。低价竞争只是解决了购买成本某一方面的问题，只有在确保产品和服务质量的前提下，低价竞争才会有效。

(三)如何建立品牌

对于品牌的建立，营销界关于这方面的观点太多了，我们针对工业品行业的特点，在此提出品牌的三要素(步骤)：品牌定位创新、品牌核心价值构建及服务、品牌传播。

1. 品牌定位创新

著名的营销大师菲利普·科特勒曾经说过：市场定位是整个市场营销的灵魂。市场定位是针对现有产品的创造性思维活动，是对潜在客户的心理需求采取行动，通过提炼对目标客户最有吸引力的优势竞争要素，并通过一定的手段传达给客户，最终转化为客户的心理认识。因此，定位是品牌营销的第一个关键环节。品牌建设中的创新主要是指两个方面，一是品牌再定位，二是品牌延伸。中国工业品行业的市场在不断加剧的竞争中已经被极大地细化，每个企业都不可能独占每个细分市场，因此要成为行业的强势品牌必须先成为细分市场的强势品牌。例如，苏州金龙近年来的市场表现非常突出，除了其具有“金龙”这个大的品牌优势外，更重要的是苏州金龙对其品牌进行了有针对性的创新：强化固有的中型客车市场；创立“海格”产品品牌；提出“安全用心，服务贴心”品牌诉求，打造服务品牌。这些创新策略既保持与金龙品牌的一脉相传，又鲜明地与其他金龙品牌有所区别。

2. 品牌核心价值构建及服务

品牌的核心价值就如产品的生命与灵魂，是一个品牌个性之所在。全球顶尖营销顾问公司——美国科特勒营销集团总裁米尔顿·科特勒在比较中国海尔与美国摩托罗拉时评论到：就海尔来说，品牌就是一场大规模的促销运动；但对摩托罗拉而言，品牌就是在目标客户心目中建立起认知价值和品牌偏好的一场战略运动。海尔运用的是战术，而摩托罗拉运用的是战略。米尔顿·科特勒的评论是否正确有待商榷，但一个不容否认的事实是中国大多数企业缺乏品牌运作的科学规划，一谈到品牌塑造，往往简单归结为大规模广告和促销。美国广告专家莱利·莱特明确指出：未来的营销是品牌的战争——品牌互争长短的竞争。拥有市场将会比拥有工厂更重要，而拥有市场的唯一办法就是拥有占主导地位的品牌。

在同质化高度发展的今天，品牌的核心价值将成为品牌差异化的关键，而差异性就是竞争力。

综合上面的分析，可以得出品牌核心价值的构建包括两个方面：

一种是品牌的购买价值。品牌质量有保障，售后服务良好，值得信赖，则意味着该品牌已经完成了购买价值的积累。当客户在信息不对称的购买环境中，通过确认品牌来降低决策风险时，我们说它具有了购买价值，这是品牌经营的立业之本。

另一种是品牌的情感价值。这种价值满足购买者在精神上的需求，在工业品行业的品牌建设中，目前还比较缺少情感方面的诉求，客户的理性决策也给情感诉求的指向带来了一定的难度，但是也并非没有办法。很多企业对品牌的情感因素是基于理性的信赖，当产品和服务让客户满意的时候，情感诉求才有市场。一些客户对企业的关注就是基于对产品的信赖。

当一个品牌具备了购买价值和情感价值，就能够最大限度地塑造品牌忠诚度，这是品牌经营的长胜之道。

产品品牌是企业都很重视的内容，我们粗略统计了一下，目前企业90%的市场活动都是推广产品和产品品牌，而对服务方面更多的是由售后服务部来开展。但不要忘记服务也是支撑品牌屋顶的一面坚实的墙，不能让服务成为品牌建设中的短木板。

3. 品牌传播

传播是品牌力塑造的主要途径，对于一个企业来说是至关重要的，它是企业参与市场竞争、建立品牌忠诚度和企业形象的重要保证。

所谓品牌传播，就是企业以品牌的核心价值为原则，在品牌识别的整体框架下，选择广告、公关、销售、人际等传播方式，将特定品牌推广出去，以建立品牌形象，促进市场销售。品牌传播是企业满足客户需要，培养客户忠诚度的有效手段，是目前企业家们高举的一面大旗。

通过品牌的有效传播，可以使品牌为广大客户和社会公众所认知，使品牌得以迅速发展。同时，品牌的有效传播，还可以实现品牌与目标市场的有效对接，为品牌及产品进占市场、拓展市场奠定宣传基础。品牌传播是诉求品牌个性的手段，也是形成品牌文化的重要组成部分。

有整合营销传播先驱之称的舒尔茨说：在同质化的市场竞争中，唯有传播能够创造出差异化的品牌竞争优势。独特的产品设计、优秀的诉求创意、合理的表现形式、恰当的传播媒体、最佳的投入时机、完美的促销组合等方面是形成高效传播的有利工具。

例如，在客车行业中，品牌传播做得最好的是宇通客车。2005 年，宇通开展了"耐用是金"系列活动，这也可以看成目前客车行业最成功的传播范例。第一，其产品诉求符合当时客运市场的核心需求；第二，其通过在全国不同地区市场开展系列活动，邀请各地领袖企业参加，起到了很好的示范作用；第三，宇通几乎发动了所有关注客车的媒体，对其"耐用是金"的活动和主题诉求进行了大范围、长时间的传播，信息到达率几乎是 100%；第四，"耐用是金"活动从 2005 年 4 月份开始到 12 月份结束，几乎横跨整个销售年，影响了全年的市场走势；第五，宇通的"耐用是金"从选拔"耐用明星"到有奖征文，从节油比赛到专家指导，形成了不同层面的人士都在谈论客车的局面，非常有利于品牌诉求在客户和公众心中的认同。传播是品牌建设中非常重要的一环，品牌建设说到底就是让大家了解并接受品牌主张。没有高效率的传播，再好的品牌创意也只能是创意，而无法让别人了解。例如，宇通 2005 年 "耐用"主题的系列活动创意不是最先提出的，但却是进行整合传播最成功的，让全行业的人都知道了宇通关于耐用的诠释。

(四)品牌四度的概述

工业品品牌营销根据客户对品牌的理解，以及在品牌使用的过程中，对于品牌的观念会逐步提高。这个过程一般分为四步：知名度、满意度、美誉度、忠诚度。见图 6-2。

1. 知名度

知名度是最低层次的认识。这个阶段客户只是知道我们的产品、服务，只是很简单地了解一些产品、服务的内容。这个层次的客户对待我们的产品、服务没有太多的感觉，只是一个同质化产品而已。因此他们在下一次还会不会使用我们的产品，会不会介绍给身边的朋友都是不能保障的。

2. 满意度

品牌满意度是客户对购买的产品和服务得到满足后对企业品牌的评价。通过客户满意度带来口头宣传效应，那些感到满意的客户会向他人传递强有力的信息。在有的企业中，客户推荐已经成为销售的主要渠道，占整个销售额的50%以上。

“客户是最稀缺的资源，也是品牌存在的全部理由。”“客户关系就是品牌，有一个良好和持久的客户关系就意味着你有一群忠诚于品牌的客户群体。”这是众多企业对品牌满意度的理解。满意的客户将为企业提供大量可信赖的口头传递广告，一个满意的客户至少能影响7个未来的客户；同时满意的客户是提升忠诚度的关键，他们的满意时间越长，公司的盈利就越高，发展才能稳步持续地进行。

3. 美誉度

当客户对企业的产品、服务非常满意并赞美的时候，就是对我们的产品、服务增加了感觉。客户会很高兴地使用我们的产品、服务，在下一次购买的时候还有可能考虑到我们。他们也会在身边朋友们之间进行传播，“某某产品不错，还算值得信任”。

4. 忠诚度

当客户对我们的产品、服务有了一定美誉度之后，他们就会持续地使用。这个时候的客户就会对产品、服务产生浓厚的感情，即上升到了忠诚度层面。这个时候的客户是最为稳定的，最值得我们为他们付出关怀和帮助。从很多层面上讲，这些客户就是我们的衣食父母了。

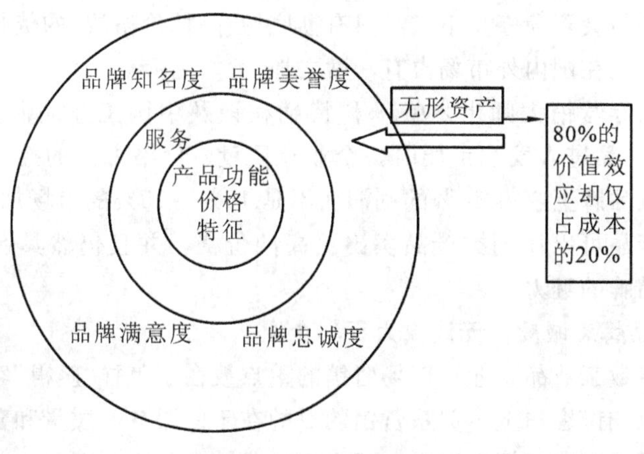

图 6-2 品牌四度

(五)提高品牌忠诚度的必要性

在工业品发展的过程中，我们发现企业在营销上出现了许多问题，迫使我们不得不思考品牌忠诚度的问题。

1. 市场竞争越来越激烈，价格越来越低

在工业品市场上，很难想象，如果没有价格优势，许多中国企业还能依靠什么在市场竞争中取得优势，因为在产品的质量、性能等方面与国外的公司差异非常大；而同样难以预料的是，如果中国企业在“攻城略地”中使用熟练的“价格战”一旦失灵，那么一些企业在抵御竞争风险时是否会变得不堪一击。

在国际市场上，中国企业也未能摆脱长期形成的“廉价产品”形象，大部分的工业品还是无法走出国门，只能在中国的市场上进行价格厮杀，等待国外的行业巨头进入；随着中国逐渐全面开放市场，中国企业的经营环境将由国内市场国际化转变为国际市场国内化。这意味着如果单纯依靠“价格战”这“一招鲜”，中国企业不但难有作为，甚至面临着非常大的生存压力。

要想摆脱只能依靠“价格”拼争市场的局面，中国企业必须制造出在技术含量上超越对手的产品。哈佛大学的一份研究报告指出：成功的国际化企业90%都拥有自己的核心技术。

随着时代的进步和中国市场经济的完善，中国工业品企业积极参与国内外竞争已经成为“离弦之箭”。在这种大趋势下，“价格战”模式无论从主观和客观的要求上都必然会逐渐停止下来，只有彻底抛弃对“价格战”的依赖，中国工业品企业才能真正在国内外市场占有一席之地。

同时，国际营销大师米尔顿·科特勒在谈及中国工业品制造业时指出，“对于高品质产品进入发达市场时，企业在质量、价格方面的控制力不大，中国企业需要从品牌上获得30%的利润而不是10%～15%的市场加工费”。毋庸置疑，品牌产品可以比同类产品卖出更高的价格，并且仍然具有极强的竞争力，这就是品牌的魅力。

2. 缺乏品牌忠诚度，无法成为百年企业

对于大多数工业品企业，市场营销的重点放在了怎样“赢得”客户上，而不是如何长期“拥有”客户上。关系营销的目的在于使服务、质量和营销这三者环环相扣，使赢得客户与拥有客户这两方面呼应结合起来。但是，关系营销导向将服务、质量和营销融为一体，而客户服务和全方位质量决策是以品牌营销战略为背景而出现的。

世界著名市场战略家杰克·特劳特在分析未来市场品牌的意义时指出：

“有两类竞争者是成功的。一类是拥有强有力的忠诚度的品牌，这类公司能够在全世界范围内谋求利益；另一类是专门化的或定位很好的品牌，这是一些小的竞争者。”应该说，特劳特指出了中国工业品企业国际化的必然出路。

3. 国内企业开始努力塑造品牌价值链

工业品企业中已经有很多企业开始着力于品牌价值链的传播和建设，并提出企业要基于“产品”和“品牌”两个主旋律来经营，如玉柴动力、时风发动机、博世等诸多企业品牌的广告频繁出现在中央电视台上，成为工业品品牌营销的时代先锋。这给我们发出了一个强烈的信号，那就是工业品企业开始逐步进入品牌新时代。

(六)如何提高客户的品牌忠诚度

美国的一份商业研究报告指出：多次光顾的客户比初次登门者，可为企业多带来20%～85%的利润；固定客户每增长5%，企业的利润则增加25%。虽然没有工业品行业的相关数据，但我们有充分的理由相信，忠诚的客户对工业品企业同样重要。

如何提高客户的品牌忠诚度是工业品企业非常头痛的问题之一。对于企业来说，最大的损失莫过于辛辛苦苦甚至付出巨大成本开发的客户转向竞争者。市场营销的成败不仅在于新市场开拓的程度，更重要地表现在对原有客户资源的利用和不断加强。在竞争激烈的工业品市场中，客户的品牌忠诚度正在成为很多市场研究人士关注的问题。

1. 理性购买决策与品牌忠诚度

工业品产品采购是涉及几十万、上百万元资金投入的交易，每个企业或个人都会十分慎重地制定购买决策，不会像买一瓶水那样随意。买水和买工业产品的差异在什么地方呢？20世纪60年代有些消费心理学家提出“客户卷入”理论，它是指客户主观上感受客观商品及其相关因素等与客户自我的相关性。主观上对于商品因素的感受越深，表示对该商品的消费卷入程度越高，该商品为“高卷入商品”，否则为“低卷入商品”。例如，客户购买一台客车和购买一瓶水的决策差异就在于客户对不同商品的关注程度是不同的。前者需要客户对产品的性能、质量、价格、服务、市场口碑等方面进行很细致的了解，制定购买决策过程比较复杂，属于高卷入商品；而当客户购买一瓶水时，则没有必要花费过多的时间和精力去制定决策，属于低卷入商品。而商品的不同属性直接关系到客户对商品的关注程度，并进一步影响购买商品的决策是否更趋于理性。工业产品属于高卷入商品，因此，在一般情况下，客户的购买决策基本都是相对理性的。随着中国工业品市场不断走向成熟，这种趋势将更加明显，可以讲工业品市场已经步入理性购买的时代。

理性购买者一般受外界因素的影响比较少，并且能够比较理性地看待各种影响因素，对其进行综合分析，确认自己需要的信息。在这种情况下，工业产品的营销难度会比较大。主要表现在：一方面，购买者通常会全面考察企业，对产品、价格、质量、服务、品牌等都会有相应的标准，企业必须由产品销售走向全面营销；另一方面，企业千方百计想出来的吸引客户的办法，很多都在理性购买者面前失灵。比如，有些企业希望通过大量的广告和促销来提高销量，但理性购买者往往不受其诱惑。在这种情况下工业品企业如何争取客户，如何提高客户的品牌忠诚度正在成为企业关注的问题。

由于市场竞争的加剧，客户所面临的选择越来越多，同时客户的需求也呈现多样化，保持客户对某一品牌的忠诚度是一件越来越难的事。但是对于企业来说，忠诚的客户是企业最宝贵的财富，主要表现在：一方面，对品牌忠诚的客户能及时传达有效的信息，有利于提高企业在产品、服务等方面的水平，并且能够及时掌握市场动态，提高企业生存能力；另一方面，品牌忠诚有利于降低营销成本，因为维持与旧客户关系的成本要远低于新客户的开发成本。

2. 品牌忠诚度的评估指标

品牌忠诚度是个不太容易量化的参数，我们对品牌忠诚度的评估可以借用消费品市场研究所采用的几个指标。

①客户重复购买次数。这是评估品牌忠诚度最直接的一个指标。在一段时间内，客户对某一品牌产品重复购买的次数越多，说明该客户对这一品牌的忠诚度越高。由于不同工业产品在运营收益等方面的因素影响客户对工业产品的选择，这种情况不适合用于品牌忠诚度的评估。因此，要根据不同工业产品适用性的差异来区别对待。

②客户制定购买决策时间。我们可能都有这种体会：由于对某一品牌的信任，我们会很轻易地制定购买决策，小到买轴承，大到购买推土机等都有这样的规律。这种由于信赖程度不同造成的差异，也是鉴别客户品牌忠诚度的指标之一。一般来说，客户制定购买决策的时间越短，说明他对这一品牌的忠诚度越高。

③客户对价格的敏感程度。购买者对商品价格都是非常重视的，但这并不意味着对每一种产品的价格敏感程度都相同。事实表明，对于喜爱和信赖的品牌，购买者对其产品价格变动的承受能力相对较强；而对于非信赖的产品，购买者对其价格变动的承受能力偏弱，即敏感度高。这也是衡量品牌忠诚度的一

个指标。但对工业产品来说，由于购买者的购买决策相对理性，所谓品牌忠诚是建立在能够达到其盈利目的的理性目标的基础上的，因此客户不仅对价格具有敏感性，同时对服务和产品适用性等方面也有一定的敏感性。

④客户对竞争产品的接受程度。客户对某一品牌忠诚度的变化，除了和本品牌自身的行为有关外，更多的是由竞争产品的吸引而产生的。所以客户对竞争产品的态度，能够判断其对某一品牌的忠诚度。如果客户易于对竞争产品产生好感，那么就说明客户对某一品牌的忠诚度低，进行购买决策时很有可能转向竞争产品。对于工业品企业来说，这也是让客户产生忠诚度的最难的一个因素。

以上评估品牌忠诚度的四个主要指标，借用的是普通消费品营销关于客户忠诚度的评估标准，对于工业品市场也应该是适用的，但我们必须注意到：工业品购买行为的相对理性化，将在一定程度上增加了客户品牌忠诚度的不稳定性。

3. 提高品牌忠诚度的渠道

从上面的评估标准可以看出，客户对品牌忠诚度的高低是由许多因素决定的，因此，提高品牌忠诚度也须全方位入手才能取得相应的成效。

①不断提高产品质量，优化产品设计。产品是工业品营销中核心的要素，也是客户产生品牌忠诚的基础，没有好的产品质量，是没有任何品牌忠诚可谈的。许多成功或失败的例子告诉我们：客户对品牌的忠诚，从根本意义上来讲都是对其产品质量的忠诚。只有经得住客户检验的高质量的产品，才具有产生品牌忠诚度的资格。

②完善的售后服务体系。售后服务是生产企业接近客户、取得客户信赖和认同的最直接的途径。根据工业品的使用特点，生产企业的服务能力很大程度上决定了工业产品的交易。如果生产企业能够迅速而又圆满地解决客户的产品故障，将有力地提高客户的满意度，也很有可能使其成为“回头客”。工业品行业的售后服务是一个系统工程，完善服务体系必须在每个环节保证客户满意。

③建立企业咨询服务体系。前面说过，工业品购买是比较理性的，客户制定购买决策时，必然全面考察产品和企业，而企业能否具有完善的咨询服务体系，在一定程度上决定了企业能否影响客户制定购买决策。

④根据成本和市场需求制定合理的价格体系。工业品成本已经成为其日常经营的一项重要的支出，也是影响客户购买决策的重要因素，因此，制定合理的产品价格也是提高品牌忠诚度的重要手段。客户在进行购买决策时，都会有

一个预期的心理价位，如果实际价格超过预期价位，就会影响其购买决策的制定；反之，就会比较容易接受。生产企业在制定工业产品价格时一定要先摸准客户对此类产品的预期价位，这样制定的价格才会让客户容易接受。

⑤塑造良好的企业形象，加强关系营销。客户对品牌的忠诚除了出于对产品使用价值的需求，同时也带有一定的感情色彩。当工业产品、服务都出现一定程度的同质化的趋势时，企业本身对客户的影响显得格外重要。人是生活在各种社会关系之中的，客户与生产企业间也存在各种不同的关系，双方的不同职位、不同工种的人员间都存在着多种关系，这些人都在不同程度上影响着企业的购买决策。

提高品牌忠诚度也是企业全面完善的过程，以上五个方面从产品、服务、价格、品牌等角度论述了提高品牌忠诚的方法。其实，从品牌的梯队效应理论来看，品牌忠诚度是处于最高层次的，要想提高并保持忠诚度必须在知名度、兴趣度、认知度、满意度等方面下工夫，特别是提高客户满意度。忠诚度的对象都是指重复购买的客户，客户在头一次购买和使用中的感受决定了其下一次的购买决策，因此，提高客户满意度是提高忠诚度的前提条件。提高客户满意度的关键是要提供超出客户预期的产品和服务，这主要从两方面入手，一方面，企业努力为客户提供优质的产品和服务；另一方面，企业在进行市场推广时也要注意在提高企业和产品知名度的同时，不要给客户一些企业不能实现的承诺，这些承诺无形中提高了客户的心理预期，当企业不能实现承诺时，就会适得其反。两个不同品牌的产品出现相同的故障，由于客户的预期不同，其对服务的感受也是不同的。

提高客户的品牌忠诚度也要注意不要进入这样的误区：客户满意就会有忠诚度。现在工业品营销正在走向同质化，各企业在产品和服务上的差异已经不是十分明显，客户对你的产品和服务满意，并不能说明对竞争者的产品和服务不满意。客户满意只是客户忠诚的一个充分条件。

三、工业品促销方式和选择

工业品营销的促销策略是为了有效地打动用户，因此各种促销活动不是孤立的，而是相互作用、有机协调地配合开展的，用一个声音，通过不同努力让我们的用户相信和我们合作能够最安全地享有我们所提供的独特利益。在工业品营销策略的实施过程中，整合营销理论可以作为我们的工作指导思想。

美国广告业协会认为，整合营销传播是一种强调整合所带来的附加价值的营销传播理念，这种理念强调通过广告、直接营销、销售促进和公共关系等传播方式的战略运用，并将不同的信息进行完美的整合，从而最终提供明确的、一致的和最有效的传播影响力。

整合营销理论创始人之一、美国学者舒尔茨早期对整合营销传播的定义是，整合营销传播是一个业务战略过程，它是指制订、优化、执行并评价协调的、可测度的、有说服力的品牌传播计划，这些活动的受众包括消费者、客户、潜在客户、内部和外部受众及其他目标。

近年来舒尔茨又对整合营销的含义做了进一步的完善和发展，提出：整合营销就是一种适合于所有企业的信息传播及内部沟通的管理体制，而这种传播与沟通就是尽可能与其潜在的客户和其他一些公共群体(如雇员、立法者、媒体和金融团体)保持一种良好的、积极的关系。

对于工业品营销来说，整合营销传播就是当企业明确了自己的战略，建立了自己的CIS后，如何实现战略的过程。

整合营销对于工业品营销策略来讲可作如下理解：

①在企业开展广告策略、公关策略、销售促进策略、人员促销策略时，要向用户传达一致的信息，也就是“统一的声音，统一的形象”。

②在企业开展广告策略、公关策略、销售促进策略、人员促销策略时，彼此之间要分工合作，协调开展。

③促销策略的工作对象是与企业发展相关的所有人员和单位，包括用户市场和影响因素市场，也就是工业品营销的产业基础。

④促销策略的努力不仅仅是要带来订单，还要通过促销策略建立良好口碑。

工业品促销区别于消费品促销的一大特点就是促销和促销效果的非直接相关性。有时我们可以看到，在消费品市场采取了价格折扣策略，就能看到销量变化；广告刚刚在电视台播出3天，就能看到订单增加了多少。工业品促销一般来说不会有这样的效果。

我们认为，工业品促销的核心，还是在于在用户和产业基础当中通过推荐渠道建立口碑而后获得大量的订单。

这里我们再次重申我们的观点：口碑不是订单，但是有了口碑以后订单就会滚滚而来！

在消费品领域，广告的作用是为消费者提供购买的理由，销售促进的作用是刺激消费者做出购买决定。这两者是消费品营销的促销策略的核心。而在工业品营销中，公关代替了广告在促销策略中的地位，公关策略告诉购买者购买理由，而人员推销促使购买者下决心购买。

更多的时候，广告在工业品营销中起到的是广告的最原始的作用，即广而告之的作用，让用户知道我们的存在，便于用户找到我们。

工业品营销促销策略的分工如下：

公关策略：建立企业口碑，树立企业地位；

广告策略：告知用户信息，传递企业理念；

销售促进：给予用户利益，改变用户忠诚；

人员推销：强化安全收益，建立良好人际。

公关策略：展览会、新闻发布会、联谊会、经验交流会、学术研讨会、软广告、拜年活动、公益活动、企业峰会、行业宣言、意见领袖、样板用户、用户顾问、服务巡礼、培训班。

销售促进：试用、租赁、以旧换新、互惠购买、积分折扣、信用赊销。

广告策略：期刊广告、网络宣传、大众媒体、工业企业POP。

人员推销策略：让销售人员更有效地工作。

总的原则：使我们提供产品的安全和利益在购买决策者的天平上重于我们的竞争对手。

(一)工业品促销策略之公关策略

公关是指为提高或保护公司的形象或产品而设计的各种方案。营销研究表明，对于复杂、昂贵、风险大的产品的购买，形象好的企业更容易获得订单。

之所以最先介绍公关策略是因为我们认为，公关策略的成败决定一个企业的市场地位，而企业市场份额的占有率是由企业的市场地位决定的。

有人说企业的最终目的是盈利，因此企业所有活动的最终目的都是为了盈利。这句话是对的，但是对于工业品营销公关策略的目的来说，我更愿意这样表述，工业品营销公关策略的目的是按工业品营销战略的要求，建立良好的企业形象，树立良好的口碑，而不是赚取利润，但是一旦建立了良好的口碑，利润也就随之不断而来。这是公关策略工作的指导原则，否则如果你的寻求盈利的目的性太强，反而会影响公关的效果。比如，有的公司举办联谊会，说是和用户叙叙友谊，表表谢意。但是宴会开始之前举办方请用户来宾填写一张下一年采购计划情况调查，如果你是用户，你又作何感想？

我们要指出的是，工业品公关策略并不神秘，我们只要掌握了工业品营销的实质，我们就可以信手拈来，为我所用。比如新闻发布会，一般来说企业没有一定影响力，或所发布的新闻不具备吸引力，媒体是不会感兴趣的。这两点也不是一般的工业企业所具备的，但是并不妨碍我们有效地利用这种公关策略。

第一公关策略之六脉神剑：展览会

展览会是目前工业品企业运用最广的促销策略。本文将不再论述如何开好一个展览会，而是要从工业品营销的本质出发，论述如何发挥展览会应有的作用。

在工业品营销中，展览会是通过企业展位的设计和布置，向用户传达企业的战略，展示实力，强化企业良好口碑的过程，这其中包含对企业 CIS 的综合运用。

通常来说，工业品企业最主要的促销模式就是展览会、专业期刊广告加人员推销，由此可见展览会在工业品营销企业促销策略中的重要地位。假如你到一个展览会现场去调研参展商参会的目的，你会有什么发现？

问：你为什么参加这个展览会？

答：宣传企业和产品。

问：宣传企业和产品的什么？

被访者就会出现思考的表情，然后说：

宣传企业形象和产品技术。

问：宣传企业的什么形象？产品的什么技术？

答：宣传企业良好形象和我们的新技术。

问：你认为你起到了这个效果了吗？凭什么？

……

我们会发现最司空见惯的事也是我们没有思考的事：作为工业品企业为什么要参展？

问：你为什么参加这个展览会？

答：因为我们的同行都参加了这个展览会。

这也是一种答案，大家都参加了所以我也参加。

问：你们每年都参加展览会吗？

答：都参加。

问：你们每年通过展览会卖出多少台设备？

答：……

这是一个很难回答的问题？很少听说哪个工业品企业通过参展获得多少订单。

问：那你们为什么还参展？

有人愕然，不知如何回答？

也有人说：某某用户因为在展览会上知道了我们，后来买了我们的设备。

问：是因为在展览会上买了你们的设备吗？

答：不是，是知道了我们。

我们会发现，展览会本身在工业品营销中带来的订单几乎可以忽略不计，因为如果你用通过展览会直接获取订单的作用来衡量展览会的意义，并用于指导工业品营销展览会的开展，就会产生迷惑，相信经验丰富的工业品营销人员都会有同感。我们把展览会列入促销策略的公关策略是因为：

展览会的目的是，展示企业实力，树立企业形象！

当我们明白这个道理后，我们就不会为了参展而参展。

我们需要强调的是，企业为树立企业形象而参展的前提有二：

第一，参展的最低目标是：告诉用户和同行，我存在。

第二，参展的最高目标是：成为参展的亮点企业。让参观者都记住你来参展了，而且印象深刻。

否则你参展的意义只是让那些关注你的人发现你来了，你会湮灭在上百家参展商中，你投入展览会的成本只能说比白投强了一点。

至于如何成为展览会的亮点，只要你观念对了，意识有了，那是一件很容易的事。

比如，设计新颖的展位装修；

比如，产品美观整洁的摆放；

比如，工作人员整洁的仪表。

也许你会说不就是多花钱么，不是的，其实只要你明白展览会的意义，有时很少的投入也能产生理想的效果。请看以下案例。

有一个小企业参加展览会时发现自己的位置比较偏僻，用户很难发现自己。因为这个企业是以服务周到标榜自己的，因此它决定在这个展览会上树立自己服务周到的形象，因此印制了写有这样一句话的卡片：当你参观口渴了的时候，请持该卡片到某展台领取可乐一瓶。派人在展览会上向参观者发放这张卡片。结果几乎所有收到卡片的参观者都到访了他们的展台。他们在展台上打出横幅：某某公司，愿意为您服务！

1 000 瓶可乐加上印卡片的潜能有多少，可是他们却比那些花了几万元进行装潢的大公司更抢眼。人们都记住了这个善于为用户服务的公司。

对工业品的促销策略来说，利用展览会有如下几点须明确：

①要有详尽的年度展览会计划，要考虑到每一个展览会的参展目的和所有展览会之间的配合。

②展览会的规模和布置要与公司的规模实力相符，并适度超前。

③展览会的布置要体现公司的独特之处，留给用户深刻的印象。

④展览会的风格要为公司整体宣传定位服务，要统一。

简单来说，企业就是通过展位的设计传递给用户深刻的印象：安全和独特的利益。

第二公关策略之六脉神剑：新闻发布会

本书不讲企业如何开展新闻发布会，因为一个企业如果到了可以正常使用新闻发布会这种规模或级别时，我相信它会知道如何开好发布会。

这里要论述的是当一个企业的规模或题材不足以引起媒体的兴趣时，如何利用这一攻关策略。本文也不准备论述如何设法造一个惊天动地的新闻，引起媒体的关注，因为这不具有太多普遍意义，本文要说明的是，在工业品营销的促销策略中，任何企业都可以自然地、有效地开展新闻发布会。

当企业开发出了新产品，或突破了新技术，或对用户有了新政策，或只是想搞一个用户联谊会，都可以采取新闻发布会的形式。记住在工业品营销领域，新闻发布会不一定要有媒体参加，你的媒体是推荐渠道，最好的新闻报道是口碑。因此邀请到你想邀请的人就可以了。

新产品发布会的邀请函写作要有技巧。一般来说，你的邀请函要让你的客户有适当的理由参加你的发布会。比如企业短时间内不会有采购计划，或一些客户不便以参加新产品发布会的形式参加，因为新产品发布会给人的感觉是供应商在做广告，客户认为没有理由一定要去，因此企业要提供一定的用户利益。下面的邀请函就是一个真实的案例。

【案例分享】 2007年××公司(上海)新产品发布及××产品应用及××工艺研讨会

邀请函

2010年4月10日　　中国上海·××大厦

××公司作为国内最主要的××设备制造企业之一，在近五十年的发展历程中，在电子光学、离子光学和真空物理的技术工程等领域取得了科研成果77项，获得国家有关部门的奖励40项，取得专利15项，并且成功转制，高速发展。这一切成果都与广大客户的支持有着密切的关系。因此，为了感谢广大客户一直以来对××公司的支持，更好地服务广大用户，我们特邀请贵单位参与2010年度××公司新产品发布会及××产品应用及××工艺研讨会，共同提高我们的××设备使用及××工艺应用水平。

让我们新的产品给您带来新的效益!

让我们新的技术给您带来新的工艺!

让我们新的体制给您带来更为贴心的服务!

让我们在不同领域、不同行业中携手互动，共同发展!

我们为您准备了精美的礼品，丰盛的午宴，清香的茶水，等着您的到来!

××科仪技术发展有限责任公司

二零一零年三月十六日

这份邀请函给邀请对象透露了三个信息：

①我们有一个新产品发布会，也许这个新产品会对你的公司有好处。

②如果你对新产品不感兴趣，但也许你想改进你的工艺，我们有专家讲座。

③你不会白来，你可以得到精美的礼品，同时享用可口的美食。

这里要强调的是，我们不要为新闻发布而发布，其实企业的任何一次活动都是展示企业实力、提高企业形象、拉近用户关系的过程，都是建立口碑的过程，都是推动企业地位在“工业品营销关系塔”上上升的过程。

因此新闻发布会要综合运用企业的CIS系统，精心策划，认真实施，给来宾留下美好的印象。

第三公关策略之六脉神剑：样板用户

成功的故事是最为吸引客户的销售方式，易于为潜在客户所接受。样板用户是指企业用来作为典型用户向其他潜在用户进行宣传的示范性用户。工业品企业的样板用户在工业品营销关系塔上的位置是比较顶级的，仅次于合作者的位置，可见其在工业品营销公关策略中的重要性。不客气地说，如果一个企业在样板用户的营销策略上没有策划，没有培育，没有维持，那么它整个营销促销策略就是失败的。

榜样的力量是无穷的，样板用户有两种，一种是普通的样板用户，另一种是具有战略价值的样板用户。

普通的样板用户是指企业通过给用户某些特殊待遇，使该用户成为该地区企业的产品展示窗口，用户有义务接受其他用户的参观，并讲解产品的优点。

一般来说，并不是所有用户都愿意让自己的竞争对手来参观，所以你的产品在这个行业的使用必须是非保密的内容。

有战略价值的样板用户是指那些在用户心目中具有领袖地位的用户。比如，如果 IBM 这样的用户采用了你的设备，这就是你营销的资本。你可以对客户讲 IBM 是你的用户，说明你的设备质量过硬。

如果我们从企业的角度、公关的角度去做样板用户，尤其是做有战略价值的样板用户，效果会更好。

一个企业进入市场后要做的第一件事就是建立样板用户，在所有市场运作之初就要对此有所策划。表 6-2 为建立理想样板样例，这只是个理想状态，是你努力的方向。

表 6-2 建立理想样板

影响范围	性质	目标用户名称
华东地区	区域样板	AAA
华北地区	区域样板	ABC
华南地区	区域样板	CCC
北方地区	区域样板	DDD
电子仪表行业	行业样板	EEE
整体用户	战略样板	IBM

A：那么什么样的用户是我们发展目标呢？

用户所在行业是我们重点的业务推广目标市场；

用户目前的应用经验和成果具有普遍性；

用户本身的业务和管理在当前是成功的(业务在增长，公司在发展)。

B：用户为什么愿意成为样板用户？

可以得到公司长期、优质、优惠的服务支持；

可以得到公司的技术支持，满足其个性化需求；

可以直接成为公司服务部的VIP成员；

可以通过我们的案例宣传活动，将自身的业务、成功模式广为传播；

可以直接得到一些物质奖励。

C：样板用户需要对我们有什么授权或支持？

同意我们的公司在样板案例推广中使用其名义；

同意我们在推广中，介绍其使用的相关内容；

同意我们的用户上门参观；

在用户咨询时为我们美言。

那么如何获得样板用户呢？

(1)在原有用户中进行选择性培育

如果我们已经有了一定的用户基础，我们就可以从中选择我们需要的用户进行培育。样板用户的选择标准不是一定的，应根据客户资源的情况，酌情选择。

培育样板用户有几种办法，一种是自上而下法，就是和企业的领导人达成协议，使企业成为我们的样板用户。这是一种非常正式的办法，一般很少采用。对于那些需要正式出现在宣传材料上的用户，通常采取这种办法。

另一种方法是我们并不和用户签订任何协议，而是通过我们和用户的关键部门建立良好关系，从而让用户乐于为我们做样板用户工作。

(2)战略性创建样板用户

当企业初创，或企业要进入一个新的市场时，要有意识地创建样板用户。最好的情况是，这时恰好有一个符合样板用户条件的潜在用户愿意购买我们的产品。但在最不理想的情况下，就是并没有人有购买我们产品的意思，这时我们就要费一点工夫。比如采取免费试用的办法打动用户，或者给用户更多的优惠条件如分期付款，如果必要甚至可以赠送使用等。例如，一个生产设备的企业老总，为了打开一个新产品的市场，为了将用户行业的龙头企业发展成为自己的样板客户，着实下了一番工夫。但是该用户目前确实没有采购的需求，因为该公司刚刚采购了一批其他公司的设备，无奈之下，该老总动用关系，和这家公司签了一份空合同，也就是不会执行的合同。这份空合同为他赢得了前5名客户，以后市场就打开了。其实这份空合同的价值远远不止这5名客户。可见样板用户在工业品促销策略中的重要性。

(3)样板用户的维护

一般来说，一旦企业把用户定位为样板用户，无论是公开的，还是地下的，都要制订详尽的维护计划，使样板用户发挥出积极的正面作用，甚至主动发挥作用。如果维护不当，其负面的样板作用也是惊人的。

第四公关策略之六脉神剑：研讨会

工业品营销中，研讨会是企业用来团结老用户，启发潜在用户，影响产业基础市场的一种有效的促销策略。研讨会可以通过技术研讨的形式，在用户市场中和产业基础市场中树立技术领先的企业形象，展示企业的技术实力。

下面以某公司开展研讨会的真实案例，来介绍如何开好研讨会。

这个案例是某公司为了召开研讨会而写的宣传材料和征文通知，这虽然不是研讨会的全部材料，但是我们可以通过分析这两个材料，来了解如何召开一届成功的研讨会。

【案例分享】 ××元器件及小型器件可靠性××研讨会简介

由××公司发起和有关单位承办的全国电子元器件及小型器件××技术研讨会是目前我国××技术在元器件及小型器件××方面应用学术水平最高的研讨会。

当今世界已进入信息时代，信息技术成为推动科学技术和国民经济高速发展的关键技术之一，而信息技术的基础是器件和元件。器件和元件的质量直接影响信息产品的稳定性和可靠性，对此各国都对××技术予以高度重视，因为××技术是小型器件及电子元器件最有效、最灵敏的方法。

为提高我国元器件及小型器件在××技术的水平，增强国际竞争力，作为国内××科研及生产的龙头单位，××公司响应时代的号召，在2009年与航天部的专家们共同发起了第一届电子元器件及小型器件××技术研讨会。

第一届研讨会是××公司和航天科技部、航天××公司两大集团联合组织的。2009年初开始筹备，2009年6月26日顺利召开。来自全国各地众多长期从事信息技术的专家、学者、生产厂家的技术人员，以科学严谨、求真务实的态度，就××技术、方法、经验、理论以及生产活动中出现的各种实际问题进行深入的探讨和交流。由于组织的精心筹备，历时四天的研讨会紧张而有趣，严肃而又活泼，与会者都表示受益匪浅，大家表示通过相互交流，将理论和实际紧密结合，更有利于各自水平的提高。而后，我们把研讨会研讨成果编辑成论文集，深受大家欢迎。很多读者读后表示这是一本不可多得的好书，对科研和生产都有很好的参考和指导作用。

在第一届研讨会的基础上，2010 年××公司又和航天部、信息产业部的部分学者、专家以及相关单位和厂家举办了第二届研讨会，同样取得了良好的效果。

今后，××公司将继续和各界朋友共同进步，为大家服务。

为便于统稿，在您拟定论文题目后，请将回执寄回。

作者		论文题目	
是否有意参加研讨会		拟参加人数	

结合以上案例，我们讨论如何召开一届成功的研讨会。

(1)选题

必须选择一个你擅长的而用户市场和产业基础市场关心的题目进行研讨。如案例中的“关于第三届全国××元器件及小型器件××技术研讨会”就是这次研讨会的选题。这个选题其实正是这个行业的专家学者、用户，甚至政府部门关心的话题，而召开研讨会的这个公司正是提供解决方案的供应商，因此这个研讨会很好地把用户、学者、政府和企业的需求有机地结合起来。

(2)造势

研讨会必须体现出其权威性，所以必须让那些你希望他们参加的人感觉到这是一个值得参加的大会，最佳的状态是让参会人员感到荣幸。为了增加会议的权威性，案例中的会议其实是这家公司和信息产业部和航天部联合举办的。读到这里，可能读者会有疑问，这两个部门可不是谁都能请得到的，案例中的公司肯定是一家大公司。其实这里面是有技巧的，信息产业部参加的人不一定是部长嘛。

(3)利益

这里指的利益是参会者参加这个会议可以得到什么。所以我们要给这个研讨会的不同参加者以不同的利益。这里面政府部门要的是政绩，学者要的是名气，企业要的是技术带来的利益，与会者还可以得到公司的礼物和各种补助，如旅游费用等。该公司出版了《关于第三届全国××元器件及小型器件××技术研讨会文集》使很多企业内的技术人员有机会发表论文而且和专家列在一起，这是很荣耀的事，有的作者事后找工作的时候，就拿这个文集说明自己的专业性。而主办企业的利益就是有充分的机会向用户市场和产业基础市场施加自己的影响，树立自己的地位，建立自己的关系。这些就是这个研讨会给予会者的利益。

(4)组织

企业召开这个研讨会，不是为了研讨而研讨，而是要建立技术领先的企业形象和地位，要组织到位，搭研讨技术台，唱企业形象戏。因此如何充分展示企业实力，给用户留下深刻印象是我们要做到的。

案例中的企业，在开会这一天，在公司门口悬起红色的横幅，院中插上彩旗，接待人员彬彬有礼，整个过程紧张有序。与会者参观了整洁的生产车间，说技术，吃美食，看美景，寓工作、学习、休闲为一体，受到了热情的款待，都对企业赞不绝口。

第五公关策略之六脉神剑：交流会

交流会与研讨会性质类似，但一般来说规格略低。

一些企业不仅重视与用户企业的采购决策者之间的关系，也重视用户企业使用者的作用，因为对仪器设备等质量好坏评价起决定作用的往往是使用者。因此可以把使用者召集在一起，通过交流或竞赛等方式使使用者更好地掌握使用技术，借此达到拉近关系、树立形象、回馈用户的目的。

技术交流是工业品营销常用的一种营销手段。技术交流的方式有三种，一是邀请客户到企业内部参观交流，二是企业的营销人员到客户方进行解决方案的交流，三是双方到第三个地点进行交流。

如果工业品的体积庞大，不便移动，且有一定的技术壁垒，为了让客户更了解产品特点和使用方法，也为了加强客户与企业的互信关系，因此，邀请客户到企业来进行技术交流是一种很好的方法。

如果产品方便携带，为了进行新产品和新技术的推广，可以要求或者应客户之邀前去做产品或者解决方案的现场演示。由于现场交流的生动性和可触摸性以及现场营销人员的沟通技巧，这种交流可以有效地促进销售。

2001年圣诞节时，戴尔计算机推出了一款新型的笔记本电脑。有一个销售人员就给香港电信发了一个邮件，要求在他们那里做现场交流。因为客户是老客户，这款电脑又是新产品，客户就准备了一次交流会。提前一周在香港电信的大厅里贴出了布告：戴尔公司新款产品推介会。因为新型电脑很轻很薄，用户非常喜欢，推介会非常成功，半天的时间就订出了十几台，戴尔公司也借机进行了企业宣传。

在进行技术交流的现场，要注意氛围的调节和充分利用交流会的间歇大家放松的这段空闲。

①首先，技术交流的主讲人员要注意讲解的技巧和语音、语调以及神态和体态。良好的专业形象总是给人以信任感，讲解的层次性和逻辑性往往会达到引人入胜的效果，而不会使交流会变成让人昏昏欲睡的课堂。

②在交流过程中，策划一些与客户之间的互动、探讨问题的节目，可以更深地挖掘客户的需求。

③技术交流的间歇，营销人员要利用大家的放松状态进一步发展关系。中间休息的时候，是一起喝茶、吃点心的过程，营销人员和客户之间不再是紧张的对立关系，营销人员与客户在放松的氛围中以轻松的方式进行交流往往会达到意想不到的效果。当然，营销人员与客户的放松交谈不是漫无目的的聊天，而是在掌握了客户的相关资料的基础上进一步建立与客户间的互信关系，以对客户需求信息作进一步探求。

【案例分享】　　张大嘴秘诀

张大嘴参加了公司在某报社举行的产品交流会，他特别安排了一个小推车，上面有咖啡、茶点、瓜果，到客户们休息的时候，服务人员就把小推车推到门口。客户们看到准备的点心瓜果，非常高兴，纷纷谈论起来。张大嘴就和客户方的一位主任一起喝咖啡，因为大家谈得高兴，休息时间就延长到半小时。

张大嘴：主任，您平时有什么爱好？周六周日有哪些活动呢？

主任：周六周日比较闲，近来一直在打网球。

张大嘴：我也在打网球。您是怎么打的。

主任：就约约朋友，一起来玩。

张大嘴：您没找个教练一起打？我现在有一个教练，每天都要一起打，进步很快，运动量还特别大。我每周都在打，下次我给您打电话，一块去得了。

主任：到时候再说吧。

到了周六，张大嘴就约了这位主任一起来打网球，两人玩得非常高兴。就这样，两个人在一起打了好几次网球。在充分熟悉以后，生意就在网球场上谈起来了。

张大嘴：您觉得我这个人怎么样？

主任：不错。

张大嘴：那您觉得我们的产品怎么样？

主任：名牌，感觉和你一样。

张大嘴：就像我们打网球一样，了解后才知道对方很好。要不您先考虑考虑我们的建议？

主任：不用考虑了，就这么着吧。

我们知道工业品营销是信任营销，赢得销售的关键是建立关系。技术交流的目的是让客户相信我们的技术，继而更相信我们的公司和人员，在双方的互动交流过程中，即达到了让客户认知和肯定我们技术的目的，又加强了我们与客户之间的交流与沟通，有利于双方互信关系的建立和巩固。因此，技术交流是一种非常不错的销售促进方式。

另外，技术交流也是一种代价不高的销售促进方式。一般情况下，几乎不花什么钱，只要准备场地，再有一个投影机用于介绍，不需要额外的费用，就可以覆盖二三十个客户，而且可以覆盖相当级别的客户，从费用上讲非常划算。

在双方互动交流的过程中，一些细节性问题比如商务礼仪等也是营销人员要非常注意的，这些关系到企业和产品的形象，会直接影响客户对企业以及企业产品的判断。

第六公关策略之六脉神剑：企业峰会

通过发起企业峰会，引起人们瞩目，树立企业形象。通过企业峰会，行业领导者可以强化领导者形象，而行业追随者可以建立与行业领导者平起平坐的形象。比如企业邀请行业前 10 大企业参加峰会讨论行业市场走向，或如何应对入世后挑战的问题，这时给公众的感觉是你也是 10 大企业之一。通过企业峰会，参会企业也可以互通有无，共同进步。

企业由竞争走向竞合是时代的趋势。行业领头企业与其为了一个市场厮杀得头破血流，两败俱伤，不如坐下来谈谈如何合作，看看是否可以根据各自的优势重新细分市场，在自己擅长的领域发挥自己的优势，或者联合起来共同满足市场需求。因此，企业峰会就提供了一个很好的交流机会。

(二)公关策略之五大撒手锏

第一公关策略之五大撒手锏：行业宣言

通过发起行业宣言，也可以引起公众瞩目，树立美好形象。比如某原材料供应企业通过行业自律宣言强调自己是第一家发起行业质量保证的企业等。

(1)行业宣言的种类

工业品企业的行业宣言有两种：

一是联合业内有影响力的企业发布的联合宣言，这类宣言通常是为了树立参加行业宣言的企业的形象，引导行业自律健康发展。

二是独家宣言，这类宣言往往是为了树立企业独特地位，增加企业竞争力。

(2)行业宣言的发布方式

工业品企业行业宣言的发布方式有三种：

召开行业宣言大会，可以请业内专家、专业媒体、用户代表参加。

可以通过行业媒体和公司网站向外发布。

可以通过传真、邮件等方式向用户和产业基础市场发布。

(3)行业宣言的要求

①忌无病呻吟。既然要发表行业宣言就不能没有卖点，如果是一篇无关痛痒的空话，最好不要发表，因为这样不但起不到树立企业形象的作用，而且还会给人以不好的感觉。比如，如果整个行业都没有实行无条件退货政策，你就可以发表一个宣言，声明为了保障广大用户的利益，本公司率先实行购买一个月内，无论任何问题，都可以无条件退货的政策。

②忌夸大其词。既然是通过行业宣言的模式来宣传企业，所以有的企业就喜欢说得漂亮些，其实工业品企业宣传追求的是可信度，夸大其词反而会降低行业宣言的说服力。比如类似为振兴民族产业的这样的词最好谨慎使用。

③忌言行不一。千万不要说一套做一套，在宣言中承诺了什么就做到什么。不要耍小聪明，比如承诺一个月内无条件退货，但实际上暗暗附加了很多条件如质量问题等。这种事情一旦发生用户会觉得被你欺骗了，他会把他的愤怒讲给所有人听。

④忌脱离战略。行业宣言要和企业的战略一致。比如你是以成本领先战略获得市场地位的，如果你不是想改变战略，你最好不要搞什么类似改善服务质量的行业宣言，因为你的战略也许使你不能为用户提供贵宾服务。比如企业声明为了提供给用户最低廉价格的优质产品，报答用户的厚爱，我们将降低价格20%。这就和企业的战略一致了。

第二公关策略之五大撒手锏：意见领袖

意见领袖是工业品行业里的明星，他们也有自己的追星族。比如某大学的教授，某协会的主席，某知名企业的总工，某行业龙头企业的老总等。这些人的意见在行业内非常有影响力，如某大学一教授在某个行业的多家企业里都有他的学生，而且大都身居要职，不言而喻，他的影响力有多大了。意见领袖的共同特点是他们总是能够引领行业的发展方向，他们是行业内的创新者，他们总是能够最先接受新的技术或新的设备。在工业品营销中，意见领袖的作用就好比在快速消费品中明星在广告中起到的促销作用。

意见领袖的意见只有纳入到企业的推荐渠道中时，才会对企业起到应有的作用。企业要甄别出哪些人是用户市场的意见领袖，并使他们为企业树立口碑。

赞助行业协会、给某些领导型企业以优厚条件、请业内专家当企业顾问等是培养自己的意见领袖的常见形式。意见领袖有两种，一种是雇用式的，即暗中达成协议，他为企业做正面宣传，企业付给他一定的报酬。这种是最好操作的，因为这种人虽然在业内有一定的影响力，他希望利用这种影响力获得金钱收益，因此只要你给他的报酬足够多，他就成为你不在编的地下业务员。另一种是非常有原则的意见领袖，非常爱惜自己的名声，他们根据自己了解到的事实说话，因此对于这类人要给予足够的尊重。一般来说，要设法和他们保持密切的联系，和他们建立自然而然的友谊。对于意见领袖的意见我们要虚心听取，使他们感觉到我们的重视和尊重。我们要让意见领袖充分了解我们的企业，如邀请他们参加公司举办的各种活动，如研讨会、新产品发布会、用户联谊会等。如果财力许可，可以尝试赞助学者们的研究方向，企业和学者都会因此受益。

第三公关策略之五大撒手锏：顾问用户

公司聘请对企业发展有影响力的大用户为自己的顾问，借此树立以用户为中心的企业形象，拉近与用户的关系，同时得到必要的支持。如公司可以把自己的前十大用户聘请为自己的顾问用户，参与公司重大决策或产品研发等。如果产品是在顾问用户参与下开发的，那么必然比较适合顾问用户，同时由于产品也是顾问用户的“孩子”，他会常常主动帮你推销。

在工业品营销中，顾问用户的作用不仅是促销作用，更重要的是你的产品是根据用户的需要开发的，因此你的产品会更有市场。

第四公关策略之五大撒手锏：公众服务活动

通过做公益事业树立企业的美好形象，增强公众对公司的好感。如前几年新闻报道的GE公司的社区志愿者活动等。

这里要说的是，企业发展到一定程度后，在有能力的情况下是应该承担一定的社会责任的，因此开展社会服务活动不仅是一种公关活动，也是企业承担社会责任的方式。

一般的工业企业开展公益事业不足以引起新闻媒体的关注，所以企业可以通过网络的方式，或者是企业刊物的方式向外传递企业热心公益的形象。一般来说，能够做公益活动的企业容易给人以信赖的感觉。

第五公关策略之五大撒手锏：拜年活动

春节是中国人民的传统节日，对于许多消费品企业而言是一个不可忽视的促销时机，工业企业也要重视这个传统节日。

比如，可以通过邮寄贺卡的方式表达问候，证明你心中有用户；或利用春节期间走访用户，拜年并送一些小礼物，表达对用户的感谢；或春节前一个月开展拜年服务月活动，使用户过个放心年。通过春节这个传统节日表达对用户的关心和友谊。

(三)公关策略之两大关键

公关策略之两大关键：工业品营销软广告

什么叫软广告？本书的定义是，看不出来是在做广告的宣传，我们称之为软广告。

为什么这么讲？以前有人说不付费的广告是软广告，但是现在很多所谓的软广告也是要付费的。比如我们看一个关于健康的电视栏目，有专家、主持人、现场观众，但是看看觉得不对劲，原来是在为药品做宣传。这是对软广告概念的一种滥用，是起不到软广告效果的，傻瓜才会不知道那是在做广告。软广告之所以称为软广告是因为它对目标公众的渗透力有极其重要的作用和说服力。这是因为一方面软广告往往具有科普性、知识性、新闻性，使读者愿意接受这些信息，并从中知晓一定的知识，让读者不知不觉地记住了我们希望消费者记住的东西；另一方面，由于软广告的出现方式没有表面的功利性，读者就不会产生一种戒备心理。例如，新闻联播播报某某企业获得重大技术突破，填补我国技术空白，达到世界先进水平，观众一般不会质疑这一新闻的真实性。因此笔者认为达不到这一境界的广告称不上软广告。

对于一般规模的工业品企业很难挖掘出这样具有新闻价值的软广告，但是不妨碍我们运用这一促销策略。下面是一个真实的案例。

某企业希望以服务差异化赢得市场。有一次一个用户设备上的一个重要部件坏掉了，而用户生产任务非常紧急，找到了这家公司，希望能够帮助解决。这家公司了解这个情况后，马上派工程师订了最早一个航班的机票，乘飞机带着配件过去，以最快的速度为用户解决问题。事后多年，用户的老板只要有机会就会提起这件事，因此也为这个企业赢得了口碑。

公关策略之两大关键：培训会策略

细心的读者会发现，下面的培训会策略，笔者换一种风格来论述，因为前面论述的交流会、联谊会等促销策略的共同特点就是不但要精心策划，而且还要组织到位，因此本文从操作层面论述培训会策略，供读者参考。

用户培训会在高价值、高技术含量、复杂设备营销中是一种重要的且有效的营销方式，但我们在工作中发现，一些企业并没有很好地利用这种方式。笔者以W企业的一次成功用户培训会为例说明工业品企业如何应用这种营销方式。

W企业是一家高技术设备制造企业，企业经营中发现，对于潜在用户，必须让他知道用你的设备会带来哪些好处，而且他越了解你的设备选择你的可能性越大；对于老用户，你必须让他使用好你的设备，才会带来重复购买，并且在用户群中形成好的口碑。用户培训会就是解决这些问题的一种很好的方式，关键是如何开好培训会。

(1)明确会议目的

明确会议目的是开好用户培训会的关键，因为培训会的所有工作开展都是围绕着会议目的展开的。会议目的不明确我们就无法评估会议效果，而且也无法很好地开展工作。比如，会议目的是新用户培育还是老用户使用技能培训，对于相关工作的开展的侧重点就大不相同。如果会议目的是新用户培育，参会对象就不能是老用户，而且所讲的问题也不能是设备使用过程中遇到的问题，而是使用设备对用户带来的好处。

(2)做好会议预算

会议目的明确后，我们要做的就是会议预算。会议预算应包括时间成本、人力成本和经济成本。有的企业做预算的时候往往会只考虑经济成本，其实如果想很好地开展用户培训会必须把时间成本和人力成本考虑进去。完整地讲，会议预算是指我们准备用几天时间、用几个人、什么样的人、花多少钱来做这件事。这里我们不仅要考虑我们的时间和人力成本，而且要考虑用户的时间和人力成本，即用户愿意花多长的时间、让什么样的人来参加这个培训会。比如维修培训班，参加人员一般是维修人员，时间可以是3～7天不等，但如果是面向用户的主管级人员，一般来说这些人都比较忙，培训时间太长恐怕用户难以接受。

(3)选择好会议地点

会议地点的选择也很关键，应根据参会目标群体的不同选择地点。一般来说应选择交通便利的环境，环境应与公司的形象相匹配，并且与参会议人员的消费层次相匹配。以培训知识为主的会议宜采取就近原则，即选择离大多数用户比较近的地点；如果是以培训为名来回馈用户的培训班，一般选择旅游城市。

(4)做好会议宣传

会议宣传的方式很多，但一般来说，培训班的目标参会人员比较明确，应以发邀请函或会议通知为主。但有时候你发出的邀请函未必能送到你想邀请的人手中，因此做好电话跟踪或上门邀请工作是关键，并借此加强用户参加培训的决心，还可以相对准确知道参会人数和构成，以便更好地做好会议接待工作，比如提前确定住宿房间及会议室大小。

这里要强调的是，邀请函中一定要明确会议地点、会议时间的大致安排，会议的内容大纲、报到方式、联系方式以及回执。

(5)做好充分准备

会议的准备应包括以下方面：①人的准备。一定要定岗定责，不能到会议开始后现场抓人，忙中必然出错。②物质准备。列出开会所需物品的清单，如笔记本电脑、投影仪、讲义、日程表、培训资料、礼品等。③做好彩排。最好能在会议现场做好彩排，避免到时候缺这缺那，像没头苍蝇似的到处找东西，很是狼狈。

这里的关键是会议手册的编制。会议手册分两部分，一部分用来指导内部工作安排，一部分是便于用户参会的。很多企业不了解会议手册的好处，会议手册就像电影剧本，没有好的剧本也就很难拍出好的电影。对于规范的企业来说，会议手册是工作经验的积累和结晶，对于开好会议是一个很好的指导工具。

(6)做好接待工作

准备工作做充分了，接待工作一般来说会很顺利，这里的关键是要让你的用户清楚知道你的日程安排，所以在用户报到时你就要让他清楚整个会议过程的具体安排，要具体到何时、在何地有何行动。接待工作的总要求是热情有序，轻松舒适。要做到热情有序，关键就在于做准备工作时坚持人负其责；要做到轻松舒适，关键是体贴入微，比如培训间隙的休息时间的安排，在课间休息的时候备上可口的茶点，对晚饭后的娱乐活动的安排等。

(7)锦上添花的培训证书

如果培训后能够给参加人员一个培训证明最好，见图 6-3。因为这样表明

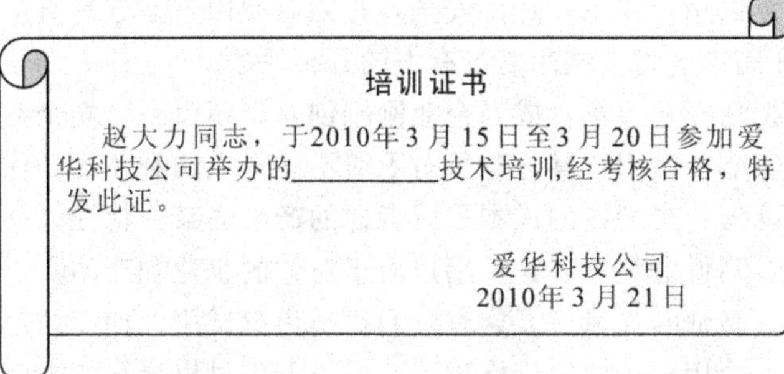
培训证书

赵大力同志，于2010年3月15日至3月20日参加爱华科技公司举办的________技术培训，经考核合格，特发此证。

爱华科技公司
2010年3月21日

图 6-3 培训证书示例

公司的正规，另外对于有些人来说，能够拿到职业培训的证明也是今后找工作的一个资本。

(8)不可缺少的纪念品

培训班后一定不要忘了精心准备一个小纪念品，纪念品是否贵重要看会议的参会人员和会议目的。以回馈为目的的培训班礼品当然要贵重，但是不要忘了一定要准备一份实用的、精美的、印有公司标志的、能够放在办公桌上的小礼物，以便用户在有需求时能够在第一时间想到你。

(9)做好培训回访和跟踪

有的公司做完培训后就算完事了，其实不然，一定要做好回访和跟踪工作。培训后做好回访会给用户两个感觉，一是公司对用户重视，二是这个公司很规范。另外用户反馈的意见对于我们改进工作很重要。

(10)做好会议效果评估和总结

对会议效果的评估和总结的关键是总结优点、发现不足，以便今后的工作做得更好。同时完善会议手册，以便很好地指导下一个会议工作的开展。

(四)促销策略之销售促进策略

销售促进是指鼓励用户对产品与服务进行尝试或促进销售的短期激励。由于工业品市场的需求取决于生产工艺与实际需求等特点，有些人怀疑销售促进这种促销工具在工业品促销中的效果。一般来说，整个工业设备市场的需求总量不会因为行业促销努力大小有太多改变，但对于工业品企业个体来说你却可以通过促销努力，抢占市场，扩大市场份额。

销售促进策略之一：试用策略

为了打消用户对产品质量的顾虑，或对产品所带来的收益有怀疑时，企业可以采取免费试用的方式吸引用户，最后促使用户下定购买决心。

原理在于，试用会使用户觉得安全，并能对使用收益进行直接的评估。

(1)企业开拓市场时，试用是最有力的开拓手段

在企业开拓新行业市场，或当企业刚刚创立，还没有建立企业声誉时，如果你的产品确实能带给用户其他竞争对手所不能提供的利益，如你的产品价格更低廉，能够降低用户的使用成本；或者你的产品的某一特性能够提高用户的生产效率，或者降低能耗等，这时用户由于对你的企业和产品不了解，会对采购有不安全感，高估购买风险。这时我们提出免费试用，如在约定的时间内达到预期效果，就让用户按约定价格买下。由于不用付出金钱成本就可以使用产品，用户一般会接受试用的条件。

试用策略的注意事项：

①试用的前提是你的企业在行业里的地位尚未建立，且你能够提供其他供应商或竞争对手所提供不了的利益。

②要使试用成功，你不但要说服决策者试用你的产品，还要使你产品的试用者积极使用。你要按关系营销的要求对使用者做工作，必须设法使使用者成为你的支持者，在使用过程中有什么问题第一时间告诉你，而不是汇报领导。因为使用者由于用惯了原供应商的设备也许对你的设备有些排斥，或者由于刚刚使用，还不熟悉你所提供设备的性能。如果关系处理得好，使用者会成为我们的推荐者，帮助我们使决策者下决心购买。

③一旦试用成功就要趁热打铁，促成用户真正购买。

(2)当用户在几家设备供应商之间犹豫时，试用是抢占先机的最好手段

如果用户在几家供应商之间拿不定主意，你就可以提出试用这一策略。“你可以先拿去用，用好了再给钱!”这一句话加强了决策者天平上我方的安全筹码。见图 6-4。

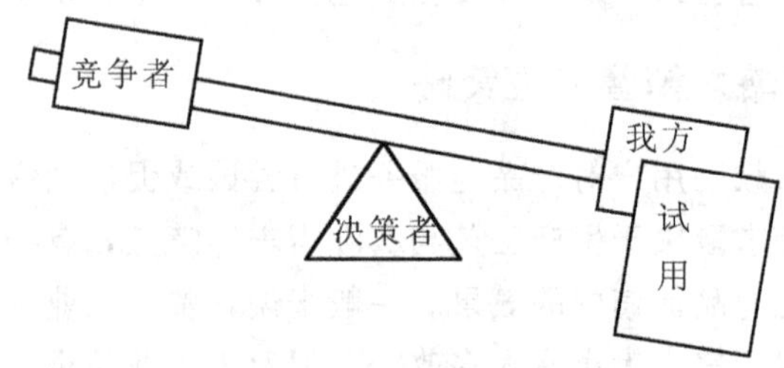

图 6-4 试用的筹码

(3)当我们希望建立战略样板用户时，试用是我们布局的有效手段

有些具有战略价值的用户是稀缺资源，如果被对手抢占了你就失去了这个机会，比如你想攻下的行业领头羊企业，这样的企业具有极强的表率作用，这

样的用户一旦采用了我们的产品，就会给其他用户一个这样的感觉：连这样的大企业都采用的设备，肯定不会有问题。因此我们一定要设法抢占这样的用户资源，此时试用就是一个很好的手段。

销售促进策略之二：产品保证策略

对于工业品营销来说，产品保证是一种比较重要的促销工具，尤其是在用户对产品质量不怎么确信，或在几家竞争者中的选择举棋不定时，公司如果可以提供比竞争对手更长的质保期，就能吸引用户。比如公司承诺在质保期内出现质量问题可以退款、退货、换货等。运用产品保证的前提是企业对自己产品有信心。

销售促进策略之三：租赁策略

租赁，是指出租人在一定时期内把租赁物借给承租人使用，承租人按租约规定，分期支付一定的租赁费。

当用户目前资金有困难，但未来经营前景看好时，就可以采用这种策略。

销售促进策略之四：以旧换新

用户用已有的旧设备折合一定价值作为折扣购买新设备。比如用户的设备已经老旧，但是还舍不得废弃，就可以采用以旧换新的方式去刺激用户下决心购买。

销售促进策略之五：互惠购买

用户生产的产品正好是我所需要的，因此可以购买用户生产的产品作为一个条件，使用户选择我的产品。

比如，用户是生产一种阀门的企业，这个阀门正好可以用在我们生产的设备上，同时他也需要我们生产的设备作为阀门检测的仪器，这时就可以形成互惠购买的条件。

销售促进策略之六：积分折扣

针对用户购买的数量给予积分，当购买量达到一定数量或金额后给予相应的折扣或现金或实物形式的返点。

此策略对连续购买的用户可以加强其购买的忠诚度，为竞争对手的进入设立更高的成本壁垒。比如用户累计采购我方台式设备达若干台后，我方赠送一台。这样用户为了获得这一台的免费产品，就不会中途选购其他厂家的产品，同时为了获得这一台，用户还可能提前购买。

销售促进策略之七：赊销

赊销是一把双刃剑，很多企业就死在赊销这一促销策略上，因此赊销虽然是一种有效的促销手段，但是建议企业慎用。

有人说，“赊销是找死，不赊销是等死。”采用赊销的企业，一定要建立信用管理制度，对赊销进行严格科学的管理。这里限于篇幅只能简单介绍一下赊销的管理。

①要对赊销对象的信用情况进行评估。

②建立严格的账期和额度评审程序和制度。

③严格执行收款计划，建立黑名单制度，不能按期回款的要立即预警。

④赊销的风险和业务员的激励挂钩。

⑤严格的合同管理制度，为将来可能产生的纠纷留下有力证据。

销售促进策略之八：赠送

工业品营销对采购人员都有严格的要求，而企业的采购人员也要尽力避嫌，因此工业品营销的赠送一般来说要企业对企业。当然有些企业会采取拉拢采购人员的促销方式，本书不讨论这种方式。工业品营销的赠送包括很多方式，比如针对企业销售的某一型号的设备赠送3年的免费保修期；国外企业常常针对国人出国的欲望，采取如果购买设备则可以在美国谈判的策略，一切费用由供应商承担，这也是一种赠送。

这里要提出的是，工业品企业的业务人员应该学会如何与用户交朋友。

A公司是一家工业品企业，该公司规定不仅业务经理可以有一定的业务公关费用，而且公司的服务工程师也被赋予了公关的职能。该公司的每个服务工程师都有一定的招待费用和礼品费用的预算，可以用来宴请用户的使用人员、设备维护人员。这笔费用不多，但很有效果，甚至对于一些小故障，用户的使用人员就会帮助处理掉了。因此用户企业的领导对A公司的印象也特别好，因为使用人员总是说A公司的产品质量如何好、服务如何好。

营销研究表明采购者喜欢那些能为他们做额外事情的供应商。关于这个原理我们在公关促销中更多采用。

(五)促销策略之广告策略

广告是由特定的出资者付费所进行的构思、商品与服务的非人员的展示和促进活动。工业品营销中广告的作用不如消费品那么明显，一般不会出现广告投放量与销售增长关系特别明显的现象。但是我们也不能低估广告在工业品促销中的作用。正如科特勒所言：“有些工业品公司广告支出严重不足，无法提高在用户中的知名度与认可度。他们低估了公司形象和产品形象在售前争取消费者的能力。”

广告策略之一：大众媒体

由于工业品营销常常以某一特定的行业企业为目标市场，因此给人的感觉好像工业品营销与大众媒体无关，如电视、以大众为目标受众的报纸等。其实这也不是绝对的，工业品市场的需求是“延伸需求”，工业品的需求归根结底是从消费者对消费品的需求引申出来的。

广告策略之二：行业期刊广告

在用户或本行业期刊上做广告，这是工业营销最常采用的一种广告方式。企业要认真研究哪种刊物能够最有效地到达目标市场用户，使信息有效传达。

广告策略之三：宣传手册

企业编订印制精美的宣传手册给用户邮寄或直接发放。通过宣传手册传达企业的行业、产品型号、功能特点等信息。

在工业品宣传中，有一种很好的方式，就是企业内刊。由于工业品业内用户数目相对较少，因此企业内刊是将企业信息传递给客户的一种很好的方式。这种面向用户的企业内刊当然和真正的企业内刊是有区别的，经过删掉内刊中一些不方便为用户所知道的内容，增加一些我们希望传递给用户或用户感兴趣的内容，就是很好的一本面向用户的读物——方便用户全面了解我们的公司，因为通常来讲用户更愿意信任自己熟知的企业。

广告策略之四：视听材料

随着电脑的日益普及，越来越多企业开始制作多媒体光盘来宣传企业或产品。工业品，尤其是复杂设备的销售，利用多媒体技术可以让用户更直接、更清楚地了解企业和产品。

广告策略之五：网络宣传

网络宣传的地位越来越重要了，企业要有工业品虚拟营销的意识。网络是个平台，不夸张地讲，我们在现实世界开展的促销活动都可以在网络世界大展身手。网络就是现实世界的镜子，企业要利用“工业品营销关系塔”原理在网络世界建立自己的企业地位。

有人说智商重要；有人说情商更重要；有人说，当今市场竞争，比的既不是情商，也不是智商，而是搜商。

今天的网络对于企业来说，其重要意义是不容置疑的。作为一个企业如果没有自己的网站，难免使人怀疑：这个企业怎么连一个网站也没有。但是工业品企业的网络营销情况并不乐观。

目前工业品网络营销存在以下一些情况：

第一，工业品网络营销就是建一个自己的网站。

第二，工业品网络营销就是建立一个网站，然后办理网络搜索引擎的竞价排名。

第三，工业品网络营销就是建立网站，办理排名，并且在专业网站上做广告。

以上三种情况在不同企业都分别存在，而且第三种情况明显比前两种情况要好些。但是网络营销仅限于此吗？

显然不是，网络营销有非常大的潜力可挖。关于工业品网络营销的知识是可以单独写一本书的，限于篇幅这里只能简要论述。

首先就网站本身的建设和维护就有好多工作可做，而这只是网络营销最基本的工作。

(1)人性化的公司网站设计

在网站设计上，做得好的公司设计了互动板块，只要你登录这个网站，你就可以通过这个板块和企业网络值班人员直接联系，因此网站的宣传效果能发挥到最大。这就像有人来公司参观，没人理会和有人接待给用户的感觉是不一样的，而且如果这个人是有目的而来，你及时通过互动建立联系，就能提高成交的机会。我们的销售人员风尘仆仆地到处去寻找用户，而用户主动找上门来我们却冷淡客户，这没道理。

(2)设立网络营销专员，创立良好网络环境

我们先不说别的，只就网站维护而言，虽然大多数公司都建有网站，但是对自己网站的内容设计和维护并不是特别重视。例如我们去访问一些企业网站的时候，我们经常会发现，有一定规模的公司常有新闻发布，但网上最近的新闻也是两年前的，而且是两年前同一天发布的。可能因为公司最初设了这个板块，因此在网站投入使用的时候发布了一些新闻，以后就不维护、更新了。看了这样的网站你会对这个公司产生美好的联想吗？因此，公司必须设立网络营销专员，根据公司的规模，可以是专职，也可以是兼职。

网络营销专员的职责是：

一是维护公司网站，将有正面影响的信息及时发表在自己的网页上。如公司获得大的订单，公司和某某权威机构合作，公司获得了某某荣誉，德国公司采用了我们的产品，或美国公司总裁拜访我公司等。这样的信息都可以彰显公司实力，使访问者产生这是一家有实力公司的印象。这里有一个窍门，尽量要以图片新闻的方式报道，满足用户眼见为实的心理。

二是在不同的网站发布有利于公司的信息。目前网络上有许多专业网站可

以发布商品信息，有的是收费的，有的是免费的，网络营销专员根据需要制订发布计划和预算，并实施发布。要使公司的信息铺天盖地，用户只要输入与公司相关的关键字，就会看到公司的信息。

三是在网络上开展公关策略，树立网络中公司的美好形象。及时将有利于公司形象的新闻在网络上发布，使用户输入公司名字的时候，满屏都是公司的正面新闻，如喜获500强企业订单的信息，获政府嘉奖的信息，与权威技术机构合作的信息，获用户感谢信的信息，开用户培训班和用户联谊会的信息，员工开展公益活动的信息等，给用户传递一个鲜活的、蓬勃发展的、积极进取的公司形象。这里有一个关键，不要虚假宣传，也不发表容易引起争议的宣传，不要在网络里发生类似论战的行为。

工业品网络营销完全符合“工业品营销关系塔”的原理：围绕企业战略定位，以整合营销传播理论指导开展促销策略为工业品营销关系塔的塔基；以产业基础和用户为对象建立塔体；以通过促销努力在推荐渠道中建立的口碑为用户和产业基础的提升动力，最终建立工业品企业的市场地位。

换句话说：我们在网络上要建立自己的虚拟企业地位，因此要以公司战略为核心，用一个统一的形象和声音在网络世界出现，充分利用CIS系统展示公司美好的形象，建立在网络世界的口碑，这个口碑和现实世界是一致的，并且相互照应，共同加强公司在推荐渠道的上升力量。

广告策略之六：工业企业POP

工业企业POP是笔者根据工作经验，结合消费品促销策略总结的一个促销策略，现在该策略已经广为学者专家所引用。

所谓POP，即point-of-purchase的缩写，我们可以翻译成售卖点广告，具体包括各种展示、海报等在卖场等店内的促销手段。我们常在超市等场所见到一些写着特价销售、有奖销售字样的广告牌，促发了购买欲望，即POP。笔者据此认为，工业品营销的销售现场也应营造一种氛围，使用户放心购买，姑且称之为工业企业POP。

如一些企业在作出购买产品的决策之前，常会到你的企业进行现场考察，评估你的实力。因此你可以在厂区做工业企业POP，要使参观者产生企业管理有序、实力可靠的印象，如整洁的厂区、有序的生产、认真的员工等。这对于促使新的采购用户下定购买决心很重要。

研究表明：整洁有序的生产环节可以加强购买决策者对企业的信心。

这里本书要向工业品企业的领导人推荐5S管理[①]工具。5S理论并不神奇，笔者所在的公司实施了5S管理后，一个日本用户到公司参观，他讲他们通过实施5S，生产效率提高了四倍，实事求是地讲这是5S实施的核心内涵。客观来看目前国内的一般企业实施5S后还达不到这一点，甚至因为5S的实施最初可能还影响了工作效率，有些公司正是因为这一点5S推行到一半就推进不下去了。但是笔者有一个不同的观点就是，对于相当一部分我们中国的工业品企业来说，利用5S的实施方法改变工作环境是最有效的，而且这种环境的改变会给你带来想象不到的效益。下面是一个真实案例。

某公司实施了5S后，员工意见很大，因为他们认为工作很不方便，但是由于公司强力推行，大家也就不会表面说什么，只是私下议论，说5S只是一张皮，表面光而已。后来的事情改变了员工们的看法，一个是大家逐渐习惯了在5S要求的环境下工作，另一个就是客户参观后的赞美给员工带来的自豪感。因为所有在5S实施之前来过公司参观的客户，那些见惯了车间满地铁屑、工人师傅一身油、地面也满是油污的人，看到现在这样整洁的车间，车间地面连一粒铁屑都没有，工人师傅服装整洁，工作有序，都说企业这些变化可真大，你们发展得太好了。那些第一次来公司参观的人也据此断定这是一个管理水平非常高的公司，连车间都管得这样好，产品质量肯定不会有问题。实际上，这个公司的产品质量并没有任何提高。很多客户就是因为参观了这个公司的整洁的生产环境，相比之下，竞争对手的车间环境实在是太乱了，因而选择了这个公司的产品。

最有意思的是，这个公司的产品想打入欧洲市场，大家都知道，目前中国的产品在国际上常常是低质低价的代名词，因此欧洲的经销商非常怀疑产品的质量而不愿意经销。但是这个欧洲经销商参观了这个公司的生产车间后信心大增，但是还是不放心，又组织了他的几个客户参观这个公司，结果他的客户看了生产环境都齐声称赞，因此他开始放心地全力在欧洲推销这个公司的产品，尤其那些参观过这个公司的欧洲用户更是率先放心购买。

---

① 5S管理是起源于日本的一种比较优秀的质量管理方法。它针对企业中每位员工的日常行为提出要求，倡导从小事做起，力求使每位员工都养成事事讲究的习惯，从而达到提高整体工作质量的目的。5S分别是日文的第一个字母，含义是：整理(Seiri)；整顿(Seiton)；清扫(Seiso)；清洁(Seiketsu)；素养(Shitsuke)。

（六）促销策略之人员推销

人员推销是指为了达成交易而与一个或多个潜在用户进行面对面的交流。在工业品营销中，人员推销是被人们认为最重要的促销方式，也是最基本的促销方式，有的企业甚至只通过人员推销来获取订单。

人员推销包括销售人员推销、服务人员推销、技术人员推销、企业高层推销等多种方式。本书简单介绍后三种人员推销方式，但并不说明这三种方式不重要，恰恰相反，这三种人员推销模式是对销售人员推销的必要补充和铺垫，使销售人员推销更有效果。

1. 服务人员推销

在工业品营销中，特别是复杂的仪器设备的销售，用户对企业依赖性特别高，如仪器的使用往往需要供应商对用户进行一定的培训。服务人员最容易接触的是产品的使用者，当购买交易完成后对仪器的评价好坏主要来自使用者，使用者的评价对用户的再次购买起关键作用。

所以服务人员要在送货、安装、客户培训、咨询服务、维修等方面突出自己和竞争对手的不同和优势，加强用户对公司的美好印象，并与使用者建立良好关系，以便促成购买，尤其是再购买。

2. 技术人员推销

在用户企业中技术人员是用户购买决策的重要影响者，例如在某些大型复杂仪器的购买过程中，有些时候技术人员其实就是真正的决策者。因此在人员推销的时候，如何赢得技术人员的支持是获得订单的关键。技术人员和技术人员之间最有共同语言，企业的技术人员也应在必要的时刻深入市场一线。

实际上很多优秀的工业企业就是这样做的。这里要说的是技术人员切忌为了技术而技术，要明确我们不是来和用户开辩论会的，是来服务用户的。

3. 企业高层推销

国外的一些知名企业的总裁常定期访问大用户，甚至对一些小用户破格接待，这时企业想对外界传达的是，我们是一个真正重视客户，真正以用户为中心的企业。

企业的负责人与用户的领导者常常更容易交流，通过高层的接触，有利于加强双方的信任，利于合同的成交与用户忠诚度的提高。

第七章　工业品营销渠道开发

本章我们将解决下列问题：

- 工业品营销渠道的基本要素及结构是什么？
- 工业品营销渠道应该如何设计？
- 如何建立工业品营销渠道体系？

一、工业品营销渠道的基本要素及结构

什么是营销渠道？目前市场营销界给它的定义是这样的：营销渠道是指某种货物或劳务从生产者向客户移动时，取得这种货物或劳务所有权或帮助转移其所有权的所有企业或个人。简单地说，营销渠道就是商品和服务从生产者向客户转移过程中的具体通道或路径。

但工业品市场不同于消费品市场，它有其自身的特征，因此，工业品营销渠道在渠道类型、渠道策略、渠道成员等方面与消费品都有所区别。

(一)渠道成员

营销渠道的成员有两组，即基本渠道成员和特殊渠道成员。为了便于理解，我们以图 7-1 来表现渠道成员的基本要素。

1. 基本渠道成员

广义上来说，构成产业链的任何一个组成部分，都是一个渠道成员。因此，厂商、代理商、经销商以及用户都是渠道成员，而且是基本渠道成员，因为它们拥有产品或服务的所有权，并相应地承担实质性风险。

(1)制造商

是渠道的源头和中心，在渠道中占主导地位。

①制造商进入市场时间短，宜采用独家分销；进入时间长，宜采用选择分销。企业刚进入新的市场，对市场情况不了解，销售力量也很弱，还没有能力控制下线渠道，这时独家总代理也许是最好的选择，待时机成熟再选择渠道下沉。

②制造商实力弱，宜采用独家分销；实力强，宜采用选择分销。企业的品牌影响力、资金实力、管理渠道的能力将直接影响渠道的设计。

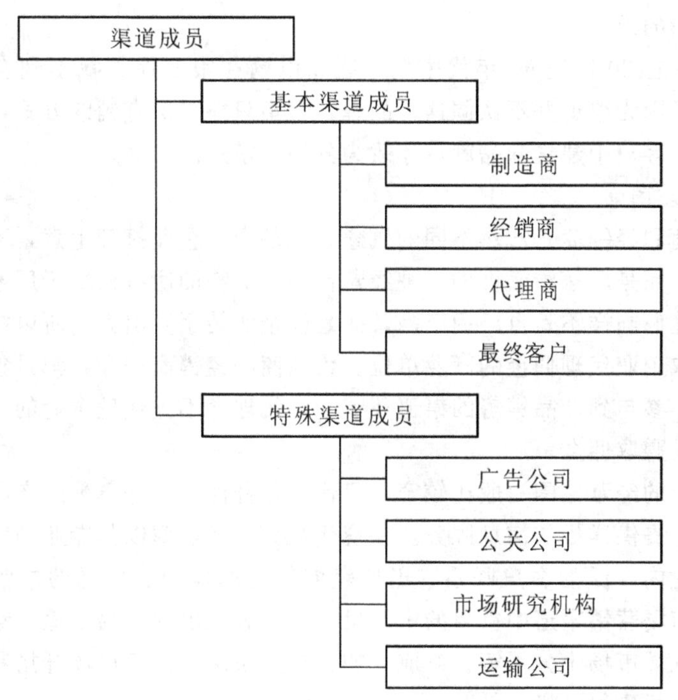

图 7-1　渠道成员的基本要素

比如，大厂家找小经销商且找多家经销商；而小厂家找大经销商且只找一家，就是这个道理。再比如，品牌影响力低和无法提供足够赊销服务的企业，就很难进入许多连锁专业卖场。

③制造商的设定目标小、期望低，采用独家分销；设定目标大、期望高，采用选择分销。

比如，一些国际企业在中国仅仅是开展进口贸易活动还是准备大展拳脚建立生产基地，将会影响它的渠道模式。

(2)经销商

通过设计和发展渠道，将许多制造商的活动联系起来，在渠道中起到枢纽作用。

①经销商实力强，宜采用独家分销；实力弱，宜采用选择分销。

比如，许多厂家设立分公司办事处，固然有渠道下沉和控制市场的目的，但也和在当地找不到实力强、能挑起大任的总代理有关，最后只好自己干总代理的角色。

②许多厂商不能够吸引中间商，只好采取直销的方式，所谓“倒着做渠道”，通过反向拉动渠道，先做直销逐渐提高影响力，吸引经销商加盟，最后

再改为分销的模式。

比如，在20世纪90年代中期，联想电脑在很多地方找不到合适的分销商，主要是因为渠道并不认同这个品牌，联想只能采取直销的方式，直到后来联想逐步在客户中建立起品牌，才改为分销的模式。

(3)代理商

代理商和经销商是截然不同的概念。代理商代企业打理生意，不是买断企业的产品，而是厂家给额度的一种经营行为。货物的所有权属于厂家，而不是代理商。他们同样不是自己用产品，而是代企业转手卖出去。所以“代理商”一般是指赚取企业代理佣金的商业单位。代理商同经销商一样，都是独立的渠道中间机构，参与到产品销售的渠道环节中。代理商不是代理企业的雇员，不拿薪金，而是赚取佣金。

代理商的经营范围一般比较窄，只代理几种他们十分熟悉的产品，专业性强，为客户提供详尽的信息服务。在现代社会，代理商以其专业的市场和产品知识、行业内广泛的客户联系、迅速获取信息的能力、卓越的推销及谈判能力，成为市场营销渠道中重要的中间机构，并表现出独有的渠道优势：

①对区域市场十分了解，有成形的客户关系网，便于市场开拓和推广，为企业抢占市场赢得先机。

②降低企业运营成本。代理商不属于被代理产品企业的员工，不需要发放工资或其他待遇，企业只要按合同规定，根据代理商完成的业绩给予佣金就可以了。这比企业自建销售网络和组织销售人员要节省很多费用。

③可以规避直销风险。企业的精力有限，不可能对每个市场都很了解，如果生产企业自己贸然进入，就会面临很大的风险，而选择代理商就可以最大限度地规避风险。

(4)最终客户

最终客户是整个渠道的终点。

①订货量小、频率高，宜采用经销渠道(一级、二级渠道)；订货量大、频率低，宜采用直销渠道(零级渠道)。

比如，每月固定订货的工业原材料客户和一次性购买大型机械设备的客户相比，前者渠道设计可以比后者的长。

②技术服务要求低，宜采用经销渠道(一级、二级渠道)；技术服务要求高，宜采用直销渠道(零级渠道)。

比如，银行的电脑系统万一出现故障，厂家维修人员必须在短时间内赶赴现场，因此采用直销对客户的反应更快。

③运输方式对渠道规划有影响，离厂家远的一般采用经销渠道(一级、二级渠道)；而离厂家距离近的一般采用直销渠道(零级渠道)。所谓远交近攻。

2. 特殊渠道成员

特殊渠道成员并不拥有产品或服务的所有权，也不承担相应的市场风险，但是它们能够帮助基本渠道成员将产品或服务转移到用户手中，凡是起到这种促进作用的成员，都被归属为特殊渠道成员。

显而易见，基本渠道成员对产业链的良性发展起着更为关键的作用，也具有更强的不可替代性，因此，在进行营销渠道管理时，基本渠道成员是我们的重点关注对象。

(二)渠道结构

我们可以将营销渠道分为长度结构(层级机构)、宽度结构和广度结构三种类型。这三种渠道结构构成了渠道设计的基本要素和变量，进一步说，渠道结构中的长度变量、宽度变量及广度变量完整地描述了一个三维立体的渠道系统。

1. 长度结构(层级结构)

营销渠道的长度结构，又称为层级结构，是指按照其包含的渠道中间商(购销环节)，即渠道层级数量的多少来定义的一种渠道结构。通常情况下，根据包含渠道层级的多少，可以将一条营销渠道分为零级、一级、二级和三级渠道等。

一级渠道包括一个渠道中间商。在工业品市场上，这个渠道中间商通常是一个代理商、佣金商或经销商；而在消费品市场上，这个渠道中间商则通常是零售商。

二级渠道包括两个渠道中间商。在工业品市场上，这两个渠道中间商通常是代理商及批发商；而在消费品市场上，这两个渠道中间商则通常是批发商和零售商。

三级渠道包括三个渠道中间商。这类渠道主要出现在消费面较宽的日用品中，比如食品等。在工业品产业链中，一些小型的零售商通常不是大型代理商的服务对象，因此，在大型代理商和小型零售商之间衍生出一级专业性经销商，从而出现了三级渠道结构。

2. 宽度结构

如果我们根据每一层级渠道中间商的数量的多少来定义渠道结构，也即从宽度的意义上来拆解渠道的话，则这种构成方式就受到产品的性质、市场特征、用户分布以及企业分销战略等因素的共同影响。

表 7-1 宽度结构的类型

宽度结构的类型	具体描述
密集型营销渠道	制造商在同一渠道层级上选用尽可能多的渠道中间商来经销自己的产品的一种渠道类型。多见于消费品领域中的便利品，比如牙膏、牙刷、饮料等
选择性营销渠道	指在某一渠道层级上选择少量的渠道中间商来进行商品分销的一种渠道类型。在工业品营销中，许多产品都采用选择性营销渠道
独家营销渠道	指在某一渠道层级上选用唯一的一家渠道中间商的一种渠道类型。这种渠道结构多出现在总代理或总分销一级，同时，许多新品推出时也多选择独家分销的模式。当市场广泛接受该产品之后，许多公司就从独家营销渠道模式向选择性营销渠道模式转移

3. 广度结构

渠道的广度结构，实际上是渠道的一种多元化选择。也就是说许多公司实际上使用了多种渠道的组合，即采用了混合渠道模式来进行销售。比如，有的公司针对大的行业客户，公司内部成立大客户部直接销售；针对数量众多的中小企业用户，采用广泛的营销渠道；针对一些偏远地区的客户，则可能采用邮购等方式来覆盖。

概括地说，渠道结构可以笼统地分为直销和分销两个大类。其中直销又可以细分为几种，比如制造商直接设立的大客户部、行业客户部，或制造商直接成立的销售公司及其分支机构等。此外，直销还包括直接邮购、电话销售、公司网上销售等。分销则可以进一步细分为代理和经销两类。需要指出的是，代理和经销均可能选择密集型、选择性和独家等方式。

二、工业品营销渠道的设计

(一)营销渠道设计的目标

营销渠道决策是公司高层管理所面临的重要决策之一，公司所选择的渠道将直接影响到其市场营销的决策，每个营销渠道的设计都体现了渠道设计者的战略意图，都有渠道设计的预期目标。一般来说，营销渠道设计的目标主要体现在以下几方面。

①方便客户购买，使客户的让渡价值最大化。

②开拓市场，提高市场占有率。

③提高产品渗透率。

④渠道设计顺畅，便于管理、控制。

⑤设计科学合理的市场覆盖面及密度。

⑥扩大品牌知名度，提升信赖度。

⑦选择渠道类型的种类。

⑧设定不同的营销渠道的投资报酬目标。

⑨设定商流、物流、情流(情报)、现金流的高效目标。

(二)营销渠道设计的制约因素

根据工业品的特性，营销渠道的设计受众多的市场因素和非市场因素影响，企业必须准确地把握这些因素。在设计营销渠道时除了考虑目标客户以外，还要考虑以下几个方面因素的制约。

1. 产品制约因素

营销渠道设计时所要考虑的产品制约因素如表7-2所示。

表7-2　产品制约因素

产品制约因素	特　点
体积和重量	从成本控制的角度考虑，体积和重量越大，越应该采取短渠道策略
单位价值	单位价值越小，越需要密集布点，需要更多的网络成员来经营；单位价值越大，要求的营销渠道路径就越短，避免过多的中间商盘剥利润，可以采用专卖或者代理的形式来建立营销渠道
产品的社会化程度	社会化程度高的产品，客户的购买频率相对就高，应该密集布点，方便客户的购买；社会化程度不高的产品，可以选择在重点城市建网
专用程度	专用产品，技术含量和服务的要求比较高，应该采取定制的策略，实行一对一服务；通用产品，借助经销商的力量来推广，效果更好
季节性	季节性产品应该选择短渠道，快渠道，达到快速布点的目的

2. 市场制约因素

营销渠道设计时应考虑的市场制约因素如表7-3所示。

表 7-3　市场制约因素

市场制约因素	特　点
市场成熟的程度	进入期保证速度，依靠中间商打开市场；成长期保证质量，建立自己的网络，加强终端深耕；成熟期保证销量，最大限度地挖掘市场、网络的潜力；衰退期保证冷静，维护好市场，为新一轮的产品导入做准备
市场的密集程度	密集程度大，应该集中营销渠道，进行深度分销，以争取市场份额为重点；密集程度小，借助分销成员的力量比较科学
经济发展水平	对发达地区与不发达地区，城市和乡镇，大城市和小城市，营销渠道的设计是不同的，必须依据实际情况进行部署
目标客户的性质	面对一般客户销售的产品，营销渠道是复合的，渠道较为复杂；面对专业性用户销售的产品，营销渠道建立在技术和售后服务的支持上
目标客户的购买习惯	体现方便性、舒适性的渠道特点

3. 竞争对手制约因素

营销渠道设计时所应考虑的竞争对手制约因素如表 7-4 所示。

表 7-4　竞争对手制约因素

竞争对手制约因素	特　点
联合型竞争	采用跟随的营销渠道设计，但是不以击败竞争对手为目标，而是谋求竞争双赢，在不同的空间取得各自的市场份额
游击型竞争	运用避实就虚的营销渠道设计，避开竞争对手的锋芒，寻找市场的空白点，完成分销部署

4. 制造商自身的制约因素

营销渠道设计时所应考虑的制造商自身的制约因素如表 7-5 所示。

表 7-5　制造商自身的制约因素

制造商自身的制约因素	特　点
资源	资源丰富，能够应付企业长期战略，营销渠道的设计可以做全面部署，谋求长期的营销渠道效应；资源缺乏，营销渠道的设计就必须抓住突破点，建立区域性营销渠道

续表

制造商自身的制约因素	特　点
控制能力	力量强大的制造商可以根据自身的实力，比如品牌、知名度、信誉、财务状况、管理水平和经验，按照自己的意图布局分销网络，有战略性和前瞻性，对营销渠道的控制能力较强大；而力量单薄的制造商更多地依赖中间商和渠道成员，面对大客户的谈判能力不强
产品组合	产品的种类、规格和产品组合的关联程度十分密切，必须根据组合的情况来设计营销渠道
管理水平	管理水平的高低是营销渠道设计的中心。管理水平较低，营销渠道的设计相对比较粗放；管理水平高的企业，尽量要在营销渠道的设计中体现管理的水平

(三)营销渠道设计的原则

在细致分析了营销渠道的制约因素以及各自的渠道设计要点之后，在进行营销渠道的设计时，还应该遵循如表 7-6 所示的设计原则。

表 7-6　营销渠道设计的原则

营销渠道设计的原则	特　点
接近客户的营销渠道设计原则	抓住终端，实际上就是和客户面对面——因此，客户在哪里，营销渠道的触须就必须伸到哪里，这是营销渠道设计的基本原则。远离客户的终端、远离客户的营销渠道是不切实际的，不可能给企业带来效益
覆盖市场的营销渠道设计原则	覆盖市场也就是让客户随处可见，随处可买——让分销网点密如蛛网，这是深度分销的核心
精耕细作的营销渠道设计原则	市场覆盖面大了，如果缺乏管理，缺乏精耕细作，那么营销渠道的危机是很显然的。在竞争越来越激烈的今天，抛弃粗放经营，实行精耕细作是很重要的，它保证了网络的正常运转和健康发展。在精耕细作的网络设计中，所有的网络管理工作必须做到定点、定时、定人、定路线、定效应，推行细致化、个性化服务，及时准确地反馈市场信息，全面监控市场的动向
强攻的营销渠道设计原则	强攻是分销突围的重要手段，强攻给市场、客户以及竞争品牌带来的冲击是巨大的，有力地占据了市场的战略要害，在第一时间赢得客户的认同。因此，强攻是营销渠道设计的核心——资源强大的企业可以全面强攻；资源单薄的企业可以局部强攻

续表

营销渠道设计的原则	特　点
携手共进的营销渠道设计原则	这是企业对待分销成员的思想问题。企业看中经销商的是他们的区域网络的经营实力，而经销商选择企业的依据也是看到了企业、产品将给自己带来的利润和市场空间，因此，和分销成员携手共进、共存共荣必须体现在营销渠道的设计中。只有这样，营销渠道才能健康成长，并逐步壮大
不断创新的营销渠道设计原则	在不同的企业发展阶段和不同的品牌发展阶段，营销渠道的设计应该有所不同——因此，营销渠道的设计也应该注重求新、求变的原则。根据竞争和市场的发展，根据客户的变化和个性化需求，不断调整营销渠道，让营销渠道和企业、产品、品牌共同进步

《孙子兵法》有云：兵无常势，水无常形，能因敌变化而取胜者，谓之神。市场的竞争丝毫不亚于战场，营销渠道的突围，重要的是变，也就是创新，这是营销渠道突围的路径。

三、如何建立工业品营销渠道体系

在工业品营销中，由于采购者是企业等集团性组织，因此通常盛行的是上门推广、参加招投标活动等营销方式。但是，在相当多的工业领域内，除了一部分产品技术含量高、需要进行延伸的服务式营销以外，很多产品已经不存在技术障碍，不需要厂家进行直接的专业性销售，而可以通过业内渠道销售。这样，就引发出一系列困扰制造商的问题——应该利用自己的销售队伍呢，还是直接把销售功能交给其他分销商呢？所选择的分销商能不能成为企业直接销售的补充？如果要选择分销商，应该选择什么标准、什么数量的分销商，以及指导企业分销体系运作的原则是什么？

因此，我们在建立工业品营销渠道体系时，需要特别了解以下的内容。

（一）是否建立营销渠道体系

大多数工业品制造企业在制定经营目标时，将直接销售作为其主要的经营方式，按直接销售进行利润预算。如果涉及分销问题，则通常把分销商看做成本而不是利润的贡献者。分销商当然需要一个利润幅度，这就意味着要以低于直接销售的价格卖给分销商，更为严重的情形是分销商的经营范围可能会危及制造商的直接销售份额。

工业品企业在制定营销战略时，究竟该不该建立分销体系，不能简单地按利润导向进行逻辑判断。进行这项决策时首先要弄明白几个问题，一是企业要明确哪些功能对于营销战略的成功是至关重要的，比如迅速交货、就近库存(生产线上交货)、个性化制造等，明确本企业为获得最佳业绩所需的重要功能；二是分析所需功能中哪些是弱项，弱项中哪些是因为功能缺乏，哪些又是因为机会权衡问题，即为了利益的最大化原则而进行的保留；三是企业存在的重要功能弱项，是否可以由外部机构(分销商)来弥补。从以上三个问题就可以确定一个企业是否需要组建分销体系，尤其是在产业状态相对离散的行业，即地域分布广、中小企业客户多的行业，如印刷、电子、办公设备、建材等行业，以上的判断更为重要。

(二)如何构筑营销渠道体系

工业品生产企业大多数应选择直接销售与间接销售相结合的双渠道战略，尤其是具备以下特征的企业：产品简单便宜；购买是经常性与少量的；有很多中小型客户；市场成熟且在地理上分布较分散。当然，实际中存在不符合上述特征甚至相反的情况，但通常是基于该行业内客户的特殊需求的因素。

很多工业品制造企业虽然也进行一部分分销业务，但经常出现左右摇摆的状况，导致了不少问题。首先表现在政策多变，即经常变动价格政策，或感到市场份额不足而增大对分销商的支持力度，或直接销售良好时减弱对分销商体系的维护；其次表现在渠道管理上，营销管理的资源主要集中于直接销售，长期忽视对分销体系的管理，造成分销市场秩序混乱、价格失控、恶意竞争状况严重。因此，工业品制造企业决定选择独立分销商构筑分销体系时，必须考虑清楚以下问题，慎重决策。

1. 选择什么样的分销商

①确定功能。企业首先要确定自己的哪些功能应由分销商来完成。一般而言，制造商愿意以自己的销售部门来占领市场的“制高点”，即高端大客户，而希望分销商覆盖分散的中小型客户。按照这样的愿望，就应该取分销商之长补自己之短，在服务、库存以及信誉保障等客户需求方面进行排序，按功能互补、突出客户需要的原则选择分销商。

②调查摸底。在选择分销商之前，要在各市场区域细致排查，从地区经济发展水平、相关工业结构与规模、主要竞争者市场份额与渠道状况等方面进行

调查，更重要的是对本地区分销商数量，以及各自的经营实力与规模、信誉程度、客户覆盖面、经营特点等因素进行透彻了解，只有在此基础上结合企业对分销商的功能需要，才能选定目标分销商。

③规模选择。在分销商的规模方面，大分销商由于经营规模大，通常有较高的人均销售额与较好的利润空间，选择他们容易获得较大的市场份额，也能在客户服务上获得比较专业与持续的支持。但是大分销商也更能给制造商带来挑战，主要表现在分销商能不能努力开拓制造商产品的新市场，以及由于其实力雄厚、讨价还价能力强而引起的渠道控制权方面的威胁。因此，基于制造商的战略考虑，在众多小型分销商中选择积极、努力、有正确并与制造商一致的理念的分销商，应能产生同样好的效果，也便于制造商更好地保持渠道上的战略控制。

④数量选择。即在一个区域内是选择独家分销商，还是选择多家分销商。一方面，通常在工业品营销中，价格不是最重要的因素，服务能力与客户关系深化程度决定了供应的分布，因此选择多家分销商应是正确的。另一方面，分销商数量又不能过多，否则会导致单个分销商销售数量不足而失去开拓市场的积极性。应根据产业特点，在分析本地市场容量与本企业产品销售潜力的基础上，参考同类市场经验或竞争对手状况，合理确定分销商数量。基于分销商的特点(比如是综合分销商还是专业仓储式分销商)，应考虑他们在同一市场中的对立与相容关系，在分销产品类别上进行有效划分，防止对立现象扩大。

2. 制定分销政策要考虑哪些要素

确定分销商以后，接下来就是签订分销商特许经营协议。许多厂家对分销商管理不力，就是在这个关口没有做好，埋下日后频繁发生利益争端、分销网络管理体系失效的诱因。工业品市场不同于消费品市场，往往需要较长的协议期来保护各自的利益，这对制造商来说是一个挑战。

制造商的整体分销政策，其基石就奠定在分销特许协议中。协议最重要的是明确双方在市场中承担的责任，尤其是功能性责任；其次要摆明各自的利益及如何对利益进行保护。最常见的问题是协议权责失衡，或制造商有意模糊对自己不利的条款，这就难以为日后出现的利益纠纷找到解决端口，导致消极性摩擦或对抗。所以，双方应根据本地域的市场特点，就所预见到的问题进行探讨，寻求解决方式并写入协议条款。

制造商分销政策的贯彻，必须要在分销商理解制造商战略意图的前提下实现。销售经理们要对战略意图进行讲解，任何这方面的含混都会带来渠道冲突，比如统一的价格体系有可能被少数分销商为追求低价倾销而破坏。因此，从制造商的战略意图到特许协议以及销售政策要保持相对一致，这样才能维护渠道中双方共同利益的最大化原则。

四、如何管理工业品营销渠道

建立行之有效的分销体系，应首先在重要的市场区域内选择深度分销的先期启动市场，目标市场应是最能发挥分销功能的市场，如中小客户多、没有明显强势对手、具有潜力的区域，通过调查、市场分析及策略制定、分销商选择与谈判，建立制造商的分销网络。对于分销网络的管理与维护应注意以下几个方面。

(一)分销政策管理

考虑产品组合。客户通常希望"一站式"采购，企业应注意将普通产品与竞争力强的产品进行组合，从而促进分销商更多地分销产品品种。

注意采用灵活的价格组合策略，运用单一产品低价促销的方式，指导分销商以单一产品带动产品组合的推广。

统一出货价格，并运用积点返利的方式，鼓励分销商扩张市场占有份额。

(二)管理平台建设

工业品供应位于产业链上游，目前消费品市场竞争的加剧，使下游企业对上游在响应速度方面的周期要求越来越短，由此产生了在"期量"上，下游对上游的摆动性需求。因此，在制造商总部远离市场前端的情况下，分销政策的调控与管理平台应该建立在全国市场的各大区域总部。一方面，制造商公司总部掌握分销政策的基本原则；另一方面，分销政策的应变性调整应落在大区域的管理平台上。

在营销队伍建设上，工业品直接销售与分销管理应按不同的方式进行，即单列分项管理与考核。分销管理应建立专门的管理团队，按"工程师＋营销顾问"的标准选用人员。

(三)渠道管理

首先，要对分销商进行价格管理，制定统一的最低出货价格。如果放任出货价格不断降低，势必影响分销商的利益预期从而削弱其主推的积极性。只有对销售进行监控并辅以一定的违规惩处办法，才能保证分销商的推广信心，使制造商在各区域市场保持渠道掌控权，维护市场秩序。

其次，建立分销商档案，除了记载分销商基本情况与数据外，要动态地记录分销商的经营过程与变化，定期更新资料并进行评估，根据评估的结果划分分销商类别以区别管理与支持。

最后，建立业务经理对分销商的定期寻访制度。在业务寻访中，业务经理要搜集竞争对手信息，掌握本公司分销商的经营状况，对分销商进行指导与协调：

一是经营指导。帮助分销商分析经营状况与客户需求的特点，寻求更好的解决方案。

二是库存指导。尽管制造商希望分销商尽可能地多存货以满足客户的即时需求，但盲目地增加存货会让分销商承担资金占用风险与损失，不利于整条价值链的增值最大化原则。因此业务经理要对各分销商的库存品种与数量进行必要的指导，逐步使综合效率得以提升。

三是对分销商进行必要的技术培训与支持，帮助其更多地掌握本企业产品的技术特点与使用范围，必要时帮助分销商进行客户沟通，加强渠道推力，增加对分销商的支持力度。

【案例分享】　　法国 TL 公司的渠道管理策略

法国 TL 公司是世界领先的石油公司，世界财富 500 强企业。进入中国市场以来，其车用小包装(2L、4L)润滑油、工业用特种润滑油的市场份额一直都比较小，落后于其他几个国际品牌。TL 公司在 1997 年开始按传统营销策略拓展吉林省市场，1998 年仅完成润滑油销售目标的 25%，投入产出严重不成比例。

2001 年，TL 公司新的销售团队针对工业品客户"高关注程度"的购买特点，实施了三项改革：

①由有广泛润滑油销售网络、经营某国际知名润滑油品牌多年的新经销商建设全新的营销渠道。

②将营销重点由专有渠道向大众传媒拓展。于春季换油旺季在当地"交通之声"广播电台投放了 1 个月的广播广告，覆盖除了车主之外的诸多非直接使用群体。

③选择"钻石 3000＃"作为明星单品，针对其目标客户——出租车车主，将广告的核心诉求定为"使用 3 000 公里，机油不发黑"。

新策略实施 3 个月后，经销商出货对比过去 3 个月平均出货额增长了

350%，相对去年同期销售增长近400%，投入产出比为1.13。销量的迅速提升吸引了诸多新老合作伙伴，通过成熟的销售网络迅速拓展业务，2001年全年吉林省销量对比去年增长超过100%。

分析：

TL公司通过成熟经销商多年的信誉和客户关系消除零售商和最终用户对试用新产品的顾虑；通过大众媒体传播给购买者一个新的获取信息的途径；通过"机油不发黑"的卖点打消车主的担心和顾虑。TL公司根据两类产品的客户认知需求差异规避决策风险，提高营销效率和决策质量，制定营销策略，并在诸多环节上满足了客户在"高关注"购买时"更希望降低购买风险"的心理需求，因此最终获得成功。

五、工业品营销渠道的常见模式

工业品营销渠道的常见模式有：大客户渠道、项目型渠道、代理商渠道和直营渠道，见图7-2。项目型渠道的介绍已在前面重点阐述，在这里不做介绍。

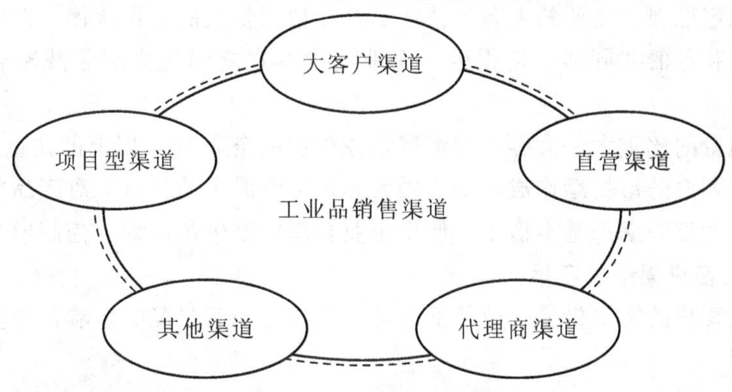

图7-2 工业品渠道模式

针对这几种类型，工业品企业如何设计自己的营销渠道模型呢？

(一)直营渠道设计模型

工业品生产企业在直营管理中存在的问题还很多，如销售人员综合素质参差不齐，人员流动性大，运作流程的缺失，售后服务的不完善等。在这里就不一一加以阐述。我们重点分析企业直营系统的建立。主要有两大步骤。

1. 建立客户信息资料库

一般工业品企业的客户市场信息来源于三个方面：一是销售人员的信息收

集，二是公众信息的汇总，三是行业内信息的采集。针对市场竞争白热化以及同质化严重的市场，这几个方面的信息来源是明显不够的。企业要在竞争中占据主导地位，往往在于领先一小步。这微弱的领先优势，往往在第一时间内获取的信息中获得。

2. 组建销售团队

销售团队的组建关键在于“人”。中国企业现有的销售队伍组织结构较多见的是区域销售结构和产品销售结构。大中型企业由于销售区域较大，产品种类较多，会采用两种方式相结合的组织结构。有一定规模的企业无论是采取代理方式，还是采取终端销售方式，首先都会分区域管理，设置区域总代理或设立区域办事处。这种结构形式便于管理，各区域设总负责人，管理效率比较高。但有一个较突出的问题，在区域划分和区域之间的协调上处理得不够好，常会引起一些纠纷，影响销售和销售队伍的团结，导致整体战斗力削弱。

(二)大客户渠道设计模型

1. 大客户渠道的特点

①稳定性强。企业的大客户往往是企业稳固长久的合作伙伴。彼此的信任以及作为利益的共同体，使得生产企业与大客户之间建立起了战略合作伙伴关系。

②销量的比重大。大客户的销售量往往占据企业50%以上的比重。

③大客户的市场运作成本低。因大客户生产需求的特点，对产品规格、质量要求、发货周期都基本稳定，便于企业合理安排生产计划，控制成本。

2. 大客户渠道的不足

①大客户的需求量受行业外部环境以及自身经营状况的影响，企业难以掌控和把握。

②企业对大客户的依赖性，往往会导致应收账款的发生。

③大客户产品的供货价格，往往会依据市场行情的波动而变化。因此价格因素往往成为企业与大客户发生争执的焦点。

3. 针对大客户的特点，在渠道设计上可遵循三个原则

(1)依据行业建立起自己产品的客户群

工业品的适用面往往是比较广泛的，适用各个不同的行业。比如不锈钢管，可适用于石化、食品、核电等不同行业。在大客户拓展中，除了产品的价格、品质、供货周期等因素之外，样板客户的影响力也起着重要的作用。依据企业在某个行业建立起的优势，企业能在某个范围之内建立起产品的品牌优势。企业应充分利用资源，拓展大客户数量。

客户的开发，一个关键环节是“借势”。《孙子兵法》曰：“善战者，求之于势，不责于人。故能择人而任势。”正所谓“无势者造势，无力者借势，有势者用势”。大客户的行业开发，首先得给自己造势，在价格、品质或者服务等某一个方面显示出其他同类产品无可比拟和超越的优势，在行业中形成共识。这就是造势。造势的手段有媒体的宣传、客户的口碑、有影响事件的传播等。将势造得越大，对产品渠道的拓展推动力就越大。因此在行业内建立其大客户渠道一般有三个步骤：一是建立样板客户，扩大影响力；二是扩展客户群体，建立起初级的销售网络；三是对客户进行筛选，选择一批优势客户，组成稳固的销售网络体系。

在行业内建立起大客户销售渠道的关键要素是：服务、信誉和价格。企业把握住这三点要素，就能在某一行业内占据优势。

(2)依据地区划分，建立自己产品的大客户群

在某一地区范围之内，建立起自己密集的大客户群。即利用企业在该地区形成的社会关系优势，或利用销售人员在某一地区的公共社会关系或威望，发展出一批大客户群。社会共同关系的运用，必须建立在产品价格、质量、供货周期等客观因素都与其他竞争对手在同一个水平线的基础上，方能建立起稳固的大客户渠道。

在地区范围内，建立密集的大客户群，所能依据的资源主要有：第一，政府职能部门的支持。比如质量监督局对生产的安全性能有直接监控的权力，如果将自己公司的产品作为质量监督局的推荐产品，就容易被有关企业所接纳。第二，在当地生产企业间建立起的良好的人脉关系。如与客户企业老板是同乡或发小关系，在同等条件下，对方大多会选择该公司的产品。第三，利用当地行业协会的能力推广自己的产品。行业协会虽是自发的民间组织，但对当地的企业具备一定约束和影响力。利用行业协会的能力推广产品，也易于被有关企业所接受。

(3)利用已有的客户资源建立起产品的大客户群

一些企业在原有产品的基础之上，推出新品类的产品时，利用现有的销售网络建立起自己的大客户销售渠道。这种模式简单、快捷，能在较短的时间内形成一定的销售量。但缺点也比较明显：对老客户的过度使用，会增加对这些客户的依赖性；新产品质量的不稳定，或对原有产出产生冲减，都会增加风险。

利用现有渠道建立新产品的大客户群，只能适度使用。在立足老客户的基

础上，不可停止对新客户的开发。只有多管齐下，方能取得最佳效果。

(三)代理商渠道设计模型

1. 代理商渠道设计的四大原则(见图 7-3)

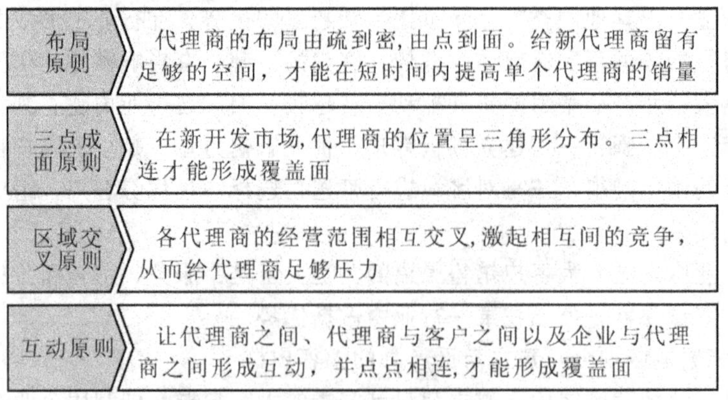

布局原则
代理商的布局由疏到密,由点到面。给新代理商留有足够的空间，才能在短时间内提高单个代理商的销量
三点成面原则
在新开发市场,代理商的位置呈三角形分布。三点相连才能形成覆盖面
区域交叉原则
各代理商的经营范围相互交叉,激起相互间的竞争，从而给代理商足够压力
互动原则
让代理商之间、代理商与客户之间以及企业与代理商之间形成互动，并点点相连,才能形成覆盖面

图 7-3　代理商渠道设计的四大原则

①布局原则。在建立代理商渠道的过程中，市场的布局非常关键。初期代理商的选择，往往直接决定着企业未来代理商渠道的格局。在代理商渠道初建阶段，给新的代理商留有足够的发展空间，并使其相互呼应，相互配合，这是代理商渠道布局之关键。

②三点成面原则。在新开发的市场中，在经销商布局上，所选择的代理商所处的区域位置呈三角形分布。从数学原理上来理解，三点相连，覆盖面最广，渠道结构最稳定。

③区域交叉原则。每位代理商都有直接的势力范围。一般而言，在距离公司五十公里以内的，对终端用户的影响力和控制力最强；在五十公里至一百公里之间的区域市场，代理商的影响力和控制力较强；在一百公里以外的区域市场，代理商的影响力和控制力偏弱。以区域交叉的原理，让不同地区的代理商在偏弱区域交叉重叠，能相互弥补不足，同时也能让代理商相互牵制。见图 7-4。

④互动原则。让代理商之间、代理商与客户之间以及企业与代理商之间、企业与客户之间经常保持互动，保持物流、现金流、信息流的畅通，才能真正形成产品的覆盖面。

2. 代理商的选择

选择代理商一般有四个标准。见图 7-5。

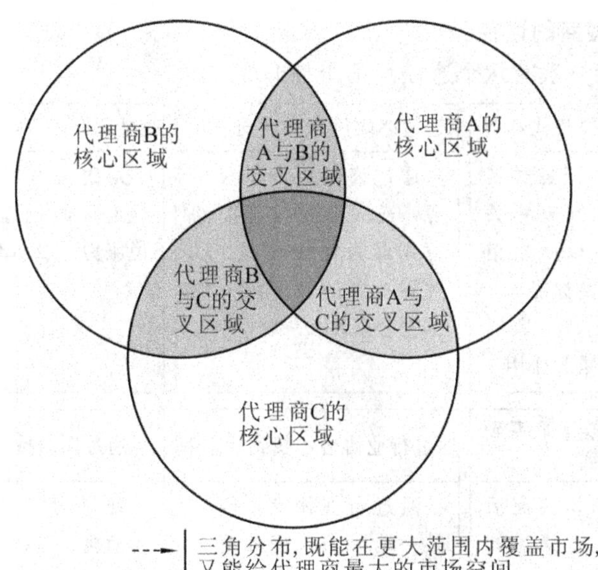

三角分布,既能在更大范围内覆盖市场,又能给代理商最大的市场空间

交叉原则在代理商能力薄弱地区,通过双重或三重覆盖,提升该地区的销售力

图 7-4　代理商的三角分布和交叉原则

资质条件	资金实力
1. 代理商必须具备经销公司产品的资质。如营业执照的经营范围、资质证书及其他必要的证件 2. 代理商必须有必要的办公或营业场所，以及必要的仓储和运输能力 3. 必须具备必要的专业知识和人才	1. 代理商必须有足够的运作资金以保障正常的经营活动 2. 代理商必须准备专项资金，运作公司产品
代理商的资格	
1. 代理商应具备必要的社会资源或者现成的销售渠道 2. 代理商有极强的市场拓展能力 3. 对公司产品的销售充满信心	1. 代理商现有的产品对公司产品不发生冲突 2. 代理商的现有渠道不与公司其他渠道相冲突 3. 代理商的经营理念与公司相匹配
经营能力	渠道匹配

图 7-5　选择代理商的四项基本条件

3. 寻找代理商的途径

寻找代理商一般有六个途径。见图 7-6。

通过展销会，寻找代理商	通过终端用户，逆向寻找	通过现有客户，介绍代理商
全国经常召开各类展销会，会议期间有相关经销商参加。以此来招商是较为快捷的途径 在展销会上，厂家的会前准备会起重大作用	通过终端用户供货来源，逆向寻找代理商的方式最为快捷准确。以此寻找到的代理商一般都符合条件	通过现有客户介绍其他地区的代理商，更有说服力，成功率高
通过企业招商会，联系到代理商	**通过行业协会，找到代理商**	**通过网络搜寻代理商**
企业自行组织招商活动，能缩短建立渠道的时间，更便于确定合适的代理商	通过行业协会，能将某一地区的代理商都一网打尽，选择面较广	通过网络搜寻，面广而简捷，但难以甄别

图 7-6　寻找代理商的六个途径

4. 确立代理商的谈判步骤

在确立代理商的谈判过程中，一般可分为三个步骤进行。见图 7-7。

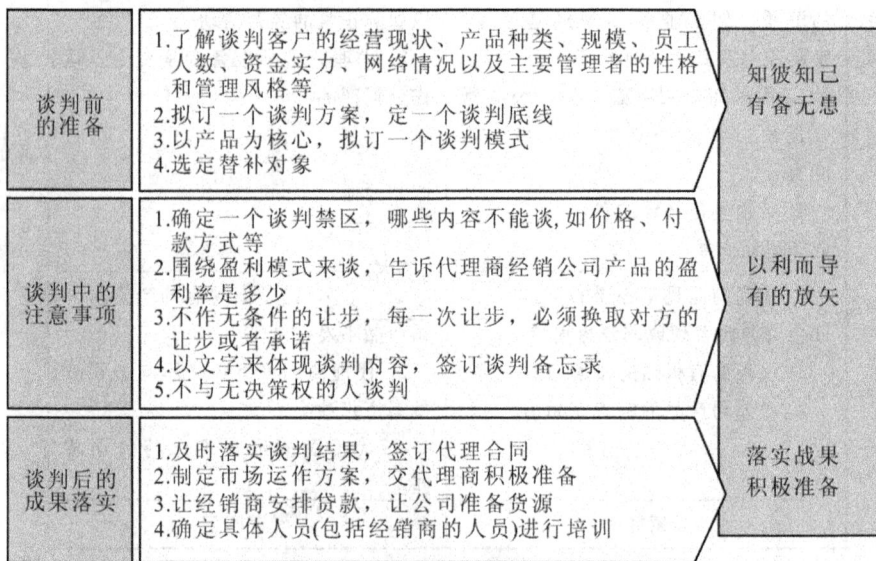

谈判前的准备	1.了解谈判客户的经营现状、产品种类、规模、员工人数、资金实力、网络情况以及主要管理者的性格和管理风格等 2.拟订一个谈判方案，定一个谈判底线 3.以产品为核心，拟订一个谈判模式 4.选定替补对象	知彼知己有备无患
谈判中的注意事项	1.确定一个谈判禁区，哪些内容不能谈,如价格、付款方式等 2.围绕盈利模式来谈，告诉代理商经销公司产品的盈利率是多少 3.不作无条件的让步，每一次让步，必须换取对方的让步或者承诺 4.以文字来体现谈判内容，签订谈判备忘录 5.不与无决策权的人谈判	以利而导有的放矢
谈判后的成果落实	1.及时落实谈判结果，签订代理合同 2.制定市场运作方案，交代理商积极准备 3.让经销商安排贷款，让公司准备货源 4.确定具体人员(包括经销商的人员)进行培训	落实战果积极准备

图 7-7　确定代理商谈判的三个步骤

第八章　工业品营销队伍建设与管理

本章我们将解决下列问题：

- 工业品营销队伍是如何组建的？
- 工业品营销队伍的组建流程是什么？
- 工业品营销队伍的薪酬设计方式是什么？

营销团队建设对于任何企业的营销工作都是十分重要的。但是由于工业品企业的营销工作自身的特点，其营销团队在一定程度上缺乏团队合作、营销技能及统一管理，营销团队建设具有一定难度。因此有必要结合工业品企业的特点，提出针对工业品企业营销团队建设的方法，从而提高工业品企业营销团队的销售业绩。

一、组建营销队伍的原则

(一)组建营销队伍时存在的普遍性问题

组建营销队伍应选择什么样的人才？各企业有不同的标准，但普遍存在着以下五种问题：

①按销售主管的喜好选人。选才标准完全根据主管领导个人的价值观去判断。性格细腻的领导喜欢选择性格稳重的部下，性格张扬的领导喜欢选择性格外向的部下。这不利于团队内部人才相互间的配合。

②以经验为标准选人。某些企业喜欢选择一些经验丰富的人才，以在短时间内创造效益。但有经验的人才会受到经验的局限性，对公司的规定和管理流程容易产生抵触心理。这类人对企业的忠诚度偏低。

③以学历高低为标准选人。某些企业为抬高身价，在选择销售人员时，给划个大专以上甚至本科以上学历的最低线。学历只是代表着一个人受教育的程度，并不代表能力的大小。销售人员的成长取决于学习态度、进取心、投入度以及自身天赋等因素，学历低不代表不能成为优秀的销售员。

④以全才标准选人。有的企业招聘销售人员时，要求有市场规划和运作能力，能统筹客户管理以管控市场费用，拟订产品促销计划等。这哪是招聘销售员的条件，分明是招聘销售总监的条件。其实优秀的销售员并不需要是全才，

只要有某一特长就行。与其样样都懂，还不如一样精通。

⑤以企业未来发展的蓝图去选人。有的企业认为选人时，得为未来的发展储备人才。这恰恰是招聘人才时陷入的误区。企业发展在什么阶段，就需要什么样的人才。过于超前，一会造成人才的浪费，二会造成现有人员眼高手低的局面。

(二)组建营销团队应遵循的原则

企业组建营销团队时，应遵循以下五大原则。

1. 以岗定人

将销售工作的基本流程切割成几个段落，每一个段落安排不同的销售人员。将企业产品销售按流水线操作。每一个销售板块，都对工作能力的要求各有偏重，以这些特殊要求，选择合适的销售人员。

比如机电产品的销售，将销售过程切割成八个板块：信息收集—储备接触—方案设计—技术交流—方案确定—项目评估—合同谈判与签订—执行跟踪与售后服务。这八个板块让一个销售员运作和管控全过程，难免对其能力和素质要求会很高。如果组建一个项目小组，每一位销售员各自管控其中一两个板块，就更易于发挥其特长。这就可以在营销队伍内部将销售人员分为：信息员、谈判专员、技术专家、售后服务专员等。而这几个不同的岗位对其工作能力、素质甚至性格等要求不一。信息员要求性格细腻、思维缜密；谈判专员要求性格外向、反应敏捷；技术专家要求技术知识丰富；服务专员要求性情豁达、耐心仔细。

针对具体的工作岗位以及工作内容的侧重点，而选择不同类型的销售人员。选择人才以是否合适岗位为主要标准，忽略其他因素。

2. 团队至上

工业品行业的销售基本崇尚“精英至上”的思想。一些中小型企业的生存基本是依靠一批销售精英来支撑着局面。这些销售精英占据着特殊的地位，他们可以去要挟企业，可以游离于企业的管理制度之外。这与“团队至上”思想是格格不入的。

销售精英凭借着自己的人脉关系以及多年的工作经验的积累，创造出优异的销售业绩。但这类销售人员对企业的威胁性也很大，这类销售人员掌握着客户资源，他们的流失对企业的生存与发展都会造成威胁。

企业在聘用这类人员时，应当千万注意：不得因重用所谓人才，而损害团队的利益。销售精英在企业的起步阶段，有显著的作用；但企业进入了发展期之后，这类人才的不足与弊端就显露无遗。

企业内部的稳定和长足的发展，应当撇开“个人英雄主义”思想，走团队至上的道路。团队协助，能弥补单个销售员能力上的不足，在团队内部形成合力，以保持企业的竞争优势。团队至上，强调的是相互间的协助，而淡化个人的作用。这样，某一位销售员的流失，才不会对企业产生太大的伤害。

3. 新老搭配

每个公司的营销部门的销售人员总是有老有新，老有老的经验和对产品的熟悉，新有新的激情和斗志。在组建团队时，尽量将新老员工搭配在一起，让其相互弥补和相互促进，这样能让团队保持活力。

新老搭配的时候，要注意尽量避免新老员工之间的隔阂，同时也得注意避免让老员工的负面因素去影响新员工，倡导相互学习的氛围。

4. 等级递升

在销售人员之间建立等级，比如可以让销售人员分成三个级别、九个等级，包括主任级、经理级、总监级，每个级别又可分为三个等级，每个等级的待遇和基本工作有所差异。设立等级制的原因在于：一是对各销售人员工作能力和成果的肯定；二是员工相互间有所竞争，保持活力；三是给员工以不断上升的空间，使得新老员工都有努力的目标。

5. 部门负责制

以部门为独立考核的单元，让各部门之间形成相互竞争的局面。让企业内部部门之间相互制约和促进。企业内部管理有个相互制衡的问题。员工之间、部门之间相互合作，又相互竞争，相互制约，这样的管理才能保持相互间的平衡。如某些部门地位太特殊，或者对企业贡献率太高，就会在这些部门中出现管理真空，使这些部门凌驾于公司管理制度之上，企业经营就容易出现偏差。

二、营销队伍的规划与管理

目前，中国大多数的工业品企业的营销队伍组织得很不完整，对于营销队伍的管理体制也很不健全，在人员选择上没有严格的标准，拥有正规培训程序的企业更是少见。这些因素都在一定程度上阻碍了营销队伍建设发展的速度，从本质上影响了企业的销售。因此，对于营销队伍的设计问题，企业必须认真考虑，制定营销队伍目标、结构、规模和绩效报酬方式。以下是设计的程序。

(一)确定营销队伍目标

首先，我们要确定营销队伍的目标。营销队伍的目标必须以公司目标、市场特征和公司在这些市场的预期位置为前提。设计时应考虑人员推销在市场营销组合中的独特作用，使人员推销更有效地为客户提供服务。

营销团队所承担的是工作任务的组合，他们除了销售之外(完成或超额完成销售定额)，还将执行如表 8-1 所示的一个或几个特定的任务。

表 8-1　营销团队的工作任务(除了销售之外)

寻找潜在客户	负责寻找和培养新客户
目标选择	决定如何支配有限的时间，对客户进行拜访
沟通	应能熟练地将公司有关产品或服务信息传递出去
销售相关	应懂得营销技巧，讨价还价，回答疑问和达成交易
服务	为消费者提供规定的服务，并给予咨询、技术、交货的帮助
收集情报	进行市场调查和情报工作，并填写报告
分配	制作供货(销售)计划，在产品短缺时决定向谁供货。

(二)营销队伍策略

1. 营销队伍的组成

一个公司的营销队伍由专门为公司工作的全日制业务人员组成。其构成如下：

①在办公室内用电话处理业务，接受潜在客户来访的内部工作人员；

②外出访问客户做市场营销沟通的现场业务人员；

③合同推销队伍，包括经销商、代理商以及一切根据销售额提取佣金的临时聘用人员。

2. 组成人员与分工责任

为了从终端客户(代理商、经销商)手中获得订单，我们必须有策略地运用营销队伍，并及时地给专业营销队伍以支持。

①专业销售人员(业务经理、业务员)，执行公司的销售任务，完成公司规定的销售额，并负责市场信息的反馈。

②技术人员，在产品的购买前、购买期间和购买结束后，都要向客户提供技术信息和服务。

③客户服务代表，向客户提供安装、维修及其他服务。

④办公室人员(包括销售分析人员、订单执行人员和秘书等)，用电话处理业务，接待来访、接收信息、处理投诉和内勤调配等。

3. 运用营销队伍的策略方法

①销售工程师(业务员)对一个客户：一个销售工程师通过电话或亲自拜访，和一个现有客户或潜在客户进行交谈。

②销售工程师对一群客户：一个销售工程师尽可能多地结识客户群体中的成员。

③销售小组对客户群体：公司销售小组向客户群体开展销售工作。

④销售会议：销售工程师和公司参谋人员讨论营销的主要问题和机会。

⑤销售研讨会：公司小组为客户单位举办一个有关产品技术发展状况的教育讲座。

(三)营销队伍的结构

在第七章已经讲过，中国工业品企业现有营销队伍组织结构较多见的是区域结构和产品销售结构。大中型企业由于销售区域较大，产品种类较多，会采用两种方式相结合的组织结构。

目前中国的玻璃企业是比较典型的采取区域营销队伍结构的行业。几个知名品牌，如南玻、信义等企业在各个省份都有自己的办事处，这种结构设置使企业的营销队伍形成一定规模，也比较有效。但并非所有大中型企业都拥有适合自己的营销队伍结构。许多较大的企业依然没有意识到营销队伍需要一个合理有效的组织结构。它们的做法是“哪里需要，就到哪里去”，由业务员独立联系业务，哪里有需求意向，就往哪里派一个业务员，做完这笔业务又换个地方做另一个业务。这种做法效率低、开支较高，市场混乱。造成这种现象的原因，一是对销售不重视，没有市场竞争危机意识；二是决策者自身营销水平不高。

产品营销队伍结构也很常见。按产品的种类分区域销售是目前最受企业欢迎的营销队伍组织结构。不同的销售人员销售不同的产品，有利于销售人员对产品知识作深入了解，增强销售能力，也便于总体管理。但是目前中国采用这两种组织结构相结合的企业，有很大一部分并不适合这种组织方式。

(四)营销队伍的责任与地位

1. 营销队伍的部门责任

①全权负责公司的产品经营、销售渠道开发、经销商的管理、销售业务人

员的管理、市场沟通等活动。

②营销队伍根据公司的年度经营计划定出本部的季度、月度销售计划，并协同生产、财务等部门做出相应的计划，努力完成公司的年度经营任务。

③营销队伍在进行产品推广、产品行销中，可在公司政策允许的范围内，适时制定与调整各经销商的等级，草拟与修改公司的销售政策，并提供给总经理决策。

④营销队伍可在公司赋予的职权范围内，对本部门聘用人员进行考核和奖罚。

⑤营销队伍应及时向公司决策层和有关部门反馈市场信息、产品信息，并实施对市场信息的规范管理。

⑥营销队伍对业务运作中的每一环节承担职责并跟踪到底。

⑦营销队伍对资金回笼负完全责任。

2. 经理的责任与要求

(1)职业责任

①及时掌握市场情况；

②正确决定销售策略；

③认真制订销售计划；

④努力组织部门培训；

⑤领导好、管好、用好部门人员。

(2)理论要求

①把握经济动向、预测景气的能力；

②管理、统率“人”的能力；

③组织销售队伍的能力；

④管理营销队伍的能力；

⑤开发、管理客户的能力；

⑥发挥营销机能的能力。

(3)素质要求

①有信心完成销售目标，巩固销售成果；

②能根据事实迅速做出判断；

③有良好的人际关系；

④对于复杂棘手的问题能化繁为简；

⑤具有丰富的专业知识；

⑥工作标准化、条理化；

⑦真正了解下属的工作情况和愿望；

⑧经常反省、总结经验、分析形势，并把成功秘诀传授给下属。

(五)营销政策的内容

营销政策是提高销售业绩，激励员工上进，对经销商、代理商产生企业亲和力不可缺少的工具。一个完整的营销政策应该全面地涵盖以下内容，并加以科学地解释，以及不打折扣地实施。

①大纲或序言。说明制定依据、原因、目的。

②片区战略推广的方法与责任措施。列明详细的方法与责任措施，此项具有随着阶段时间发展的可变更性。

③对经销商的销售奖励政策。具有一定阶段的持久性，包括对经销商的奖励条件、让利、公关和活动办法。

④对业务人员的销售奖励政策。规定工作绩效的奖励标准，销售业务的提成办法，未达标的处罚措施。

⑤营销通路的程序。科学制定销售通路管理程序，确定程序操作方法。

⑥可变性说明及变更的权力部门的界定。科学地测定政策的有效实施期，变更的理由，变更与解释的权力部门。

营销政策的制定方法应根据公司的实际情况，参照同行业政策的制定方法，经自下而上、自上而下的多次讨论形成方案，然后通过运行发现问题，适时加以修正和补充。

(六)营销部门的财务管理

①公司财务部对营销部门的销售费用占销售额的比例进行计划与控制。

②公司营销部门必须严格执行公司财务制定的各项开支标准，对各项费用开支进行严格审核，科学控制与降低销售成本，努力提高企业的经济效益。

③业务经理与业务人员在特殊情况下收取客户现金时，必须事先报告经理，并经经理或主管副经理同意，将所收现金在3日内交给公司财务。严厉禁止试用期人员收取客户现金。

④业务人员因需要收取的客户转账支票，应在收到之时即通知值班经理。值班经理将所收到的客户支票传真与业务人员的收款(支票)信息，应在当日下班前(晚班为次日上班时)交给或通知公司财务部，以便财务部查收核对。

⑤值班经理应及时向客户和业务人员发出客户欠款的警示通报，凡超过一周以上的欠款，应书面上报公司总经理、公司财务部和营销部门经理，并在上

报时提出警示意见。

⑥营销部门所有人员均不得坐支和挪用所收货款，任何形式的坐支与挪用，一律按贪污论处，并追究当事人的经济与法律责任。

⑦值班经理应每月与公司财务部核对所收货款，并填报所收货款报表，并向经理、总经理和公司财务部提供欠款警示分析，为领导当好参谋。

⑧严格执行业务人员费用报销及审批程序规定，任何人不得徇私情。若有不按规定行为发生，公司将重罚当事人。

⑨为了保证业务出差人员的工作和生活的需要，费用报销及审批程序贯彻勤俭节约、艰苦奋斗的精神，保证公司财务制度的贯彻执行。

三、营销队伍的绩效与薪酬激励体系

对于工业品企业，应该对营销团队人员采取什么样的绩效考核方法？薪酬又该如何设计？下面我们将具体讨论这些问题。

(一)工业品营销特征

①产品特点。工业品营销不像快速消费品那样有稳定的市场需求，其产品的销售过程较为特殊，需要主动去向客户推销，通过发掘和引导客户需求从而最终实现有效的项目销售。因此，团队的营销能力和工作态度是销售成功的关键因素。

②工业品营销人员的工作特点。工作时间自由，单独行动多，公司难于掌控；工作绩效可由具体成果显示出来；工作业绩具有不稳定性。

(二)绩效管理考核

1. 考核目的

①通过对员工在一定时期内担当职务工作所表现出来的能力、努力程度以及工作实绩进行分析，做出客观评价，把握员工工作执行和适应情况，确定人才开发的方针政策及教育培训方向，合理配置人员，明确员工工作的导向。

②保障组织有效运行。

③给予员工与其贡献相应的激励以及公正合理的待遇，以促进管理的公正和民主，激发员工工作热情和提高工作效率。

2. 考核作用

①合理调整和配置人员。

②职务升降。

③提薪，奖励。

④教育培训，自我开发，规划职业生涯。

3. 考核原则

①以绩效为导向原则。

②定性与定量考核相结合原则。

③公平、公正、公开原则。

4. 营销团队奖励的内部分配方式

参与项目型销售的项目经理、方案设计人员都应参与项目提成分配。项目经理与技术经理之间的分配比率可以适当调整，但是必须有一定比例。笔者经常发现有些公司过分强调项目经理的重要性，导致技术经理的角色更多的是辅助性的，甚至成为项目经理的助理。

5. 设立考核的指标与权重比

根据营销团队分配的方式与工作特征，考核的内容可参考如下的案例。

表 8-2　销售经理考核评分表

考核期间：　　年　月至　　年　月

姓名		部门		岗位		□季度考核 □年度考核			
种类	指标			权重(%)		A	B	C	D
关键考核指标(70%)	销售收入			20					
	应收账款回收率			20					
	新客户开发数量			20					
	销售项目整体进展情况			40					
个人技能(20%)	领导能力			30					
	人际能力			30					
	计划与执行能力			40					
态度指标(10%)	考勤			20					
	工作纪律性			30					
	合作满意度			50					
考核人	签字： 年　月　日								

注：此表由被考核人员的直接上级填写。

表 8-3 销售工程师考核评分表

<table>
<tr><td>姓名</td><td></td><td>部门</td><td></td><td>岗位</td><td></td><td colspan="4">□季度考核
□年度考核</td></tr>
<tr><td>种类</td><td colspan="3">指标</td><td colspan="2">权重(%)</td><td>A</td><td>B</td><td>C</td><td>D</td></tr>
<tr><td rowspan="4">关键考核指标(70%)</td><td colspan="3">中标项目毛利率</td><td colspan="2">30</td><td></td><td></td><td></td><td></td></tr>
<tr><td colspan="3">中标金额</td><td colspan="2">40</td><td></td><td></td><td></td><td></td></tr>
<tr><td colspan="3">中标率</td><td colspan="2">10</td><td></td><td></td><td></td><td></td></tr>
<tr><td colspan="3">新客户开发量</td><td colspan="2">20</td><td></td><td></td><td></td><td></td></tr>
<tr><td rowspan="2">个人技能(20%)</td><td colspan="3">沟通能力</td><td colspan="2">60</td><td></td><td></td><td></td><td></td></tr>
<tr><td colspan="3">计划与执行能力</td><td colspan="2">40</td><td></td><td></td><td></td><td></td></tr>
<tr><td rowspan="3">态度指标(10%)</td><td colspan="3">考勤</td><td colspan="2">20</td><td></td><td></td><td></td><td></td></tr>
<tr><td colspan="3">工作纪律性</td><td colspan="2">30</td><td></td><td></td><td></td><td></td></tr>
<tr><td colspan="3">合作满意度</td><td colspan="2">50</td><td></td><td></td><td></td><td></td></tr>
<tr><td>考核人</td><td colspan="9">签字：
年 月 日</td></tr>
</table>

表 8-2 和表 8-3 说明，衡量一个经理，我们不仅仅只是看销售收入或业绩，而应更多地通过综合比较来分析一个经理。当然，分析基础是岗位对经理的要求。如：关键考核指标(KPI)(70%)＋个人技能(20%)＋态度指标(10%)＝岗位绩效(100%)。其中，有些指标是可以增加或减少的，例如有些公司在个人技能这一项增加一些知识管理的能力、对行业掌握的能力等；也有公司在 KPI 这一项增加老客户的保留率、满意度等。这都可以因企业对岗位要求的不同而改变。

经理这个岗位考核的内容有了，但是具体考核的标准是什么呢？这也是关键，如果没有一个标准，就缺乏公正性，人为的因素就会增多，人浮于事，绩效的作用就形同虚设了。下面，我们再来分享一个成功的案例。见表 8-4。

表 8-4　销售经理与销售工程师关键考核指标说明

<table>
<tr><td colspan="2">考核指标</td><td colspan="4">考核指标说明</td></tr>
<tr><td rowspan="8">关键考核指标</td><td rowspan="2">销售收入</td><td>A</td><td>B</td><td>C</td><td>D</td></tr>
<tr><td>超出目标计划</td><td>完成目标计划</td><td>接近完成目标计划</td><td>远不能完成目标计划</td></tr>
<tr><td rowspan="2">应收账款回收率</td><td>A</td><td>B</td><td>C</td><td>D</td></tr>
<tr><td>超出计划完成</td><td>按计划完成</td><td>接近完成目标</td><td>远未能完成目标</td></tr>
<tr><td rowspan="2">新客户开发数量</td><td>A</td><td>B</td><td>C</td><td>D</td></tr>
<tr><td>远超过客户开发计划</td><td>完成客户开发计划</td><td>接近完成客户开发计划</td><td>远没有完成计划</td></tr>
<tr><td rowspan="2">销售项目整体进展情况</td><td>A</td><td>B</td><td>C</td><td>D</td></tr>
<tr><td>按计划或要求提前或优秀完成</td><td>完成目标</td><td>接近目标</td><td>远不能达到目标</td></tr>
<tr><td rowspan="4">个人技能</td><td rowspan="2">领导能力</td><td>A</td><td>B</td><td>C</td><td>D</td></tr>
<tr><td>能合理评价他人的技能和绩效，使下属心服口服，并能使下属明确努力方向；了解他人的需求，善于引导下级积极主动地工作，用奖励和表彰等提高积极性，使员工努力工作</td><td>能较为合理地评价他人的技能和绩效，指出其不足；能够按照制度利用奖励和表彰等方式提高员工积极性</td><td>能够按公司要求对他人作评估；欠缺分配工作、权力及指导部属之方法，任务进行偶有困难</td><td>无法正确评估他人；工作主要靠命令与指示</td></tr>
<tr><td rowspan="2">人际能力</td><td>A</td><td>B</td><td>C</td><td>D</td></tr>
<tr><td>易与他人建立可信赖的、积极发展的长期关系；善于与他人合作共事，相互支持，充分发挥各自的优势，保持良好的团队工作氛围</td><td>能够与他人建立可信赖的长期关系；能够与他人合作共事，相互支持，保证团队任务的完成</td><td>较为自我，不易与他人建立长期关系；团队合作精神不强，对工作有影响</td><td>刚愎自用，不易与他人相处，自我封闭；不能与他人很好合作，独断专行</td></tr>
</table>

续表

考核指标		考核指标说明			
	计划与执行能力	A	B	C	D
		具有极强的制订计划的能力，能自如地指挥下属或分配自己的时间，通过有效的计划提高工作效率，以最佳的结果为目的；能够按照计划严格执行，并确保在每个细节上减少差错	能根据公司的要求，制订相应程序和计划，在权限范围内配置资源，明确目标和方针，以及确保供应的保障；能按照计划执行，比较注意细节，偶有差错发生也能迅速改正	制订计划和组织实施有难度，需要别人帮助方能进行；能大致按计划执行，不太注意细节，偶有差错发生	做事无计划，缺乏组织能力；随意，常出差错
态度指标	考勤	A	B	C	D
		月度无迟到早退现象，也无事假；全年迟到不超过三次，无早退、旷工记录，事假不超过三天	月度无迟到早退现象，有事假；全年迟到不超过五次，早退、旷工不超过一天，事假不超过三天	月度迟到或早退现象发生了一次；全年迟到或早退在十次以内，旷工不超过两天，事假不超过五天	月度迟到或早退现象超过一次；全年迟到或早退超过十次，或旷工超过两天，或事假超过五天
	工作纪律性	A	B	C	D
		严格遵守公司各项规章制度，严格履行制度规定义务，没有任何违规行为	遵守公司规章制度，基本能履行制度规定的义务，没有违规行为	基本能遵守公司规章制度，有时不能履行制度规定的义务，偶尔有违规行为	不能遵守公司规章制度，经常不履行制度规定的义务，经常有违规行为
	合作满意度	A	B	C	D
		有积极的团队合作意识，非常主动地与他人沟通	能够参与团队的项目合作，认同团队的行为	基本上能够响应团队项目，团队合作需要加强	不能参加团队合作，认同度差

表 8-4 设定的标准可以相对客观地反映出销售经理的工作绩效，从而起到相对公正、公平考核的作用。

有了项目经理的考核内容，如何考核就是一个关键。有人认为，项目经理也是业务开发人员，主张一个月考核一次；也有人认为，因为项目周期相对比较长，项目经理应该一年考核一次。大家都有一定道理，但是依据在哪里？

我们的观点是看一般公司项目的周期，如果是飞机大炮类的行业，建议考核周期以一年为宜，因为项目周期长；如果是从事一般性小型交换机行业，建议考核周期以一个季度为宜。下面我们来分享一个案例，见表 8-5 和表 8-6。

表 8-5　销售工程师考核指标说明

考评指标	考评主体	A 超出目标计划	B 超出目标计划	C 超出目标计划
毛利润率	直接上级			
销售业绩	直接上级			
中标率	直接上级			

举例：毛利润率＞20％；销售业绩＝季度目标或者年度目标；中标率＞45％。

表 8-6　销售经理考评维度、权重分布表

考评维度	考评主体	季度考评权重（％）	半年度考评权重（％）	年度考评权重（％）
关键绩效	直接上级	90	80	70
技能	直接上级	5	15	20
态度	直接上级	5	5	10

需要注意，考评权重是不同的，这应该从经理对公司的贡献的角度来分析，因为任何一个公司都想要经理尽早产生业绩，从而为企业创造新的价值。

6. 根据绩效来设定薪酬制度

所谓绩效考核，是一种正式的员工评估制度，它通过系统的方法、原理来评定和测量员工在职务上的工作行为和工作效果，它是企业管理者与员工之间进行管理沟通的一项重要活动。绩效考核的结果可以直接影响薪酬调整、奖金发放及职务升降等诸多关系员工的切身利益的政策，其最终目的是改善员工的工作表现，在实现企业经营目标的同时，提高员工的满意程度和成就感，最终达到企业和员工个人发展的“双赢”。

那么针对经理，如何有效地设定相应的薪酬计划呢？薪酬本身需要与绩效挂钩，如何实现呢？下面的案例有助于我们理解针对项目经理的薪酬设计。见

表 8-7。

表 8-7　销售经理与销售工程师薪酬设计表

薪酬设计	工资	绩效薪金	福利	税前薪金总额
内容 1	基本工资	业绩奖金	统一福利	
内容 2	绩效工资	年终奖金	销售补贴	
备注	权重比	工作能力认定	公司制度规定	

备注：

①基本工资是刚性的，便于稳定员工队伍，解决生存问题。

②绩效工资是弹性的，相对比重要小，考核内容为工作态度等方面，例如电话质量、拜访客户的次数、工作日志、上班迟到、每周总结等检查。

③业绩奖金是刚性的，根据完成业务提成的比例而定。

④年终奖金是弹性的，根据一年的工作能力而定。

⑤统一福利是刚性的，例如三金、房贷等。

⑥销售补贴是刚性的，根据公司的制度而定，例如出差费、手机费等。

所以，我们设计薪酬制度的时候，需要设计绩效奖金，使行业经理、项目经理的职务更有挑战性。只有与绩效紧密结合的薪酬才能够充分调动员工的积极性，而从薪酬结构上看，绩效工资的出现丰富了薪酬的内涵，过去的那种单一的僵死的薪酬制度已经越来越不适用，取而代之的是与个人绩效和团队绩效紧密挂钩的灵活的薪酬体系。所以，业务开发部门的经理在年终的时候，可能拿到额外的绩效奖金。当然，有些公司涉及应收账款的问题，建议绩效奖金可以在当月根据实际收款的多少来提取一定的比例，同时年终再发放其余的奖金。

第九章　工业品营销的前景和发展

本章我们将解决下列问题：

- 工业品营销的前景是什么？
- 工业品营销的国际化该如何发展？
- 工业品营销有哪些新概念和新途径？

一、工业品营销的前景展望

由于历史的原因，我国的工业革命比西方晚了一百多年，从19世纪60年代的洋务运动开始，我国才开始自己的工业革命，而这个时候，西方国家的经济实力已经取得了飞速发展。中国近代民族企业虽然在20世纪二三十年代得到了一定的发展，但随后接连不断的战乱又给中国的民族企业以毁灭性打击。从新中国成立到改革开放前，中国才基本建立了比较全面的工业体系。面对西方国家已经走过的工业化道路，中国的企业必须走出一条具有自己特色的道路，才能赶超西方国家。我国在进行国家建设的时候强调，要走有中国特色的社会主义道路，同样，中国工业的发展也要走有中国特色的工业发展道路。

从改革开放开始的经济体制转变，催生了最初的中国营销。中国营销从无到有，用了30年的时间走完了西方国家用上百年时间才走完的路，让世界对中国刮目相看，这也体现了中国营销的力量。在这30年里，有过成功，也有过失败，但无论是成功还是失败，对中国的营销来说，都是一笔宝贵的财富。今天，中国的营销环境发生了巨大的变化，这对中国的营销来说，是巨大的挑战，也是巨大的机遇。我们相信，中国的营销能够延续它的辉煌，再次创造奇迹。

（一）中国工业品营销的未来重在创新

通过前面几章的论述，我们看到了在中国市场上，工业品营销的发展。那么未来的工业品营销又该如何走呢？如何才能走出有自己特色的道路呢？答案只有一个：创新。

首先，要把工业品营销从单纯的销售上升到战略的高度。企业的发展讲究战略，营销作为企业根本利益的实现途径当然也要讲战略。战略的营销管理要求营销不仅仅是把产品卖出去，还要讲究怎么卖、卖给谁、卖的目的是什么、如何卖才能更好地为企业的战略服务等。只有把营销管理上升到战略营销管理，才能实现营销的规范化和系统化，更好地为企业实现经济利益。

其次，要注意对品牌的营销。从前面的内容里我们已经知道了品牌的价值和力量，品牌是企业最好的宣传。在产品同质化严重的今天，没有品牌的推动，企业的产品是很难胜出的。同时，品牌也是提升企业竞争力的重要手段和途径。

再次，由点到面的创新过程。企业的创新是个系统的工程，这个工程需要逐步推进，需要由点到面、循序渐进地完成。在创新的过程中，要注重细节，注重从小处着眼，点、面结合，一步一个脚印，踏实走好每一步；同时放眼整个企业，放眼未来，保证每一步都是朝着同一个正确的方向和目标迈进。

最后，可以适当地向消费品营销学习。虽然工业品和消费品有很大的区别，但并不影响向消费品营销学习，因为营销理论有些东西是相通的。在灰色营销慢慢退出历史舞台的时候，客户更看重的是产品的附加价值。在这种情况下，很多消费品营销的理念、促销方式和工具都可以为工业品营销所用，大胆尝试，大胆创新。

创新是一条艰苦的路，需要企业领导和全体员工的共同努力来完成。创新的方式方法也很多，需要企业根据自身的特点和实际情况酌情考虑。虽然方式方法不同，但创新的根本目的是相同的，就是提高企业的竞争力，在未来的竞争中站稳脚。企业要进行创新，有些问题是必须要注意的。

1. 不能急功近利

正如我们刚刚说到的，企业的创新是一条艰苦的路，其对企业的影响不是在短时间内就能看到的，而且前期的创新过程也会比较长，这就要求企业要把眼光放得长远一点。认识到创新是对当前的状态进行创新，但却不作用于当前，而是作用于未来。急功近利只能让企业的创新失败，甚至会因此而影响企业的正常运转。

2. 有开拓精神

企业创新没有固定的规律可以遵循，也不会有现成的模板可以照搬，所有的一切都要企业自己去摸索、去实践。所以，企业要有开拓精神，敢于尝试，敢为天下先。不要瞻前顾后，要抓住机会，开拓进取，要知道，第一个吃螃蟹的人尝到的是美味。不过，这一切都要建立在切实可行的计划和方案基础上。盲目的创新我们是不赞成的，也是有百害而无一利的。我们鼓励开拓进取、敢想敢干的精神，但也反对盲目，反对冒进。

3. 时刻关注市场动态

市场能直接反应经济发展和社会需求，市场动态决定着企业的发展方向和战略规划。所以，企业要时刻关注市场动态，及时根据市场动态来进行创新和生产。科学技术的发展带动了信息化的发展，信息的流通速度空前迅速，这也为企业了解市场动态提供了便利条件。互联网的普及、ERP 的上马、现代传媒的发展等都为企业了解市场信息创造了有利条件。企业要做的就是及时分析整理这些信息，找到对自己有用的信息，甚至能根据这些信息预测出未来的发展趋势，这样的企业才能不断适应市场需求，不断提高竞争力。

4. 有长远的战略规划

也许在早几年，提到战略规划，可能很多企业都还不知道是什么。可是现在，越来越多的企业认识到了战略规划的重大意义，也纷纷开始做战略规划了。战略规划就相当于企业的未来发展目标，为企业的发展指引方向。有了战略规划，企业的创新才有目的可遵循，而不会偏离发展方向。我们说，企业创新不是随机的，而是有一定目的和目标的，这个目标就是企业的战略规划，创新是实现战略规划的手段和途径。

5. 全体员工齐上阵

企业是人的企业，是由全体员工组成的企业，企业的每一次改革和创新都与企业的员工息息相关，所以，创新也是全体员工集体智慧的结晶，而不是某个人或某个团队能完成的。所以，在企业创新中，企业领导要注意发挥全体员工的力量，全体动员，把企业的创新真正落到实处，真正把创新进行到底。领导以身作则，树立榜样，员工集体参与，这样的企业，这样的团队，就是提高企业竞争力的力量和智慧源泉。

6. 学会与人分享和交流

在某个网站举办的一次活动中，发布的创新产品 90% 都是来自于国外，而发表评论的绝大多数也是来自国外的朋友。这就反映了我国企业的一个问题：不愿与人交流和分享。也许是因为中国的某些现实原因，很多人总是怕把自己的想法说出去之后会被人剽窃。但在企业创新的过程中，这种想法是要不得的，一定要学会与人分享和交流。在分享和交流的过程中，听取对方的意见和建议，彼此交流心得，交流经验，这可以让企业找到解决创新过程中的问题的方法，或者在交流中可能会突然产生某个创新的点子，这样就可以缩短企业自己摸索的时间，帮助企业提高创新的效率。

7. 创新是一个漫长的过程

①创新的结果不是立竿见影的，而是一个漫长的过程。正如我们前面提到

的，创新的目标是未来而不是当下。所以，企业不能因为短时期内没有看到创新的成果就放弃创新，或是对之前所做的创新努力全盘否定，导致前功尽弃。

②创新前期的准备工作是个漫长的过程。创新不是某人的一时冲动、有感而发，而是建立在企业实际情况基础上的、有准备、有目的的活动。所以，前期的准备工作，包括对企业的实际情况进行分析，对市场进行分析等，都需要一个过程来完成。这个过程还包括对现有人员的测评和考察，判定其是否符合创新的需求；如果不符合，还要对现有人员进行培训，或是聘请相关人员。

③创新的过程也是漫长的。创新意味着对原有事物的继承、发扬或否定，这必然会影响到某些人的既得利益，会不可避免地听到一些反对的声音。这些反对的声音处理得不好，会影响创新的进展和结果。而处理这些反对声音又不是一件容易的事情，所以决定了创新是个长期的工作。

尤其是对技术创新来讲，更是一个漫长的过程。从前期的市场调研和分析，到技术的研发，再到试验，到最后转化为成果，每一步都不是简简单单就能完成的事情。也许有人会说，那直接引进技术不就可以了吗。是的，引进技术确实比自己研发要省很多时间和精力，但却涉及另外一个问题：本土化。引进的技术毕竟是国外的技术，要让它适合中国的需要，适合企业的特征，这是不可缺少的步骤。否则，要么是企业的机器设备无法应用该技术，要么是该技术生产出来的产品不适合中国市场的需求。这样的技术还不如不引进。

(二)“绿色”引领时代

所谓绿色营销，是指企业在生产经营过程中，将企业的自身利益、客户利益和环境保护利益三者结合起来，并以此为中心，对产品和服务进行构思、设计、制造和销售。绿色营销要求企业以环境保护为经营指导思想，以绿色文化为价值观念，以客户的绿色消费为中心和出发点，建立企业的营销观念、营销方式和营销策略。它要求企业在经营中贯彻自身利益、客户利益和环境利益相结合的原则。

我们之前听说过比较多的工业品营销的方式主要是关系营销和信任营销。关系营销已经渐渐淡出了市场，现在强调的是信任营销。这两种营销方式与绿色营销的比较见表 9-1。

表 9-1　关系营销、信任营销和绿色营销的比较

区别	关系营销	信任营销	绿色营销
概念	纯粹的关系营销	建立在企业信任的基础上	绿色、环保
性质	强调恶性竞争	强调美誉度	企业、客户、环境三者利益相结合
营销手段	吃、喝、拿、卡	信任树法则	客户的绿色消费

那为什么又要提出“绿色营销”这个概念呢？我们不妨先来看一些资料。

从 20 世纪 40 年代初开始，每年从夏季至早秋，只要是晴朗的日子，洛杉矶城市上空就会出现一种弥漫天空的浅蓝色烟雾，使整座城市上空变得浑浊不清。1943 年以后，烟雾更加肆虐，以致远离城市 100 千米以外的海拔 2 000 米高山上的大片松林枯死，柑橘减产。仅 1950—1951 年，美国因大气污染造成的损失就达 15 亿美元。1955 年，因呼吸系统衰竭死亡的 65 岁以上的老人达 400 多人；1970 年，约有 75％以上的市民患上了红眼病。这就是洛杉矶光化学烟雾事件。

1985 年，英国科学家观测到南极上空出现臭氧层空洞，并证实同氟利昂(CFCs)分解产生的氯原子有直接关系。到 1994 年，南极上空的臭氧层破坏面积已达 2 400 万平方公里，北半球上空的臭氧层比以往任何时候都薄，欧洲和北美上空的臭氧层平均减少了 10％～15％，西伯利亚上空减少了 35％。

据分析，在过去 200 年中，二氧化碳浓度增加了 25％，地球气温平均上升 0.5℃。科学家预测，如果地球表面温度按现在的速度继续升高，到 2050 年全球温度将上升 2℃～4℃，南北极的冰山将大幅度融化，海平面会大大上升，一些岛屿国家和沿海城市将淹没于水中；温室效应有可能会使被冰封十几万年的史前致命病毒重见天日，严重威胁人类的生命安全。

其实这些都是我们知道的，只是很少把它们跟营销联系在一起，现在，我们把它们与营销联系在一起，就产生了一个新的概念——绿色营销。

1. 绿色营销的特点

与传统的营销方式相比，绿色营销有三个主要特点。

(1)具有鲜明的时代性

绿色营销是知识时代的产物，绿色营销的理论和实践以知识经济和社会的可持续发展为指导思想，同时以知识和科学技术发展为支持，为绿色技术的开发、绿色能源的使用、绿色产品的生产创造有利条件。

(2)一切以绿色为前提和依托

我们对“绿色”产品并不陌生，很多食品上都有“绿色产品”的标志，但真正意义上的绿色产品，不仅质量合格，而且生产过程、使用、处理和处置过程都必须符合环境保护要求，不仅要尽可能地将污染消除在生产阶段，而且还要最大限度地减少产品在使用和处理过程中对环境的危害。

绿色营销倡导的是“绿色”，所以要求企业在追求利益的同时，必须考虑到对环境的保护。在对自己的产品进行宣传的时候，也要注意给客户灌输绿色思想。据统计，75%以上的美国人、67%的荷兰人、80%的德国人在购买商品时会考虑环境问题，有40%的欧洲人愿意购买绿色食品。

曾是全球500强的化工企业的孟山都公司，曾一度因浪费资源遭到公众的指责，企业形象受到严重影响。该公司的董事长鲍勃·夏当罗认识到绿色营销的重要性后，立即转变发展战略，开发有利于环境的可持续发展的新技术和新产品，保证了公司的顺利发展，并被美国商业周刊选为2008年十大最具影响力企业之一。

(3)具有可持续发展性

绿色营销的目的是实现社会资源、自然资源、生态资源的永久利用，保护和改善生态环境。要实现绿色营销，必须从技术开发、产品设计、物品采购、生产工艺、质量标准、包装材料、广告策划及促销方案等产品生产的各个环节和方面贯彻“绿色思想”，从而使绿色产业、绿色产品、绿色消费、绿色意识的发展形成一个可持续发展的良性循环。见图9-1。

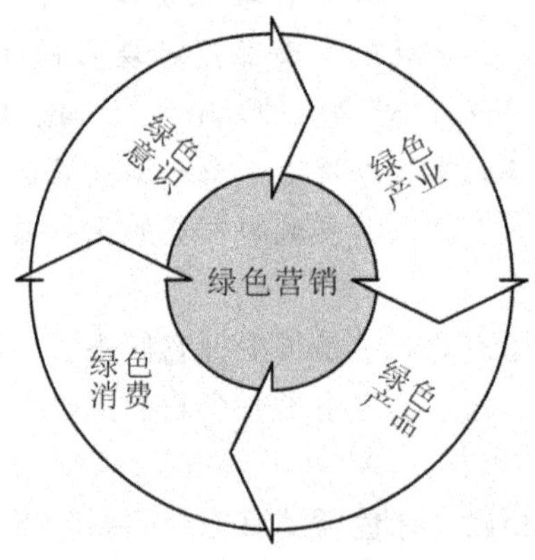

图9-1 绿色营销的良性循环

绿色营销诞生于工业发达国家，几年前才传入中国。起初，大多数企业没有意识到绿色营销的巨大发展空间，认为只是一种宣传方式，打着绿色的牌子，以此来吸引更多的客户。但随着时间的发展，企业已经改变了这种想法，对绿色营销的兴趣越来越强烈，并且开始从事绿色营销活动。尤其是比利时生产的可口可乐饮料罐被污染事件，让更多的企业界人士认识到绿色营销的迫切性和重要性，认识到企业的环保形象对产品销售的巨大影响。对企业来说，面对异军突起的绿色消费，了解、重视和实施绿色营销已经成为今后企业发展中的重大问题。

【案例分享】　　砸下 20 亿，正泰进军太阳能产业

2009 年 5 月 25 日，浙江正泰太阳能科技有限公司首条 20 兆瓦微晶非晶第二代薄膜电池生产线正式投入试生产，这标志着中国太阳能电池生产迈入了“薄膜时代”。

最近，该公司自行研制的国内第一块真正意义上的太阳能第一代薄膜电池已经正式下线，这是我国首个薄膜太阳能电池产品，它的问世填补了国内在该领域的空白。

正泰集团是国内规模最大的低压电器生产企业。在谈到为什么会选择太阳能产业的时候，正泰集团董事长南存辉说道：21 世纪，最大的竞争就是能源的竞争。从现在的情形看，新能源产业最有可能成为新兴龙头产业。随着国际经济的不断发展，全球能源竞争的趋势增强，面对有限的能源，开发新能源和新环保技术已经成为客观的趋势，谁抢占了新能源市场的先机，谁就有可能成为下一轮产业兴起的龙头。在投入太阳能产业前，正泰集团也曾考虑过很多项目，要么没有与集团现有的低压电器产业链结合起来，要么不能适应未来市场需求，结果都被否决了。董事长南存辉透露，正泰正从做专到做高、做新转型，载体就是前景光明的光伏产业。“发展太阳能正是看中了这一点。”南存辉说。

据介绍，目前正泰在太阳能电池项目上的投资接近 20 亿元，试投产的 20 兆瓦的国内首条微晶非晶薄膜电池生产线，预计今年的产值可达 10 亿元左右。“它能够满足 1 300 个家庭日常所需用电，”南存辉说，“我们的目标是到 2013 年，做到 1 000 兆瓦的年产能。”

2. 绿色营销战略

企业绿色营销观念的确立不是一朝一夕的事情，而是需要经过一定的过程才能够实现。

(1)树立绿色营销观念

正如我们前面说过的：观念决定成败。进行绿色营销，必须先树立起绿色营销的观念，充分了解绿色营销，这样才能保证在思想认识上不会有偏差。绿色营销观念是在绿色营销环境下企业生产经营的指导思想。企业营销决策的制定必须建立在有利于节约能源、资源和保护自然环境的基础上，以此来促进企业市场营销向绿色营销转变。

(2)设计绿色产品

企业实施绿色营销必须以绿色产品为载体，所谓绿色产品是指对社会和环境改善有利的产品，或称无公害产品。这种产品的核心功能既要满足客户的传统需要，符合相应的技术和质量标准，更要满足对社会、自然环境和人类身心健康有益的绿色需求，符合有关环保和安全卫生的标准。而且在产品的设计、生产、包装和销售上都要时刻以环保和减少浪费为前提。

(3)制定绿色产品的价格

价格是市场的敏感因素，实施绿色营销也不例外，也要认真研究绿色产品价格的制定。与传统产品相比，绿色营销的产品定价除了要考虑生产成本之外，还要考虑产品中所包含的环保成本，大致有下面几项：

①在产品开发中增加环保功能而花费的研制经费；

②在产品生产制造中研制环保工艺的成本；

③使用新的绿色原料、辅料而增加的资源成本；

④实施绿色营销而增加的管理成本和销售费用。

(4)实施绿色营销

一般来说，因为绿色产品增加了很多环保的因素，产品的价格相对普通产品要高一些，所以企业在销售的时候要让客户明白企业的产品价格为什么会高，产品的附加价值在哪里，对客户进行绿色营销的宣传推广，这样才真正实现绿色营销。

尽管从理论上说，绿色营销是传统营销的延伸与扩展，但它毕竟是社会经济发展到一定阶段的产物。所以，与传统营销相比，无论是营销观念还是营销组合策略，绿色营销都显示出独特的、崭新的内涵和顽强的生命力。实施绿色营销是国际公认的未来企业发展的方向，同时也是国际经济贸易活动的大趋势，绿色营销必将成为21世纪市场营销的主流。

案例引申

取之不尽、用之不竭的太阳能，将在21世纪中叶成为我国的重要能源。在中科院2009年的工作会议上，已正式批准启动实施太阳能行动计划，该计划以“2050年前后太阳能作为重要能源”为远景目标，并确定了2015年分布式利用、2025年替代利用、2035年规模利用三个阶段目标。

我国的太阳能资源丰富，全国2/3的国土面积年日照在2 200小时以上，沙漠面积大，具有发展太阳能的巨大潜力，这些都给我国研发利用太阳能资源提供了非常有利的条件。

正泰集团一直致力于低压电器的生产，是我国最大的工业电器专业厂商之一，它之所以斥巨资投入到太阳能产业，是因为看到该产业的未来发展空间。它的投资不是盲目的，这点我们从南存辉董事长的话里就可以看出来。正泰集团在太阳能产业上的投入，增加了企业的竞争力，为企业产品价值的塑造加上了强有力的一笔，在获得自身利润的同时也为社会和人类的发展作出了贡献。

二、工业品营销的国际化发展

社会环境在不断变化，客户的需求也会不断变化，但这种变化不是盲目的，而是与社会环境和经济发展紧密相关的，工业品企业要走上国际化的道路就必须了解当今国际市场的变化趋势。

举个例子来说，国际石油市场风云变幻，前几年石油市场连年高价运行，导致了全球油气大规模高速开发。可是经济危机来了，整个市场陷入了低迷的状态。同时，在石油勘探开发中也出现了一些新问题，解决这些问题不仅需要石油地质、勘探、开发的理论与技术的新突破，还需要有机械工程技术产品的支持。此外，油气田勘探开发难度加大，老油气田开采条件普遍变得苛刻，新油气田勘探开采环境恶劣等，这些都对油田机械制造业的发展提出了挑战。

江汉油田四机厂在这方面的创新有了突破。20世纪90年代，它从美国引进IRI修井机、道威尔水泥车、压裂机组等7项新技术。近几年还大力加强消化吸收和再创新工作，自主创新能力进一步增强，逐渐在钻修井机、海洋修井机及泵类产品等方面形成自己的核心能力和竞争优势，成为我国最大的钻修井、固井和压裂装备研发制造和出口基地。该厂还与美国Loadmaster公司成立新产品研发机构，并成功研制代表国际新型钻机发展方向的“大义BE770”

5000M快移快装钻机，获国家专利4项，引起了国际石油装备市场的关注。

江汉油田正是看到了国际市场的变幻和油田机械制造业的瓶颈所在，进行自主创新，从而赢得了市场。

工业品企业走上国际化道路需要了解以下几点。

(一)把握三点原则

原则一：了解客户的业务及目标

只有更好地了解客户的业务和发展目标，才能使产品更好地满足客户的需要，这将有助于产品开发人员开发出真正满足客户需要并达到客户期望的优秀产品。

了解客户的业务和发展目标，要求企业要接近客户，深入实际，充分了解客户的想法和需求。当然，很多时候企业可能不容易直接接触到决策层的人，那就要靠销售人员的聪明才智了。没有机会，创造机会也要上；不能直接面对客户，就要创造接触客户的机会。

原则二：从企业内部挖掘信息

从社会宏观环境中挖掘的信息毕竟有些宏观，所以企业还要从客户内部挖掘信息，这些是微观的。把宏观信息和微观信息结合起来分析，这样就会提高信息的准确度。

在企业内部，最容易捕获这些信息的是直接与客户接触的部门和职员，如企业领导层、销售部门、市场部门、采购部门、客户服务部门等。但由于部门间的分工不同或其他原因，这些信息往往是片面的，难以得到有效的整合与验证。这就需要企业对这些信息进行分类整理，在进行客户需求分析的时候有选择性地参考。

通常情况下，我们会把这些信息分为三个类别。

A类信息：领导层信息。这类信息一般都是经过领导层讨论的，可信度高，容易得到其他信息的验证，但信息量一般比较少而且不容易得到。

B类信息：营销部门或采购部门主要人员所掌握的信息。这类信息集成程度高，可靠性强，他们的意见很容易被管理者接受和采纳。但是这些人员为了保证自己企业的利益，往往不轻易将这些信息透露给其他人，尤其是生产厂家的人。

C类信息：营销或采购部门非主要人员和非营销部门的信息。这类信息数量多、比较原始、及时且容易获取，但集成度差，可靠性一般，通常得不到管理者或决策人的重视，甚至经常被忽视。

三类信息的比较见表 9-2。

表 9-2　三类信息比较

比较项	A 类信息	B 类信息	C 类信息
来源	领导层	主要人员	非主要人员
难易程度	难	难	易
可靠性	高	高	低
利用价值	大	大	小

原则三：尊重客户的意见

我们经常说：客户是上帝。在挖掘客户需求的时候，企业必须尊重客户的意见。也许有时候客户的需求很难得到满足，但企业绝对不能生硬地回绝客户，而是要本着“和平共处”的原则进行商量解决。也许你能够提出一个更好的方案，即能满足客户的需求，又能保证企业的利益，这样的双赢岂不是皆大欢喜吗？

【案例分享】　　西门子进军中国风电市场

2009 年 5 月 22 日，西门子风力发电叶片(上海)有限公司在上海临港区破土动工，这是西门子首家在华风机设备制造厂。作为积极拓展全球风机生产网络的重要举措，这标志着西门子正式进军中国风电市场。西门子风力发电叶片(上海)有限公司的初期投资为 5.81 亿元人民币；工厂计划于 2010 年下半年投入运营，届时将更好地满足中国及出口市场对风机设备的大量需求。

西门子股份公司管理委员会成员兼能源业务领域首席执行官戴恩表示，中国风电市场发展迅速，通过西门子风力发电叶片(上海)有限公司的成立，西门子在这一市场确立了自己的立足点。戴恩还表示：西门子正在努力推进公司风机生产网络的国际化，从而更好地满足亚洲、欧洲和美国市场的客户需求。

西门子风电项目具有显著的经济效益和社会效益。西门子风电项目首期总投资额约为 1 亿欧元，用地面积 18 万平方米。西门子风力发电叶片(上海)有限公司，注册资本为 2 500 万欧元，负责生产、安装风力发电设备配套的叶片、机械件、电气件和液压件及其配套零部件。生产基地计划年均生产能力为 500 兆瓦。首批风机叶片及机舱于 2010 年上海世博会期间出厂。另外，西门子公司还在临港注册成立了西门子风力发电机舱(上海)有限公司，一期投资 1 200万欧元，注册资本为 500 万欧元，该项目将与叶片项目在同一块土地上同时运营；风电机舱制造项目二期将增资3 500万欧元。

风电是西门子环保业务组合的重要组成部分。2008年，西门子与环保相关的业务组合的收入为190亿欧元，约占西门子全年营业总收入的1/4。进军中国市场只是西门子风电事业发展的一个环节，这些我们可以从近几年它的海外收购和扩张中窥见一斑。2004年，西门子收购了丹麦Bonus公司，从此进入风电市场，并持续不断扩大其生产能力。西门子还宣布在美国建立风机生产基地的计划，并在美国和丹麦建立了叶轮装配厂，在丹麦也进行了扩大，同时在德国、荷兰、英国、美国和丹麦建立了研发中心。今天，西门子已经成为全球海上风电市场的领先者。

案例引申

近年来，中国风电市场获得了迅猛发展。截至2008年，中国风电装机容量达到12.21吉瓦，占世界总量的10%，装机容量居世界第四位。预计到2015年，中国风电装机容量的年增长率将高达30%左右。2009年2月，中国政府把包括风能在内的可再生能源的发展作为应对经济危机的重要战略之一。

如果把中国作为客户，西门子作为生产企业来看，西门子无疑是抓住了也抓准了中国的市场需求，在不断进行海外扩张和并购的同时，看到了中国存在的巨大商机，义无反顾地来到中国，投资上亿欧元，建立风电生产基地，抢占中国这个潜力巨大的市场。

西门子的成功更多地来自于他们对客户需求的敏感度，能够在较短的时间里发现客户的需求，并快速制定满足需求的实施发展战略。避开了同样是环保产业的太阳能，而选择了风电，自然是与他们原有的业务模式有不可分割的关系。但更重要的是，他们能够看到一般人看不到的商机，能够对客户的需求进行准确的把握和分析，从而开发出既能满足客户需要又能实现自身利益、提高企业知名度的产品，实现经济效益和社会效益的双赢。准确来说，西门子实现的是多赢，既满足了中国的发展对风电市场的需求，又实现了自身巨大的经济效益；既实现了环保这个主题，又提高了企业的知名度。我们不能不说，这个战略确实高明。

正如西门子东北亚业务区首席执行官、西门子(中国)有限公司总裁兼首席执行官郝睿强博士所说的，“西门子已经成为基础设施领域中环保技术的领先者。通过这项投资，我们向2010年的目标——40%的订单额来自于我们的与环保相关的业务组合——迈进了一大步。”

(二)打造企业核心竞争力

对客户的需求分析是进行市场能力创新的第一步，也是关键的一步。只有对客户的需求进行了准确的分析和定位，企业才能开发出客户需要的产品。在开发新产品的过程中，也就逐步完成了企业和产品的核心竞争力的再造过程。

在经济全球化趋势增强、市场竞争趋于白热化的情况下，企业必须要打造出属于自己的核心竞争力，培育出核心产业和核心产品，找到企业持续发展的动力和基点。

打造企业核心竞争力涉及很多方面的内容，如技术、管理、制度等，但无论何种因素，创新都是关键。有利于提升企业核心竞争力的创新，主要包括技术创新、管理创新和制度创新。见图 9-2。

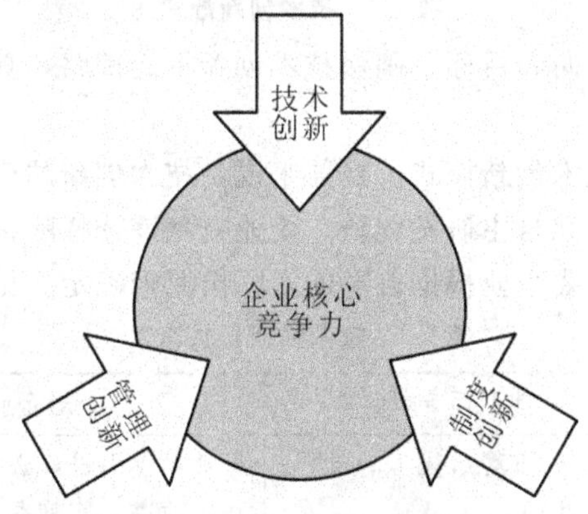

图 9-2　企业核心竞争力创新

1. 技术创新是重要途径

技术是企业赖以生存的根本，是保证企业持续不断发展的基础，离开技术创新，企业的核心竞争力就成了一句空话。技术创新是一个过程，它包括产品的开发、设计、生产、使用等一系列活动。在这个过程中，企业不仅能够提升技术能力，创造出具有市场优势的产品，还能够形成独特的、他人难以模仿的核心竞争力。企业的技术创新战略，见图 9-3。

①创造良好的技术创新环境。技术创新不是一个人或是几个人能够完成的，个人的力量和智慧毕竟有限，所以企业要创造一个良好的技术创新的环境，让全体员工都树立技术创新的意识，并积极行动起来，汇集集体的力量，为企业的技术创新提供智力保障。

②明确企业的市场定位。这是技术创新的前提。市场定位包括企业在行业的地位、竞争对手的情况、未来的发展战略等，只有清楚地了解这些，才能明

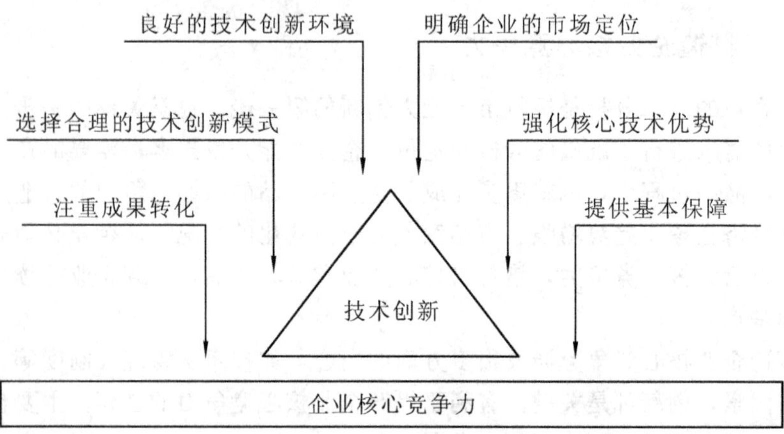

图 9-3　技术创新战略

确企业技术创新的方向和目标，确保技术创新不走偏路，真正做到为企业的发展提供原动力。

③选择合理的技术创新模式。目前来说，技术创新的模式主要有：技术引进、技术仿制或模仿和自主研发创新。企业究竟该选择哪种模式，或是这三种模式的比例如何，需要企业根据自身的实际情况来确定。见表 9-3 和图 9-4。

表 9-3　技术创新模式比较

模式	性　质	对企业的要求
技术引进	发展中国家和落后国家掌握先进技术的捷径	不能简单引进，必须消化吸收，然后模仿、改进，使其本土化
技术仿制	发展中国家处于起步阶段的企业适用	要有较好的技术基础，对模仿技术有所了解
自主创新	企业自主研发，推出全新的产品或工艺	具备强大的研究开发能力和科技支持

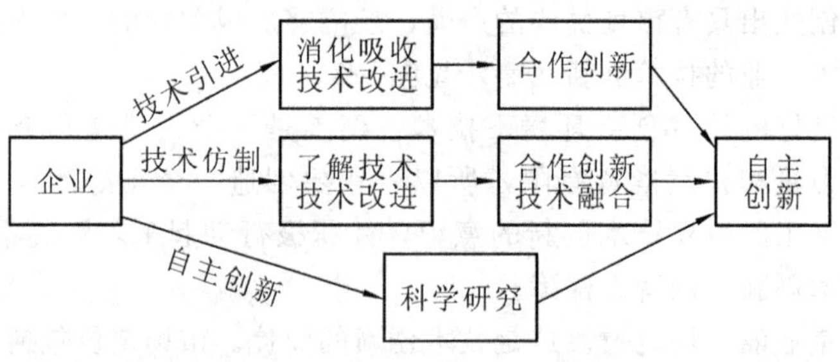

图 9-4　技术创新模式流程比较

④强化核心技术优势。在技术创新的过程中，企业不能忽视对自身核心技术优势的强化。企业的核心技术本身就是一个强有力的竞争点，如果放弃核心竞争优势或是不继续强化，而把重点都放在全新技术的创新上，是得不偿失的。

⑤注重成果转化。不论是选择哪种技术创新模式，或是对企业核心技术的强化，都要注重对科技成果的转化。这点是至关重要的。企业进行技术创新的目的是增强竞争力，如果只是进行技术开发和创新，而不转化为成果，那么技术创新只是一纸空文，反而会给企业造成巨大的人力、物力、财力的浪费。

⑥企业要对技术创新提供基本保障，如健全的研究部门、充足的财力物力支持、制度保障等，这些有助于企业技术创新的顺利进行。

2. 管理创新是手段

企业的一切运营活动都离不开管理，离开了管理，所有的活动，包括我们一直强调的创新都成了无本之木、无水之源了。打造企业核心竞争力，离不开管理创新。管理创新是有目的地进行的，是为了使管理过程顺畅、高效，创造一种有利于提升企业核心竞争力的环境氛围。管理创新必须以依靠人、激励人、发展人为基础；否则，企业核心竞争力就不会得到强化。

①转变管理观念。在计划经济时代，讲究的是平均主义，由此出现了干多干少一个样，干与不干一个样。而在市场经济时代，这样会严重损害企业员工的积极性。所以，企业领导要转变管理观念，打破平均主义、大锅饭的思想和做法，引入竞争机制，充分调动员工的积极性。

②管理手段要以人为本。管理的对象是人，是企业的员工，所以管理的手段和方法要充分体现以人为本的思想，突出人性化，这样的管理才能起到事半功倍的效果。

③管理方式立足企业实际。每个企业的特点不同，管理的方式也会有所不同。因此，管理创新就是要创造出一套适合企业自身的管理方式，而不是简单地照搬照抄。

④充分利用现代化的信息技术。在传统的管理方式中，更多的是依靠上级对下级的命令或文件的传达，而传达的方式基本是面对面或是借助纸质文件。在信息时代，这些完全可以通过电子系统来完成，如 MIS、OA、ERP 等系统，让管理变得更顺畅、更全面、更有效率。此外，远程视频系统让更多的管理者可以随时随地进行管理和监督，打破了时间和地域的限制。

管理创新包括管理理念创新、管理组织方式创新、管理手段创新、管理制度创新以及管理文化创新。见图 9-5。

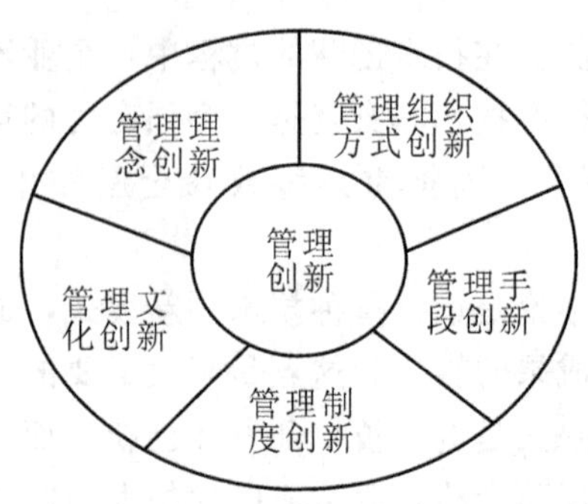

图 9-5 管理创新

3. 制度创新是保障

“没有规矩不成方圆”，说的就是制度的重要性。国有国法，家有家规，企业自然也有企业的制度。企业的一切活动都以制度作为保障，例如我们现在普遍强调的企业文化就是其中的一种制度。企业无法对国家的制度行进创新，但我们可以充分利用国家制度来创新企业制度，建立适合国家经济和社会发展以及企业发展的企业制度。企业制度创新是为了实现企业管理，将企业的生产方式、经营方式、分配方式等进行规范，是管理创新的最高层次，也是管理创新实现的根本保证。

①对原有制度进行去粗取精。制度创新是基于原有制度基础上的创新，是对原有制度的去粗取精的过程。摒弃不适合企业发展的制度，保留适合的制度，并进行适当的改变，这样既保证了制度的连续性，又能适应现代化社会发展的需求。

②由“人治”转变为“法治”。之前很多企业虽然也有很多制度，但基本都形同虚设，还是以“人治”为主，很难服众。现代社会，要求企业“法治”，充分发挥制度的作用，让其成为员工行动的准则和衡量的标准，做到以理服人。

③制度多样化。企业有不同的部门，不同部门有不同部门的特点，因此制度也要因部门而异，可以在基本前提一致的情况下，酌情考虑各部门的特点，制定出符合不同部门特点的制度，做到制度的人性化和差异化。

④体现竞争意识。制度是对员工行为的约束和指南，但同时也是对员工的激励。所以，在制度中要体现出竞争意识，鼓励员工自立自强，充分发挥主观能动性和积极性，为企业的发展作出贡献，同时个人也能获得回报和自我实现的满足感。

【案例分享】 宝钢打造核心竞争力

有专家说，中国有能力与跨国大集团竞争的企业非常少，宝钢算一个，这与宝钢的自主创新、打造企业核心竞争力的战略是分不开的。

进入21世纪，经济全球化成为不可逆转的潮流，宝钢也将面临越来越严峻的挑战。聪明的宝钢人认识到了这一点，并积极采取行动。

宝钢分析了世界钢铁业的发展现状，结果发现，钢铁业及其上下游产业的全球化趋势十分明显。近几年，钢铁业上游铁矿业的集中度不断增大，排名世界前三位的铁矿公司通过几年的收购兼并，其铁矿石出口量将会占到世界市场的70%。相比之下，钢铁业的产业集中度则显得较低，最大的20家钢铁公司的板材产量仅占世界板材市场的45%～50%。

钢铁业在受到上下游产业挤压的同时，还要面对行业内的激烈竞争。长期以来，全球钢铁产业处于产能过剩状态。现在，受全球经济低迷的影响，一些国家的钢铁产品价格已跌至20年来的最低点。

为了应对全球钢材市场的竞争，20世纪90年代后半期以来，钢铁企业间掀起了并购重组与战略联盟的高潮，以欧洲最为突出。同时，亚洲、美洲和澳大利亚的钢铁业也呈现出企业合并的趋势。除了并购重组，钢铁企业间还掀起了战略联盟热潮。

以上种种情况表明，全球钢铁产能过剩的严峻局面，加速了钢铁业全球市场一体化进程，竞争重心已经从产品种类、质量和价格转移到企业综合竞争实力上了。增强企业核心竞争能力，已成为全球钢铁企业的共同追求。

宝钢的一贯追求是：建立一个不断提高生命力，实现可持续发展的企业。为了实现这个追求，它把着眼点放在了培育和拓展企业的核心竞争力上。

长期以来，宝钢凭借规模经济和速度经济，取得了良好的经营效益。通过在工程建设中优化工程管理，使许多工程项目提前完成并进入试生产阶段。宝钢也因此赢得了竞争空间。但是，随着竞争环境的变化，单纯强调规模经济和速度经济已远远不够。要培育企业核心竞争力，实现可持续发展，创新和经营多元化将成为宝钢未来发展的重要着眼点。

借鉴目前国际大型钢铁企业的三类战略模式，宝钢调整了战略发展方向，在实现规模经济和速度经济的基础上，致力于创新经济和多元经济，实现以钢铁业为主业、适度相关多元化经营的发展战略。在2000—2010年发展时期，宝钢的战略目标是：把宝钢建成一个以钢铁业为主、多业并举的，融实业、贸易业和金融业为一体的大型跨国公司，跨入世界500强。

为了实现发展战略，宝钢将通过全面创新，培育和拓展企业核心竞争能力，大力开展资本经营和国际化经营，与上下游企业以及国内外竞争对手形成战略联盟，力求在全球获取生存和发展空间。

案例引申

中国的钢材消费量占世界钢材消费量的近1/6，在中国市场上，钢材产业的竞争也已经白热化。原因主要有两个：一是中国钢材市场的率先开放；二是国内钢铁企业还不能全面满足用户需求，年进口量通常超过1 000万吨。另外，一些国外钢铁企业很看好中国市场，早在几年前就已在中国投资建厂，生产高附加值钢材，直接在中国市场销售。

就是在这样激烈的竞争中，宝钢仍然保持着业内领先的地位，这确实不是一件容易的事情。我们知道，世界上许多显赫一时的公司，包括一些500强企业，其兴衰更替也颇为频繁。

很多人会担心，宝钢的辉煌能持续多久。仔细想想不难发现，宝钢是懂得适应社会和时代发展需求的，会及时根据经济环境的变化调整企业发展战略。而且对市场的分析和把握非常细致、深入、准确，这点从宝钢对世界钢铁业发展状况的调查分析中就能看出来。他们很清楚自己所处的经济环境和面临的挑战，以及竞争对手的情况，因此，会根据这些及时调整企业的发展战略，增强核心竞争力。

三、工业品营销的新概念和新途径：工业品的网络营销

网络营销就是以国际互联网为基础，利用数字化信息和网络媒体的交互性来辅助营销目标实现的一种新型的市场营销方式。网络营销最直观的认识就是以客户为中心，以网络为导向，为实现企业目的而进行的一系列企业活动。

网络营销不是网上销售：销售是营销到一定阶段的产物，销售是结果，营销是过程；网络营销的推广手段不仅靠互联网，传统电视、户外广告、宣传单亦可。网络营销不仅限于网上：一个完整的网络营销方案，除了在网上做推广外，还有必要利用传统方法进行线下推广。

工业品的消费用户一般为企业或者机构，传统的营销模式一般是通过行业展览会进行推广，在专业的杂志、期刊进行广告投放，或者通过销售人员进行电话销售。这些销售模式都有自己的特点和优势，也有先天的不足。例如，行业展览会的时间很短，一般只有几天时间，而企业的营销是一年365天的，而且受到地域的限制，参展的成本高等。

如何更好地进行营销，关键是找到客户接触点。随着互联网的普及，网络已经成为企业办公获得信息的第一大媒体，超过了报纸和杂志。很多企业的采购人员通过网络查询供应商，这为网络营销工业产品提供了机会。

网络营销对工业品营销的影响和作用主要体现在以下几个方面：

①借助互联网引人入胜的图形界面和多媒体特性，企业能全方位地展示工业产品及其服务特性，方便客户准确把握工业品企业的产品和服务。同时用户也可以通过互联网强大的传递和搜索优势，来改变自己的信息劣势，寻找到更多的供应商。一方面，这使得销售人员的拜访更有效率；另一方面，加剧了市场的竞争。

②只要上了互联网，任何一家企业都可以面对全球的工业品市场，任何一个购买者也同样可以面对全球的企业，完全是一种“等空间距离”的信息交流沟通和商业交易活动，打破了空间地域限制，扩大了企业的销售范围。

③通过互联网平台，企业直接面对所有的客户，及时了解他们的需求及其变化信息，做出适销对路产品的生产决策，减少产品的滞销和积压，减少库存方面的损失，也避免在市场销售中打“价格战”；企业实行直接的交易，尽可能地减少或避开各种商务活动的中间环节，节约各种经营和交易成本，使得企业能够以低于社会平均必要劳动时间生产和销售产品；企业把握销售网络的销路、存货和价格变动信息，以最优的方式和最快的速度，对销售网络中的物流进行合理的再配送，提高其运转效率。

综上所述，由于工业品技术的复杂性及客户关系营销的重要性，确实有不适合网络销售的工业产品和服务，但是却没有不适合网络营销的企业。在当今的信息社会里，没有人能完全独立于网络空间之外而生存，工业企业应该意识到网络营销和电子商务的发展趋势，做好自身网络营销和电子商务的规划。

【案例分享】　　　　河南黎明重工的网络营销实践

河南黎明重工的网络营销实践，可以给我们提供有益的借鉴。这家矿山机械设备企业经过几年的百度搜索推广，网络营销带来的业务已占公司总业务量的20%。

2004年，黎明重工决定把搜索引擎营销作为网络营销的突破口，开始尝试百度搜索推广。使用百度推广后，黎明重工体验到了“足不出户，客户主动找上门”的推广效果，企业网站访问量和电话咨询大幅增长。通过网站后台分析和对电话咨询、上门拜访的客户统计证实，其中绝大部分来自百度推广。由于效果明显，黎明重工专门成立了网络推广部门，网络营销团队逐步扩充到60多人，而百度搜索推广也已成为其网络营销的主要工具。

在往年，黎明重工的内销与出口比例基本各占一半，金融危机后，面对国际市场需求疲软，他们有针对性地调整了网络推广方式，降低针对国际客户的行业B2B网站推广力度，加强针对国内客户的百度搜索推广。而百度的专业服务也为他们提供了有力支持，帮助公司重新优化搜索推广方案，带来了更多的有效访问。在黎明重工的示范效应下，河南80%的矿山机械企业先后加入百度搜索推广，使这个传统意义上的“夕阳产业”呈现出勃勃生机。

黎明重工的实践，验证了搜索推广对于机械设备等传统工业品行业的营销创新有极大的市场价值，这一点从百度搜索引擎的热门关键词统计中也可见一斑——这些热门关键词的背后，就是搜索者的采购需求。

经典案例一：北京GD电气股份有限公司的营销体系诊断报告

一、企业介绍

北京GD电气股份有限公司成立于1993年，是经国家认定专业从事电力自动化设备的研发、制造、销售及服务的高新技术企业。

公司现有电力故障录波测距装置器、电网同步时钟装置及GPS检测仪器、配电变压器监控终端三大系列十余种产品。经过十余年的稳健发展，公司在国内电力行业已经具有良好的商誉和影响力，营销网络覆盖全国及部分海外市场。

然而在近几年，企业产品销售业绩却出现下滑状态。企业在发展的过程中，面临着巨大的挑战。我们经过市场调研和总结，对该企业作出以下诊断报告(数据来自企业市场部门)：

- 营销战略管理诊断
- 工作流程管理诊断
- 营销组织管理诊断
- 销售支持管理诊断
- 品牌与市场管理诊断

二、GD电气公司的营销战略管理诊断

1. 营销管理体系总体框架

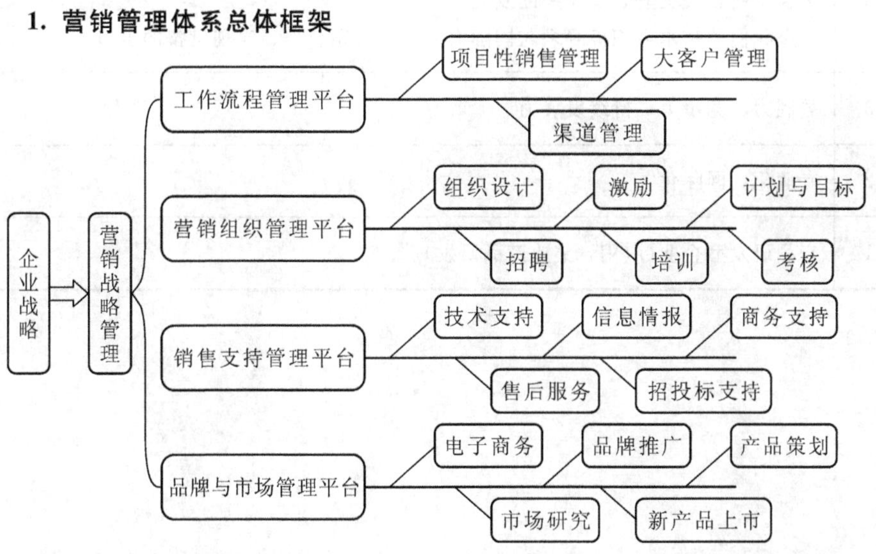

2. 营销战略管理整体评价

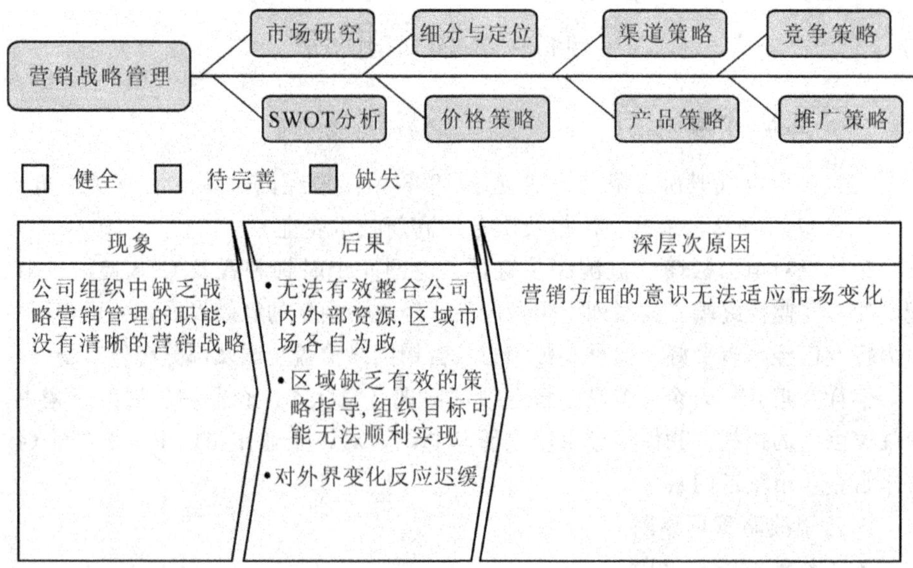
营销战略管理
市场研究
SWOT分析
细分与定位
价格策略
渠道策略
产品策略
竞争策略
推广策略
健全
待完善
缺失
现象
后果
深层次原因
公司组织中缺乏战略营销管理的职能,没有清晰的营销战略
•无法有效整合公司内外部资源,区域市场各自为政
•区域缺乏有效的策略指导,组织目标可能无法顺利实现
•对外界变化反应迟缓
营销方面的意识无法适应市场变化

3. 对GD电气公司战略目标的认识(3321)

3	•以发展电力监控、监测装备及产品为核心产业 •稳步向相关工业装备及产品发展 •以我们的技术点积极寻求与国际大型专业公司合作、实现设备的出口
3	盈利力，竞争力，持续发展力
2	专业化，国际化
1	产品研发型企业(应用、集成产品研发)

4. 2008 年国内主流录波器厂商销售额对比

销售额(万元)
10 000
9 000
8 000
7 000
6 000
5 000
4 000
3 000
2 000
1 000
0
ZX GD WX SX

27%
32%
10%
12%
19%
ZX
GD
WX
SX
其他

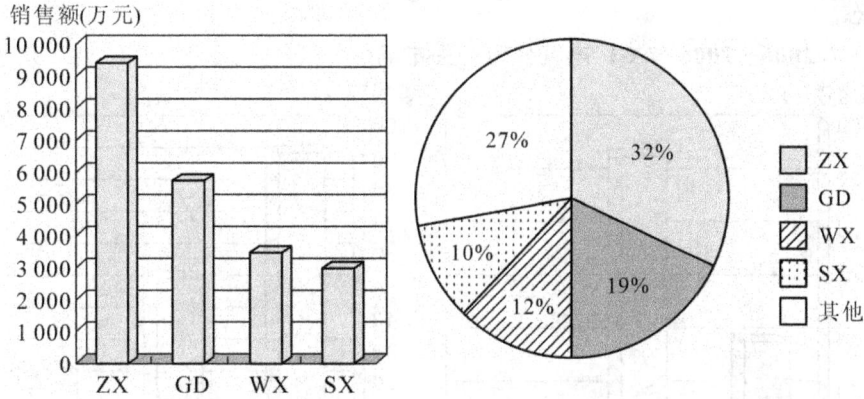

北京 GD 公司的销售额在国内录波器厂商中位列第二位，占据约 19%的市场份额。

5. 对比性试验结果分析——产品品质与技术

2008 年参加湖南省电力公司线路故障录波装置性能对比测试，结果如下：

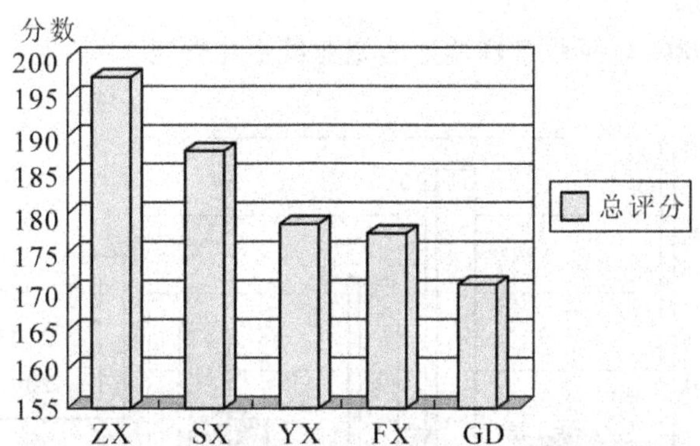

2006 年参加华北电力调度(交易)中心组织的线路故障录波装置的性能对比测试，结果如下：

一类厂商：GD，HX，SX；

二类厂商：YX，WX，NX；

三类厂商：FX，NS。

综合分析，北京 GD 的线路故障录波产品品质与 ZX、SX 有一定差距，与 YX、FX、WX 相差不多。

6. 2008 年 GD 电气公司录波器主要市场分布

北京 GD 的录波器市场主要分布在浙江、广东、云贵、海南、华北、湖北、西北等地区的15个省(直辖市)，还有17个省(直辖市)市场基本处于空白状态。

7. 2006—2008 年 GD 电气公司丢失市场

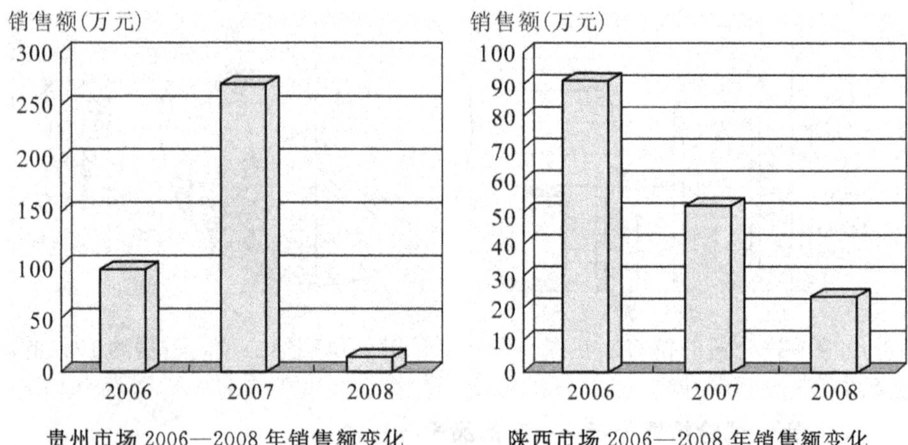

贵州市场 2006—2008 年销售额变化　　陕西市场 2006—2008 年销售额变化

2006—2008年间，北京GD的贵州市场、陕西市场、广东市场(基建)陆续丢失；而同期没有新的市场开发。

8. 2007—2008 年西北市场其他区域业绩变化情况

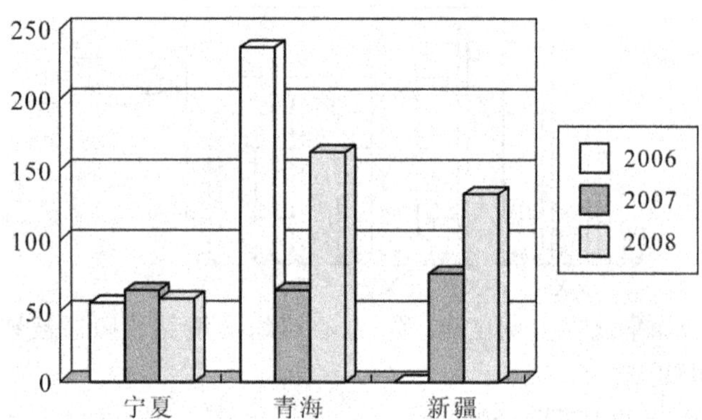

2006—2008年间，宁夏市场基本没有增长，青海市场波动起伏，新疆市场不断增长。

9. 2008 年 GD 电气公司 GPS 产品主要市场分布

至2008年年底，GD电气公司的GPS产品市场主要分布在浙江、广东、海南、山西和西北，全国大部分地区的市场基本处于空白状态。

10. 2007—2008 年 GD 电气公司录波器主要市场的市场占有率分析

市场名称	2007 年			2008 年			市场变化趋势
	招标台数	中标台数	中标率	招标台数	中标台数	中标率	
浙江	117	56	48%	96+框架	90↑	—	增长
广东、海南	61+框架	62	—	59+框架	79↑	—	数量增长，市场丢失
云贵	138	113	96%	88↓	80↓	90%↓	逆势下滑
华北(北京、河北)	338	87	25.7%	67+框架	27↓	—	下滑
湖北	106	49	46.2%	111+框架↑	59↑	—	顺势增长
山西、天津	365	61	17%	156↓	75↑	48%↑	逆势增长
西北	143	33	23%	142+框架↑	90↑	—	数量增长，市场丢失
内蒙古、黑龙江	80	23	29%	105↑	19↓	18%↓	顺势下滑

注：西北市场的增长靠青海、新疆的拉动，陕西市场至 2008 年基本已经丢失，宁夏市场呈现下滑趋势。但增长与下滑相抵，仍然显示增长。广东市场 2008 年基建订单全部丢失，已经进入下滑通道。

11. 2007—2008 年 GD 电气公司分产品线销售额分布变化

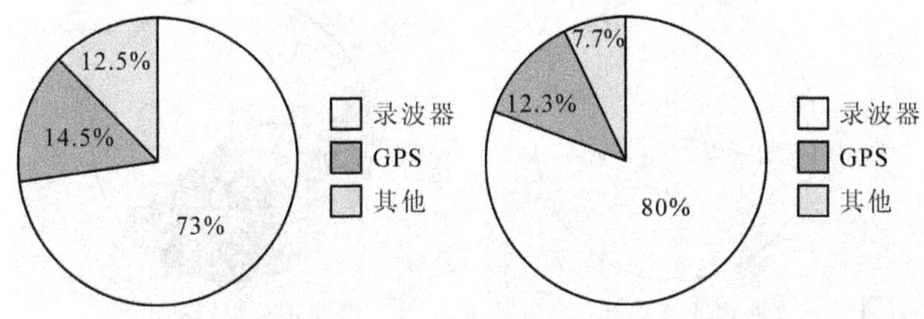

2007 年分产品线销售额分布　　2008 年分产品线销售额分布

GD 电气公司的 GPS 产品所占销售份额和销售额均出现萎缩；录波器产品所占销售份额上升，但销售额下降。

12. 影响 GPS 产品销售业绩增长的因素

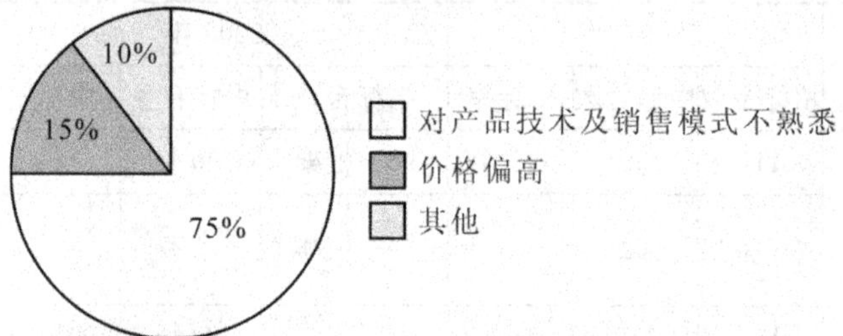

对销售人员的调查显示，区域销售人员对产品技术及销售模式不熟悉和价格偏高是影响 GPS 产品销售业绩增长的主要因素。

13. 销售人员对变压器监控产品市场的认识

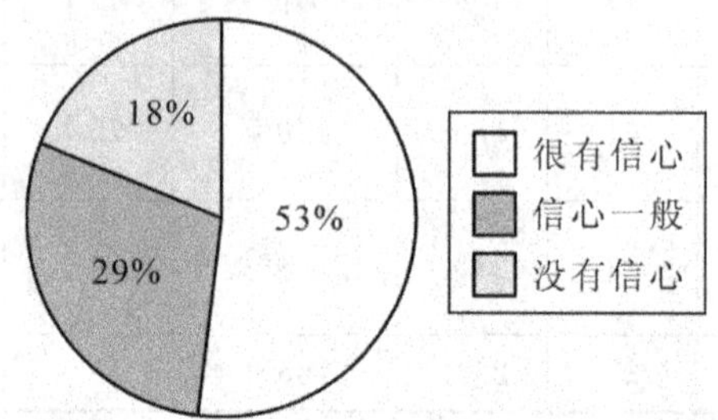

对销售人员的调查显示，53%的销售人员对变压器监控产品很有信心。

14. 网外市场也具有潜力

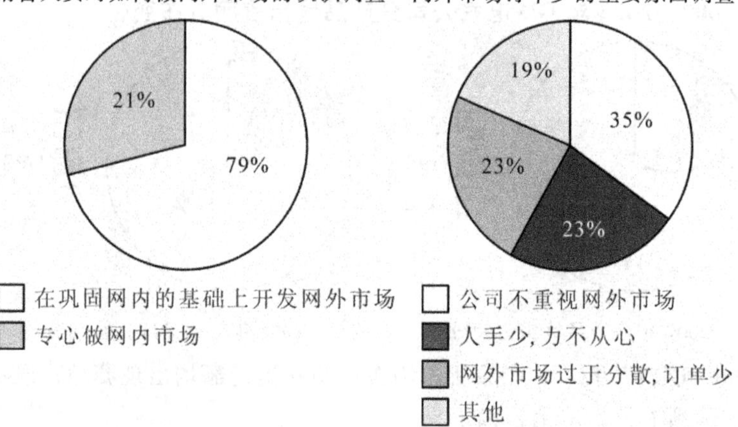

15. 网外市场成功样板

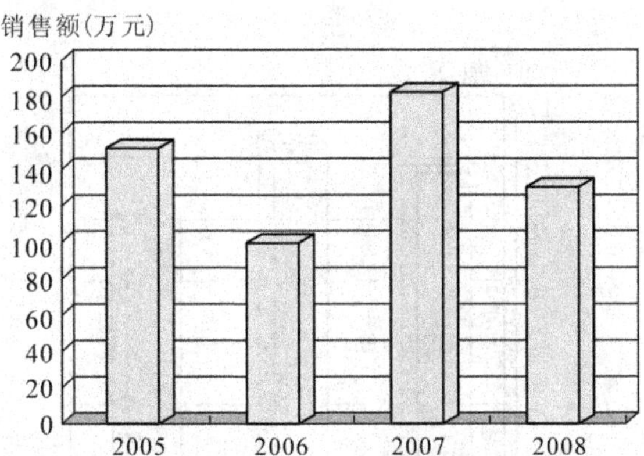

2005—2008 年，GD 公司设置一位销售人员基本只做网外市场，网外市场年平均销售额 143 万元。虽然网外市场占 GD 公司销售额份额很小，但只要人力资源问题能够解决，网外市场的叠加效应不可忽视。

16. 2006—2008 年 GD 电气公司主要产品销售数量变动

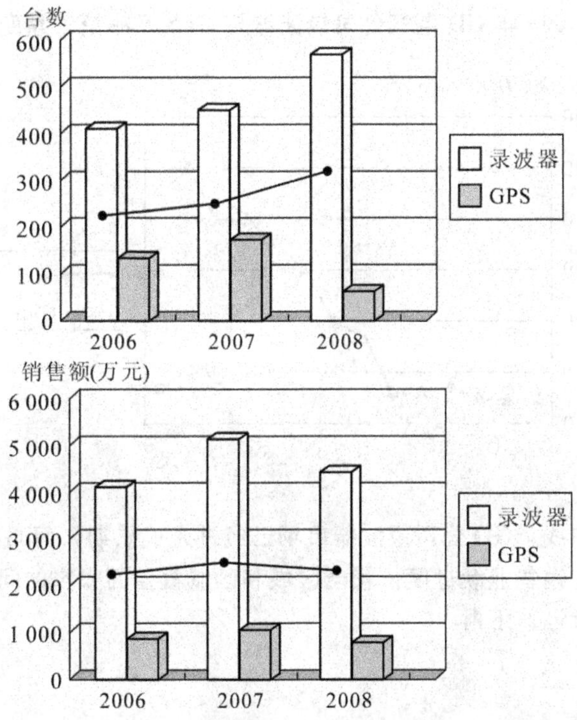

统计显示，2006—2008 年录波器产品销售数量上升，而销售收入却呈先上升后下降的趋势。

17. 2006—2008 年 GD 电气公司录波器产品价格变动情况

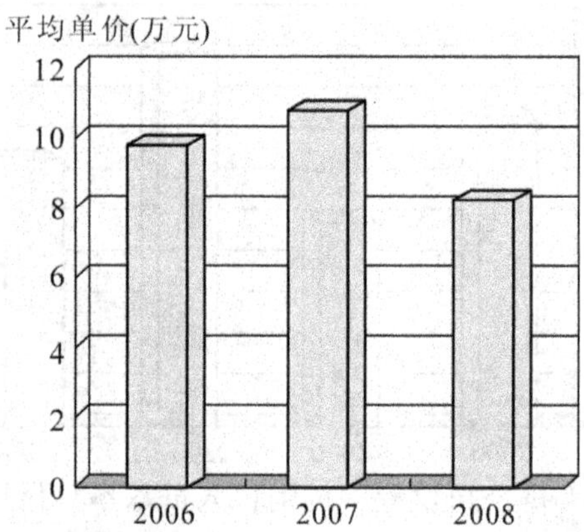

统计显示，2006—2008 年，GD 录波器产品销售平均价格从 9.7 万元上升到 10.8 万元，又回落到 8.2 万元，总体趋势下滑。

18. 1995—2008 年 GD 电气公司录波器与 GPS 产品销售额变化曲线

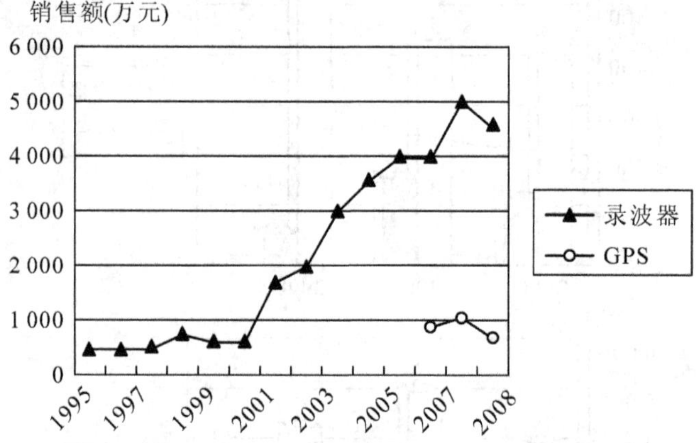

根据销售曲线，GD 公司录波器市场已经进入成熟期，而 GPS 产品则处于成长期，但存在销售业绩过度依赖老区域和区域覆盖面太窄的问题，导致销售曲线刚刚抬头就迅速下滑。

19. 录波器与GPS产品的生命周期分析(1)

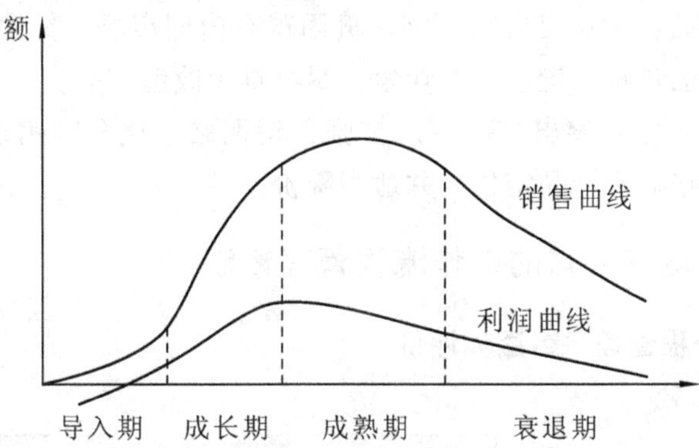

根据销售额变化曲线，判断双合录波器产品处于成熟期，而GPS市场处于成长期。

20. 录波器与GPS产品的生命周期分析(2)

市场成长期市场的销售策略

特点	新产品逐步被市场所接受，客户对产品的需求放量，销售迅速上升，市场份额持续扩大
对策	对成长期的产品，宜采取快速出击的销售策略，迅速扩大市场份额，形成市场格局： •市场覆盖，广布销售网络，依靠网络拉动市场份额的增长 •产品定位，通过产品功能设计和利益点设计形成差异化市场定位 •价格调整，率先制定具有渗透力的价格体系

21. 录波器与GPS产品的生命周期分析(3)

市场成熟期市场的销售策略

特点	进入成熟期以后，产品的销售量增长缓慢，逐步达到最高峰，然后缓慢下降；产品的销售利润也从成长期的最高点开始下降；市场竞争非常激烈，市场格局基本形成
对策	对成熟期的产品，宜采取稳健出击的策略，使成熟期延长，或使产品生命周期出现再循环： •市场调整，发现产品的新用途、寻求新的用户或改变销售方式等，以使产品销售量得以持续扩大，追求全面覆盖市场 •产品调整，通过产品自身的调整(改型换代)来满足顾客的不同需要，或通过重新定位来吸引有不同需求的顾客 •价格调整，通过降低成本、提高销量的方式扩展降价空间，依靠价格竞争夺取市场

22. 对 GD 电气公司营销战略的整体思考

录波器产品：重点突出“守”字。巩固现有内网市场，努力拓展外网市场，制定更加灵活的价格制度以应对竞争，尽早推出改型产品。

GPS 产品：重点突出“攻”字。扩张营销网络，充分利用老市场的关系优势，形成市场格局和产品定位，并适当降价。

三、GD 电气公司的工作流程管理诊断

1. 工作流程管理平台整体评价

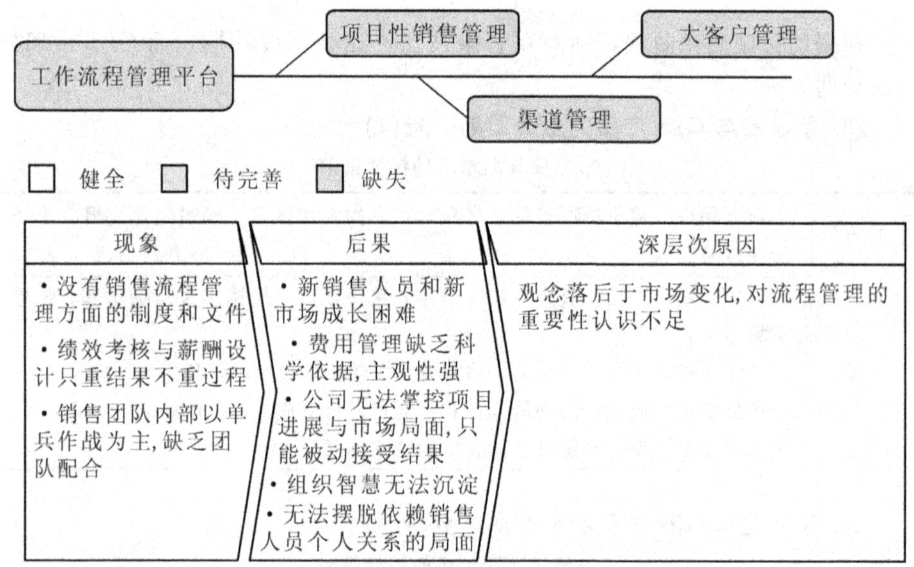

工作流程管理平台
项目性销售管理
大客户管理
渠道管理
健全
待完善
缺失
现象
后果
深层次原因
·没有销售流程管理方面的制度和文件
·绩效考核与薪酬设计只重结果不重过程
·销售团队内部以单兵作战为主，缺乏团队配合
·新销售人员和新市场成长困难
·费用管理缺乏科学依据，主观性强
·公司无法掌控项目进展与市场局面，只能被动接受结果
·组织智慧无法沉淀
·无法摆脱依赖销售人员个人关系的局面
观念落后于市场变化，对流程管理的重要性认识不足

2. 销售人员对于 GD 电气公司核心竞争力的评价

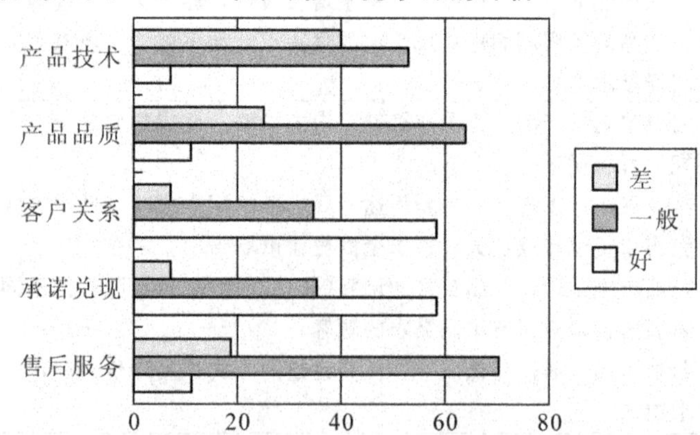

总体来看，GD在客户关系维护和承诺兑现方面具有比较突出的核心竞争力，由此也可以判断GD的销售团队是一个关系导向型团队。

3. 销售团队对新销售人员支持不足

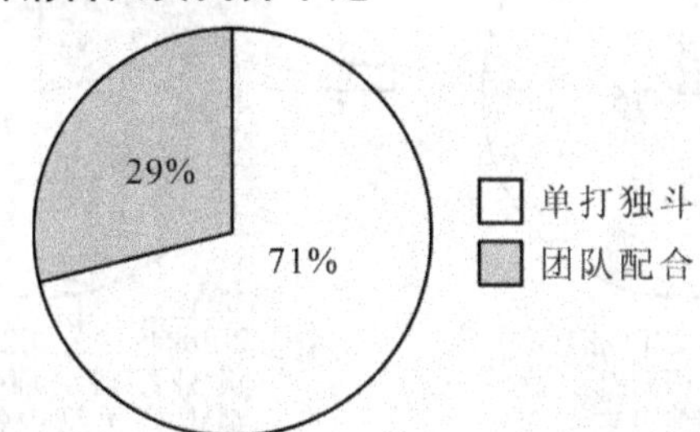

调查显示，有71%的销售人员认为自己在销售过程难以得到团队的支持，基本属于单打独斗型销售模式。

4. 2008年离职情况分析

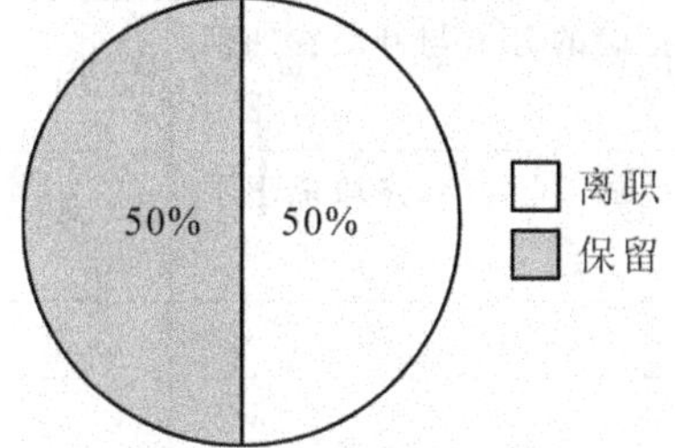

2008年共招聘新销售人员10人，截至2009年2月已有5人离职，新销售员离职率为50%。

2008年共流失在职一年以上的老销售人员5人，加上一年以下的流失5人，当年新增销售人员数量为0人。

5. 历年进入公司的销售人员2007—2008年销售额的情况分析

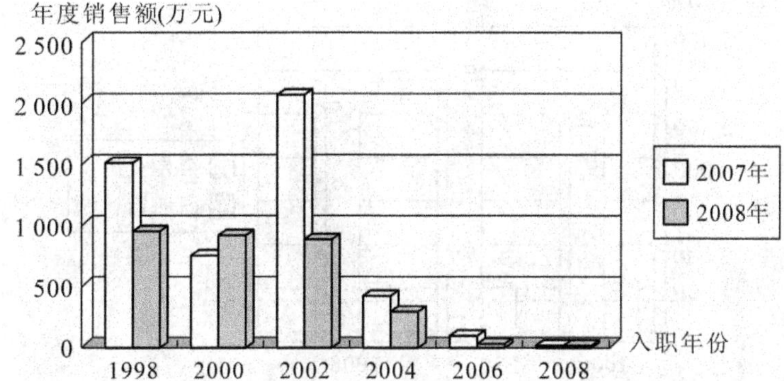

统计显示，2005—2008年的4年时间，GD公司都没有再招到或培养出做单能力较强的销售人员，而老销售人员却不断流失。销售团队呈现老化趋势。

6. 销售额分布呈典型的2∶8分布并逐渐集中化

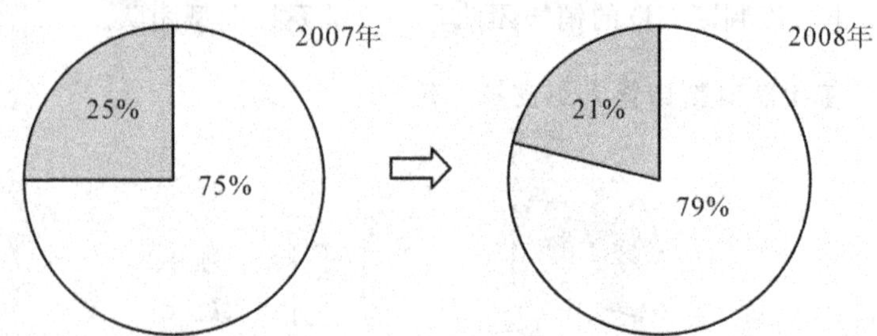

注：2007年占公司20%的销售人员(业绩排名前4位)创造的业绩占公司总销售额的75%

注：2008年占公司20%的销售人员(业绩排名前4位)创造的业绩占公司总销售额的79%

7. 销售人员面临的普遍性困惑得不到很好的解决

序号	原　　因	比例(%)
1	有哪些更好的高层攻关术？如何去影响高层决策？	53
2	决策小组内部关系错综复杂，如何进行正确的分析与判断？如何准确找到决策关键人？	35
3	商场如战场瞬息万变，本来已经胜券在握的项目，半路却杀出了程咬金。如何全面掌控项目局面？	29
4	一个人如何才能跟踪更多的项目？	29
5	如何介绍产品才能与竞争对手产生差异化？	29
6	应该如何维护老客户关系？应该如何全面开发区域市场的需求？	17

8. 销售费用居高不下

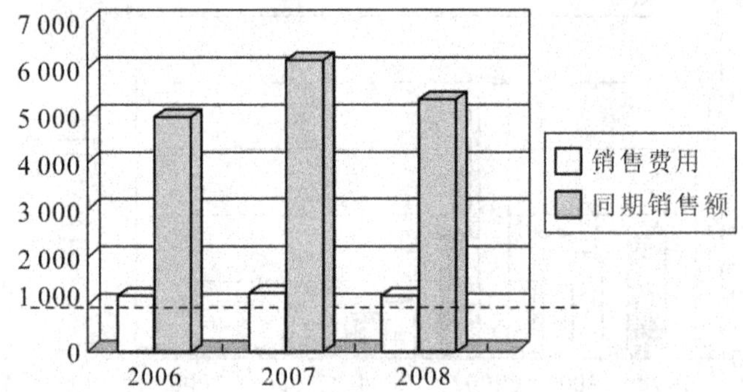

2006—2008年，虽然业绩上下波动，销售费用却基本保持在占销售额20%左右的水平(销售费用包括薪酬、业务费、差旅费、广告费及其他杂费)。随着价格竞争的进一步加剧，居高不下的费用将严重侵蚀公司利润。

我们认为，费用居高不下的根本原因在于原来双合录波器的费用管理只重业绩不重过程，公司在无法控制过程的情况下，只能采取粗放的费用管理手段：以业绩确定费用比例。最终导致原本费用应该逐年下降的老市场费用不降，原本缺乏费用的新市场和新销售人员因没有资源而无法有效投入。

9. GD电气公司营销管理模式仍处于初级阶段

阶　段	优　点	缺　点
第一阶段：简单管理	单兵作战，只关注结果，管理简单	难以控制过程，新人流失率极高，遇到业绩瓶颈，过度依赖老销售员
第二阶段：销售漏斗管理	对项目进行阶段划分，强调团队配合和过程管控，管理效率显著提升	缺乏策略、技巧、辅助工具，属于半自动化管理工具
第三阶段：项目性销售流程管理	对项目进行阶段划分，强调团队配合和过程管控，强调阶段性成果，并将管理制度、策略、技巧、辅助工具融为一体，管理效率大幅提升，属于全自动化管理工具	对销售管理人员的素质提出了较高的要求

总体来看，GD的营销管理模式还比较粗放，基本依靠销售人员的个人能力和多年来建立起来的客户关系，无论是从组织构架还是制度流程方面，都表现出以单打独斗为主的营销管理思路。

10. 建立项目里程碑管理

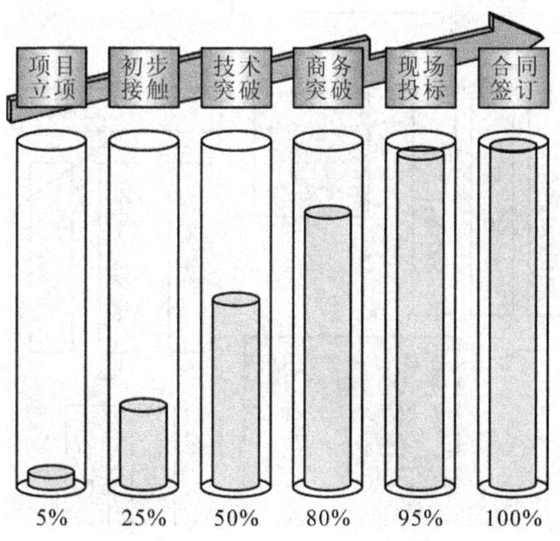

四、营销组织管理诊断

1. 营销组织管理平台整体评价

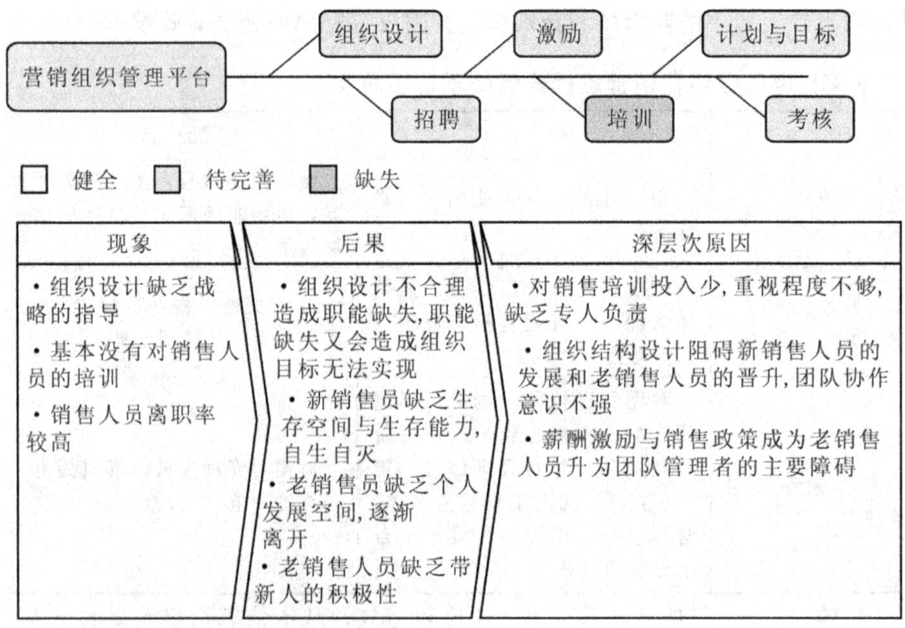

营销组织管理平台
组织设计
激励
计划与目标
招聘
培训
考核
健全
待完善
缺失
现象
后果
深层次原因
·组织设计缺乏战略的指导
·基本没有对销售人员的培训
·销售人员离职率较高
·组织设计不合理造成职能缺失，职能缺失又会造成组织目标无法实现
·新销售员缺乏生存空间与生存能力，自生自灭
·老销售员缺乏个人发展空间，逐渐离开
·老销售人员缺乏带新人的积极性
·对销售培训投入少，重视程度不够，缺乏专人负责
·组织结构设计阻碍新销售人员的发展和老销售人员的晋升，团队协作意识不强
·薪酬激励与销售政策成为老销售人员升为团队管理者的主要障碍

2. 现有营销组织中存在的问题

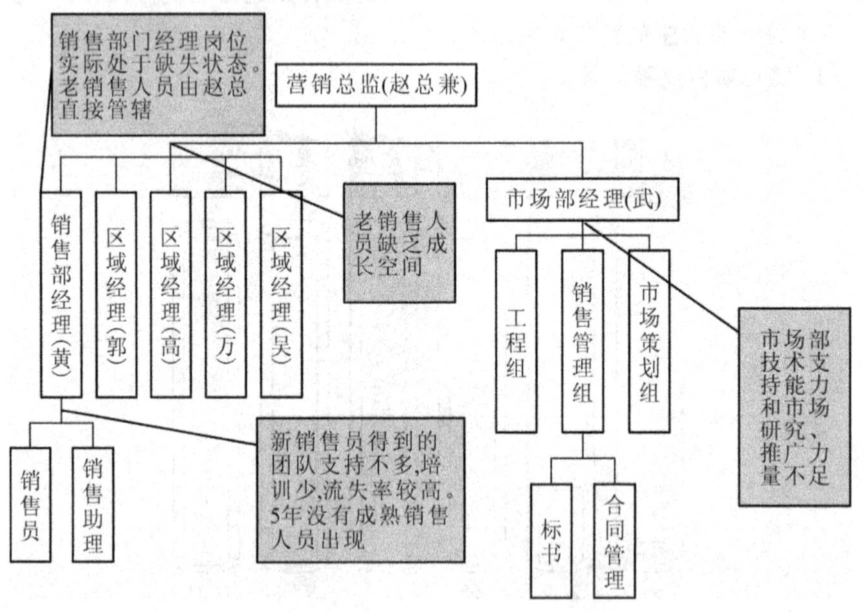

销售部门经理岗位实际处于缺失状态。老销售人员由赵总直接管辖
营销总监(赵总兼)

市场部经理(武)
销售部经理(黄)
区域经理(郭)
区域经理(高)
区域经理(万)
区域经理(吴)

市场策划组

新销售员得到的团队支持不多，培训少，流失率较高。5年没有成熟销售人员出现

3. 老的营销组织方面还存在以下几个问题

问题一	公司市场营销部门中层力量薄弱，一些具体工作还需要高层越级管理，造成管理逻辑混乱，责权利不清晰，不利于公司规范化管理和可持续发展
解决方案	强化市场营销中层队伍建设，给予他们合理的授权和监督，建立正常的管理机制，逐渐杜绝越级管理
问题二	市场营销部的部分职位设置不太合理，有些职责存在交叉，有些职能没有相关职位承担，造成职责不清、推诿扯皮现象。还有岗位工作量不饱满
解决方案	对市场营销部的岗位进行科学设置，理顺各岗位的职责，避免职责交叉和空白地带，在岗位满足项目性销售组织需求的前提下，使得岗位设置具有合理性和逻辑性
问题三	为了实现上市计划，每年需要30%～50%的市场递增，但当前的营销组织架构无法有效覆盖市场，而且销售模式基本上以单打独斗为主
解决方案	建立符合项目性销售需求的营销组织构架，组建新老营销人员相结合的营销队伍，培养阶梯式销售人才团队，形成以企业为平台和依托的团队营销模式

4. 新营销组织构架的初步建议

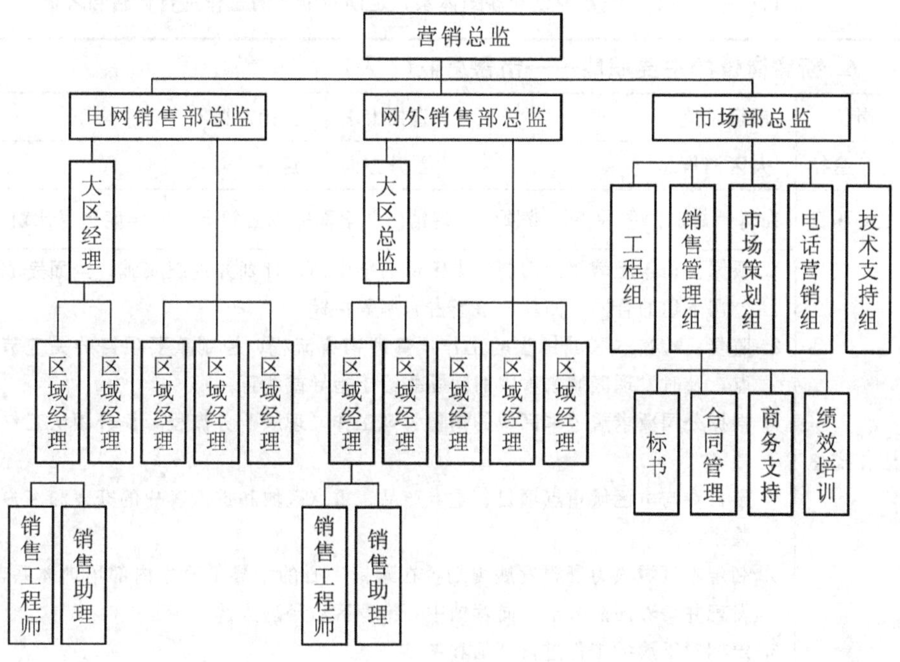

5. 新增岗位的主要职能——营销总监(1人)

岗位	营销总监	直接上级	总经理
主要职责	在总经理的领导下，带领营销团队全面完成公司下达的营销战略目标		
工作描述	1. 根据公司战略目标制订3～5年营销战略规划和营销中心年度营销计划并负责分解实施 2. 通过在团队内部传播公司的愿景和价值观，建立良好的团队氛围，打造富有激情和凝聚力的营销 3. 主持制定本部门的各项规章制度、标准和业务流程，建立、健全营销管理制度并监督实施 4. 监督、检查区域销售的工作，及时发现区域销售中的问题并给予指导或纠正 5. 建立客户关系管理系统，亲自参与重大项目和战略合作客户的高层关系的维护 6. 制定部门人力资源发展规划，发展营销组织，建立培训体系，培养后备干部，逐步建立覆盖全国的营销网络 7. 定期组织市场研究和竞争对手研究，建立信息和竞争情报管理体系，为新产品研发和制定营销战略提供科学依据 8. 审定年度市场推广及年度品牌传播计划及预算，对计划的执行过程进行监督检查，不断提高品牌的知名度和美誉度 9. 建立营销支持系统，提升技术支持、售后服务、商务支持等方面的支持能力和系统效率 10. 建立科学的绩效考核和薪酬体系，定期对下属的工作进行评估和考核		

6. 新增岗位的主要职能——销售总监(2人)

岗位	销售总监	直接上级	营销总监
提升途径	大区销售总监	晋升方向	营销总监
主要职责	在营销总监的领导下，带领区域营销团队全面完成公司下达的年度销售计划		
工作描述	1. 根据公司年度营销计划制订本区域的年度销售计划并组织实施，全面完成公司下达的合同、回款、市场占有率等指标 2. 监督、检查本区域销售的工作，管理销售流程，控制重要项目的关键节点，及时发现区域销售中的问题并给予指导或纠正 3. 根据公司要求规范本区域的销售管理工作，理顺业务流程，提升团队工作效率 4. 亲自参与本区域重点项目、重点产品、重点区域和重点客户的开发和客户关系维护 5. 制定本区域人力资源发展规划，在营销中心的指导下建立内部培训体系，发现并培养团队骨干，向营销中心推荐区域经理人选 6. 定期对下属的工作进行评估和考核		

7. 新增岗位的主要职能——大区销售经理

岗位	大区销售经理	直接上级	销售总监
提升途径	区域经理	晋升方向	销售总监
主要职责	在销售总监的领导下，带领区域营销团队全面完成公司下达的年度销售计划		
工作描述	1. 根据大区年度销售计划制订本区域的年度销售计划并组织实施，全面完成公司下达的合同、回款、市场占有率等指标 2. 监督、检查本区域销售人员的工作，管理销售流程，控制重要项目的关键节点，及时发现区域销售中的问题并给予指导或纠正 3. 根据公司要求规范本区域的销售管理工作，理顺业务流程，提升团队工作效率 4. 亲自参与本区域项目和客户的开发与客户关系维护 5. 在营销中心的指导下建立内部培训体系，发现并培养团队骨干，亲自担任新销售人员的导师 6. 定期对下属的工作进行评估和考核		

8. 新增岗位的主要职能——市场总监

岗位	市场总监	直接上级	营销总监
提升途径	区域经理、相关部门组长	晋升方向	营销总监
主要职责	在营销总监的领导下，带领团队全面完成公司下达的市场推广、品牌传播、技术支持、售后服务计划，提升品牌价值和客户满意度		
工作描述	1. 根据公司年度营销计划制订本部门的工作计划，确保全面完成市场推广、品牌传播、技术支持、售后服务、销售管理和电话营销等各项工作计划 2. 监督、检查本部门员工的工作，及时发现员工工作中的问题并给予指导或纠正 3. 建立售后服务管理体系，建立、健全客户数据库，建立客户满意度评估体系，定期亲自走访重点客户和重要区域 4. 定期审阅市场推广和品牌传播计划，对各种市场活动的预算进行审计和控制 5. 不断改善内部业务流程，提升销售管理工作的工作效率和内部客户满意度 6. 建立信息与情报管理体系，组织市场研究活动，定期为上级领导提供各种市场情报和信息 7. 配合人力资源部门建立销售人员培训体系和绩效考核体系，为销售团队输送合格的新销售人员 8. 建立科学的绩效考核和薪酬体系，定期对下属的工作进行评估和考核		

9. 新增岗位的主要职能——技术支持工程师

岗位	技术支持工程师	直接上级	技术支持组组长
提升途径	技术员	晋升方向	组长
主要职责	在组长的领导下，全面完成市场部下达的技术支持计划		
工作描述	1. 售前支持。根据销售人员的要求，协同拜访客户，发现客户的需求，为客户讲解产品的技术特点、功能以及设计思路，帮助客户进行造型或技术方案设计 2. 技术培训。根据实践经验编写技术培训教材，为各区域销售人员进行技术培训 3. 售中支持。根据客户的需求撰写投标的技术方案，参与现场开标会并负责解答客户疑问 4. 参加公司市场部组织的技术交流会，与客户进行技术方面的交流		

10. 新增岗位的主要职能——绩效培训专员

岗位	绩效培训专员	直接上级	销售管理组组长
提升途径	人力资源专员	晋升方向	组长
主要职责	在组长的领导下，全面完成市场部下达的绩效考核、薪酬管理和销售培训计划		
工作描述	1. 负责制订销售人员的培训与培养计划，寻找资源和讲师，组织销售人员的入职培训、日常培训和考核 2. 负责销售人员的业绩考核分值计划、提成与奖金计算和申报 3. 负责对新销售人员进行持续跟踪，及时发现问题并向主管领导汇报 4. 定期对销售部门的薪酬满意度进行调查，协助主管领导不断完善绩效和薪酬管理体系，保证提成与奖金的及时与准确发放		

11. 新增岗位的主要职能——电话营销专员

岗位	电话营销专员	直接上级	电话营销组组长
提升途径		晋升方向	组长
主要职责	在组长的领导下，全面完成市场部下达的项目开发指标		
工作描述	1. 通过网络和杂志等渠道定期搜集工程项目信息 2. 对项目信息进行初步验证，通过电话找到项目相关负责人，了解项目进展和产品需求 3. 通过各种不见面的方式与潜在客户建立初步的关系，邮寄样本资料		

续表

工作描述	4. 确认具体联系人和需求以后把项目信息转交给相应区域 5. 根据市场部的要求进行各种市场调查工作 6. 协助区域销售完善客户档案和客户关系管理系统

12. 新营销组织构架的三个显著变化

变化一：把销售部门划分成电网销售部和网外销售部，电网销售部负责国家电网客户的销售，网外销售部负责工矿企业客户的销售以及配合电网销售部销售新产品，这样可以有效地推动空白市场的销售和新产品的销售。

变化二：增设大区总监职务，负责管理一个区域的销售业务，实行年薪制，大区总监由区域经理升任。这样就为老销售人员提供了晋升和发展的空间。

变化三：强化市场部的支持平台功能，在原有销售管理、市场策划和工程的基础上增加技术支持、电话营销、绩效考核与培训，使市场部的功能更为强大，岗位更加分明，职能更加全面，可以更加有效地支持销售部门的工作。

13. 薪酬激励手段单一

薪酬并非仅为金钱的概念，完整的企业薪酬体系的构成如下：

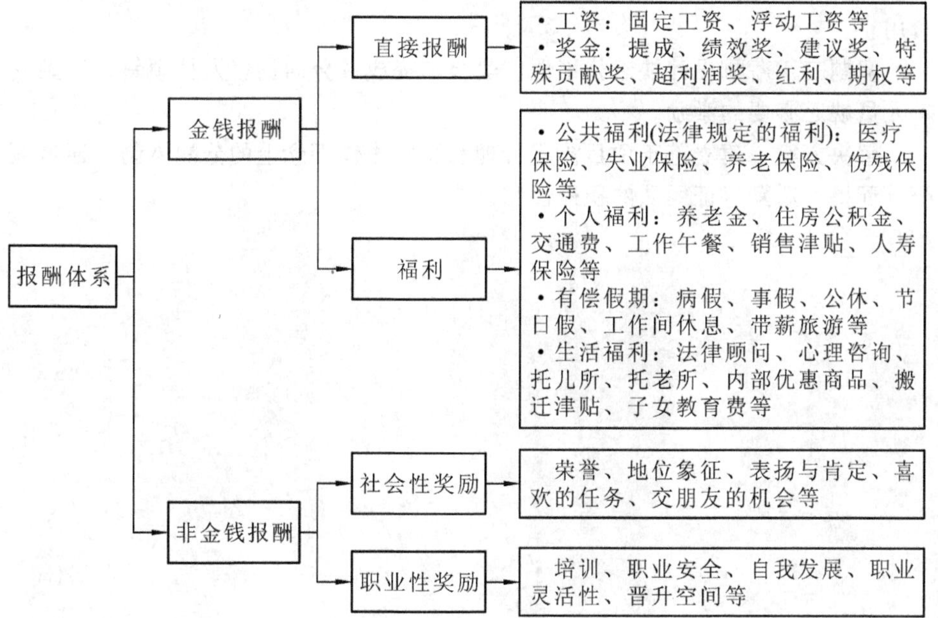

GD目前的直接报酬和福利基本能满足员工要求，而非金钱方面激励较少。单纯使用金钱报酬的结果是激励边际效用递减。

14. 绩效考核目标与战略联系不紧密

现象：公司的执行力减弱，很多决策无法真正付诸实施，员工缺乏工作积极性，薪酬没有发挥应有的激励作用。

问题：绩效考核存在考核指标没有体现企业发展战略和营销战略，重要绩效指标缺失，绩效考核仅仅考核到部门层面，没有对员工个人进行考核，绩效考核结果的运用较为单一，没有充分发挥绩效考核的功能和激励作用。

解决方案：建立符合企业实际的绩效考核体系，建立市场部门的指标库，合理运用绩效考核的结果，充分发挥绩效考核的全面激励作用。

15. 薪酬方面还存在以下问题

问题一：销售人员的提成计算和借款报销不及时，有时拖延几个月，影响销售人员情绪。

解决方案：设置专门岗位协助销售人员计算奖金、提成和票据报销；理顺财务报销和付款流程，按规定的时间节点办理。

问题二：销售费用管理不合理，新销售人员存在依靠补助生活的现象，老销售员存在虚报费用的现象。

解决方案：建立基于项目流程管理的费用管控体系，根据项目进展支付费用。

问题三：薪酬设计缺乏公平性，奖金和提成过分向销售人员倾斜，后勤支持人员缺乏必要的激励。

解决方案：建立基于项目流程管理和团队协作理念上的分配体制，通过薪酬分配提升后勤保证团队的积极性和创造力。

16. 绩效考核指标应与战略和流程相适应

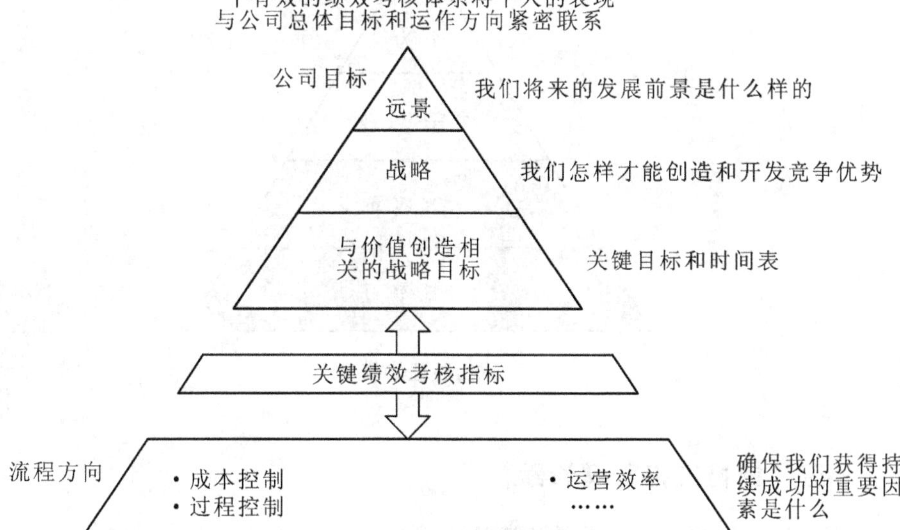
一个有效的绩效考核体系将个人的表现
与公司总体目标和运作方向紧密联系
公司目标
远景
我们将来的发展前景是什么样的
战略
我们怎样才能创造和开发竞争优势
与价值创造相
关的战略目标
关键目标和时间表
关键绩效考核指标
流程方向
·成本控制
·过程控制
·运营效率
……
确保我们获得持
续成功的重要因
素是什么

17. 对中层的薪酬设计与绩效考核没有体现管理者的价值

现象：区域市场已经形成对新人的一种排斥力。“带的人成长以后就单飞，甚至会把自己的市场抢走，谁会愿意带新人?”

问题：销售业绩始终没有改变以个人为单位的思路，个体销售人员的能力可以直接转化为薪酬，而中层管理者发展组织、带团队的价值却被负面作用所掩盖，团队管理者的薪酬无法真正体现管理者的价值。

解决方案：千军易得，一将难求。团队管理者是组织力量成长与发挥的关键，他们的薪酬应该体现他们对于区域市场业绩增长和团队发展所作出的贡献。

18. 建立胜任素质模型

现象：部分离职人员由于不能胜任本职工作而被公司辞退。

问题：人员招聘和晋升时没有胜任素质模型作为参考，造成部分招录人员先天素质不适合营销工作，或者中层领导不能胜任本职工作，造成中途离职或业绩不佳。

解决方案：建立各级营销人员胜任素质模型。招聘人员可以做到有章可循、有的放矢，减少人员招聘的盲目性。同时，招聘流程需要变革，减少组织用人风险。

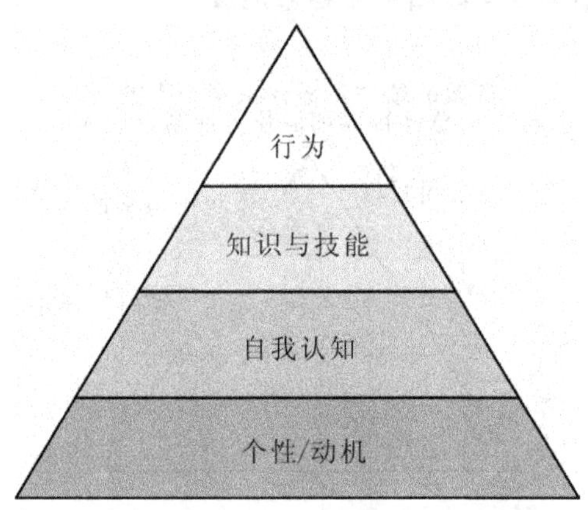

冰山胜任力模型

五、销售支持管理诊断

1. 销售支持管理系统整体评价

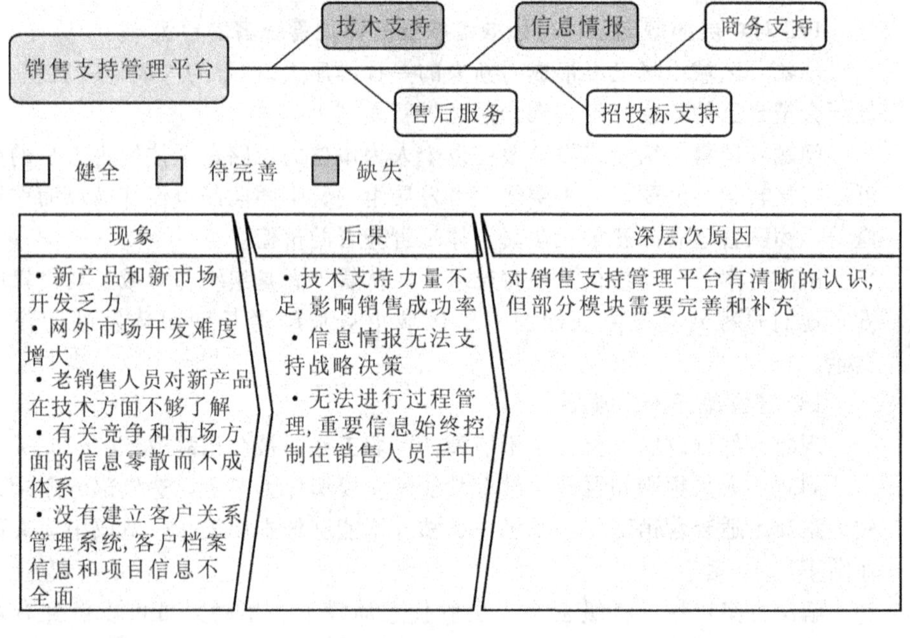

销售支持管理平台
技术支持
信息情报
商务支持
售后服务
招投标支持
健全
待完善
缺失
现象
·新产品和新市场开发乏力
·网外市场开发难度增大
·老销售人员对新产品在技术方面不够了解
·有关竞争和市场方面的信息零散而不成体系
·没有建立客户关系管理系统，客户档案信息和项目信息不全面
后果
·技术支持力量不足，影响销售成功率
·信息情报无法支持战略决策
·无法进行过程管理，重要信息始终控制在销售人员手中
深层次原因
对销售支持管理平台有清晰的认识，但部分模块需要完善和补充

2. 解决问题的思路

问题一：公司的项目信息和客户信息全部由销售人员掌握，一旦人员离职，市场就很难挽救。

解决方案：建立客户数据库和客户关系管理系统，利用信息系统进行项目管控和客户关系管理。

问题二：销售人员不懂技术，新产品推广困难重重，售前支持难度增加，售后服务工作量增大，费用增加。

解决方案：建立专业的技术支持工程师岗位，负责售前和售中支持以及技术培训工作，提升销售团队的整体技术服务水平。

问题三：网外项目信息来源不足，项目分散，盲目拜访费用增大。

解决方案：组建电话营销团队，以完成项目信息的前期搜集和完善工作，形成团队之间的分工协作，提升整体工作效率，降低费用。

六、品牌与市场管理诊断

1. 品牌与市场管理系统平台

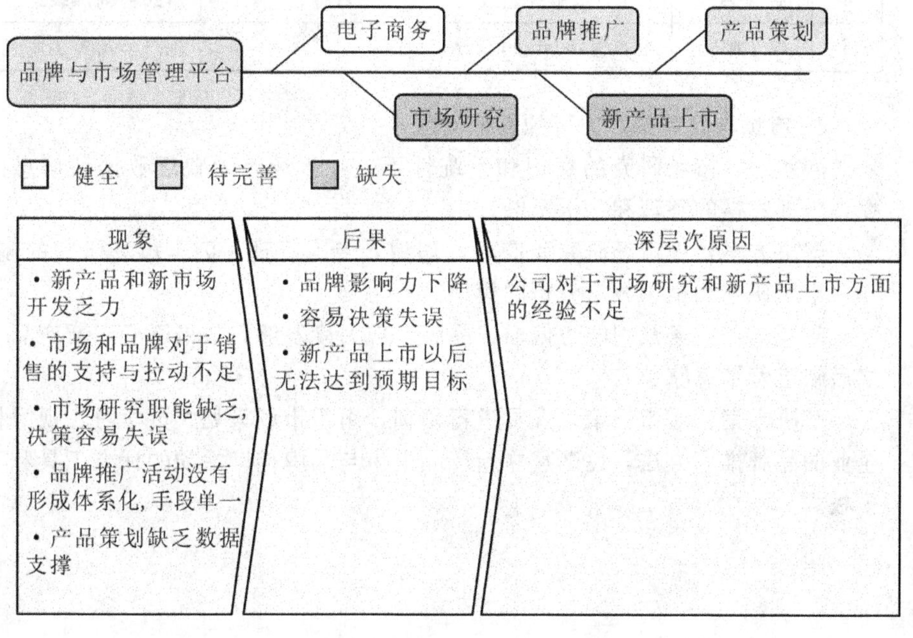

品牌与市场管理平台
电子商务
品牌推广
产品策划
市场研究
新产品上市
健全
待完善
缺失
现象
后果
深层次原因
·新产品和新市场开发乏力
·市场和品牌对于销售的支持与拉动不足
·市场研究职能缺乏,决策容易失误
·品牌推广活动没有形成体系化,手段单一
·产品策划缺乏数据支撑
·品牌影响力下降
·容易决策失误
·新产品上市以后无法达到预期目标
公司对于市场研究和新产品上市方面的经验不足

2. 品牌推广手段相对单一，缺乏系统性思考

2009年部分推广安排

<table>
<tr><th>序号</th><th>项目分类</th><th>项目名称</th><th>完成时间</th><th>备　注</th></tr>
<tr><td rowspan="2">1</td><td rowspan="2">公司网站</td><td>网站改版</td><td>2009.3</td><td></td></tr>
<tr><td>网站维护</td><td>长期工作</td><td></td></tr>
<tr><td rowspan="3">2</td><td rowspan="3">宣传资料</td><td>企业形象画册</td><td></td><td rowspan="3">根据新品开发进度</td></tr>
<tr><td>《SH2000D智能微机型故障录波测距装置》产品画册</td><td></td></tr>
<tr><td>《SHDFR-A电力故障记录装置》产品画册</td><td></td></tr>
<tr><td rowspan="3">3</td><td rowspan="3">资料收集</td><td>电力公司、各类发电厂</td><td>2009.1</td><td rowspan="2">主要针对配电监控终端产品</td></tr>
<tr><td>钢铁、石油、冶金、水泥等</td><td>2009.2</td></tr>
<tr><td>金融系统联络信息</td><td>2009.2</td><td>针对GPS同步时钟服务器</td></tr>
<tr><td>4</td><td>服务热线</td><td>400免费服务热线</td><td></td><td>产品咨询热线</td></tr>
<tr><td>5</td><td>电子邮箱</td><td>××@shuanghe.com</td><td></td><td>统一公司员工邮箱</td></tr>
</table>

3. 市场与品牌推广方面的其他问题

问题一：市场研究的意识和系统性不足，市场策划缺乏数据和信息的支撑，内部数据的整理和分析不够。

解决方案：把市场研究和信息管理纳入专人管理，健全市场研究的制度，建立市场研究和销售数据分析的模板。

问题二：市场策划能力偏弱，品牌推广力度不够，效果不好，新产品上市之后缺乏营销思路。

解决方案：对市场策划人员进行培训，组织市场策划人员学习、观摩标杆企业的品牌推广方法，逐渐建立新产品上市与品牌推广活动的标准工具和工作模板。

4. 建立新产品上市的全流程

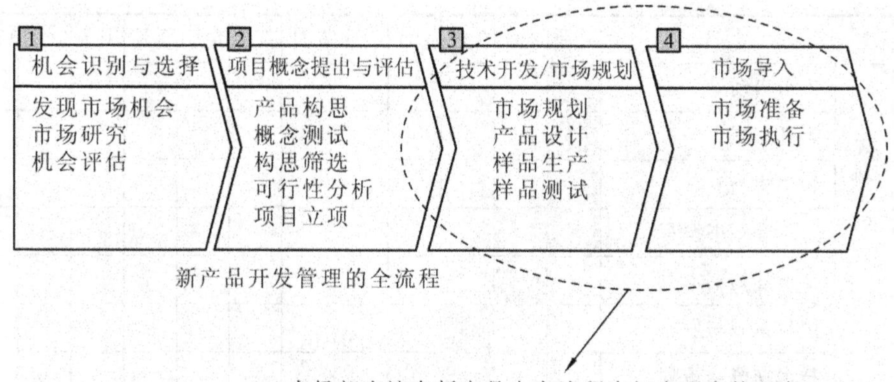

新产品开发管理的全流程

5. 建立新产品上市的策划模板工具

阶段	工　作　内　容
规划阶段	项目启动 市场分析与SWOT分析 市场细分 目标市场定位 4P组合策略(价格、产品、渠道、推广) 组织设计 费用预算 制定上市时间表 上市计划书编制
准备阶段	物料准备(样本、说明书、宣传册) 广告策划 人员培训 销售手册(产品知识、市场知识、客户知识、竞争、销售话术、价格、销售政策) 其他部门配合流程(服务、生产、技术支持、物流的对接)
执行阶段	广告发布 人员推广 绩效评估 计划调整 项目移交

6. 对上市过程进行管控

项	目	1月	2月	3月	4月	5月	6月	7月	8月	9月	10月	11月	12月
规划阶段	项目启动												
	市场调查												
	营销规划												
	上市计划书撰写												
	上市计划书审批												
准备阶段	广告策划与发布												
	技术交流会策划												
	物料准备(样本等)												
	销售人员招聘、培训												
	销售手册编制												
	样品测试												
执行阶段	销售人员下到各区域												
	第一场技术交流会												
	媒介选择与广告发布												
	渠道推广												
	内刊新产品专刊发布												
	OEM 推广开始												

经典案例二：四川 HS 净化装饰工程有限公司的诊断报告

一、企业介绍

四川 HS 净化装饰工程有限公司掌握着尖端的净化工艺和最新的工程设计理念，公司成立十年来，成功完成了众多各种规模的净化工程，包括半导体、电子、生化、精准设备、药剂厂、食品厂及手术室等高标准工程项目。荣誉客户包括韩国现代、三星、LG、美国杜邦等大型跨国企业。

HS 公司主要致力于净化工程的全方位解决方案与施工执行，包括工程设计规划、采购、承建、测试和售后管理。作为洁净行业领先企业，HS 公司深信精湛的技术优势和诚信的服务是公司持续发展的基石，因此 HS 公司不断吸收消化全球先进的专业知识，强化学习型团队，不断提升 HS 公司员工的整体水平，同时结合 HS 公司的技术创新的行业技术标准，为客户创造更为卓越的价值。

基于 HS 公司良好的诚信累积和优秀的工程技术表现，获得了省级科学技术委员会颁发的“高新技术企业”资格认证，这代表了 HS 公司由价值向品牌发展转型。

然而，虽然 HS 公司发展态势很好，但是缺乏大量的优秀人才以及内部结构混乱等一些问题，阻碍了 HS 公司发展的脚步。HS 公司很好，但如果不把这些问题解决好，他们面临着的，不是“上市”，而是“破产”。根据 HS 公司的情况，我们做了以下调研。

二、四川 HS 净化装饰工程有限公司转型期面临的问题

1. HS 在企业成长阶段面临的困惑与问题

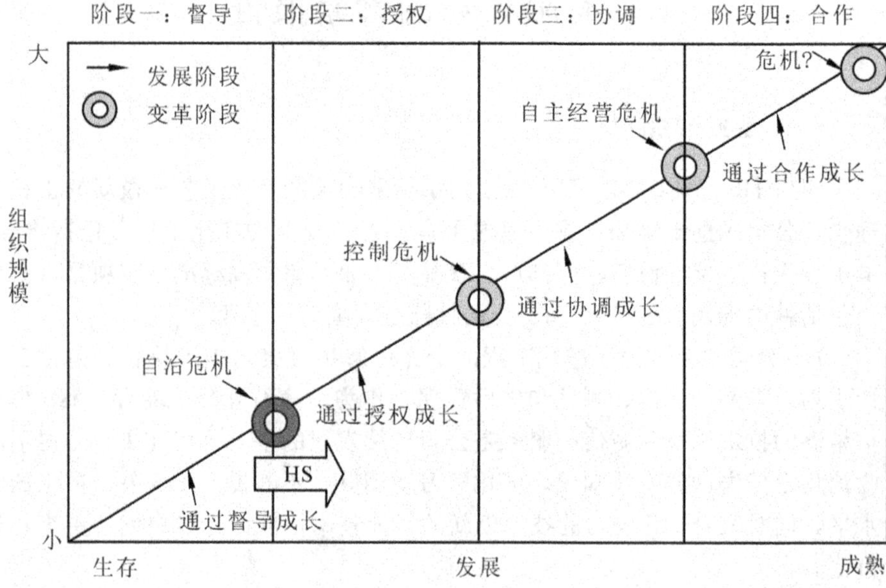

2. HS 在不同阶段的企业内部运行的差异

方面	阶段一：督导	阶段二：授权	阶段三：协调	阶段四：合作
管理核心	运营效率	市场扩展	组织整合	解决问题和创新
组织结构	集中的、功能的	分散型	加强一线职能	团队矩阵
高导管理风格	指令	授权	监督	参与
控制系统	标准和成本中心	汇报和利润中心	计划和投资中心	共同目标设定
管理层激励体系的要点	工资与绩效加薪酬	个人奖金	利润分成	团队奖金
HS				

三、本次调研所发现的问题

1. 组织结构不完善，关键职能缺失，导致内部运作流程不畅

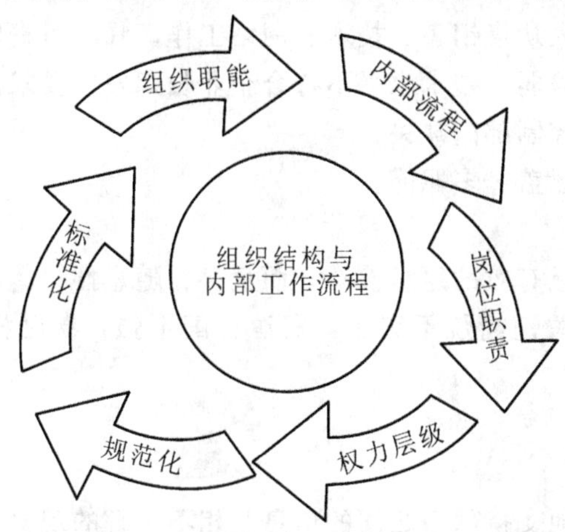

注：1. 基础理念：组织结构是企业战略和企业运营的载体，内部流程是企业管理发展的台阶；

2. 具体表现：组织职能、内部流程、岗位职责、权力层级、规范化、标准化六个方面的问题。

目前的具体表现及主要问题：

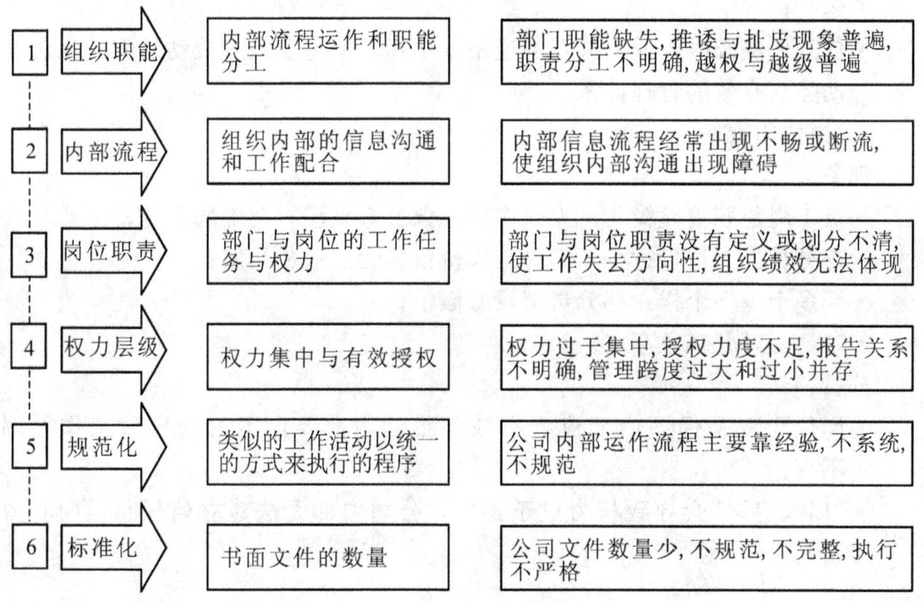

1 组织职能
内部流程运作和职能分工
部门职能缺失，推诿与扯皮现象普遍，职责分工不明确，越权与越级普遍
2 内部流程
组织内部的信息沟通和工作配合
内部信息流程经常出现不畅或断流，使组织内部沟通出现障碍
3 岗位职责
部门与岗位的工作任务与权力
部门与岗位职责没有定义或划分不清，使工作失去方向性，组织绩效无法体现
4 权力层级
权力集中与有效授权
权力过于集中，授权力度不足，报告关系不明确，管理跨度过大和过小并存
5 规范化
类似的工作活动以统一的方式来执行的程序
公司内部运作流程主要靠经验，不系统，不规范
6 标准化
书面文件的数量
公司文件数量少，不规范，不完整，执行不严格

(1)组织职能

现象:

- 销售部门缺乏，市场部门的职能缺失；
- 只有李总一人从事销售、技术、网络工作，临时负责销售业务；
- 技术部过于薄弱，技术水平不符合企业长期发展要求；
- 采购及质量控制部门缺失；
- 项目工程部涵盖过多职能。

分析:

- 企业管理缺乏有效的组织设计，而且存在随意性；
- 关键职能与关键岗位不突出，资源分配不强，激励机制较弱，权威性不够。

(2)内部流程

现象:

- 工程部与其他支持部门之间的信息互相不了解的现象普遍；
- 财务部对工程部情况缺乏了解，仅起到配合作用，没有承担监控作用；
- 组织内部沟通明显不畅，基层员工抱怨情绪较大。

分析:

- 内部流程不畅导致企业只能靠人来推动，无法靠系统与制度保证良性运行；
- 信息无法及时沟通，甚至沟通桥梁不畅，使企业陷入被动局面，无法推动建立有效的管理体系。

(3)岗位职责

现象:

- 员工岗位职责模糊，一人兼多职现象普遍且没有明确的界定；
- 部分员工工作量过少，而对工作价值感无法形成认同；
- 干多干少一个样，部分员工没有激情；
- “以人定岗”现象存在。

分析:

- 岗位职责是保证内部流程有效的推动力，界定不清会导致工作效率不高；
- “以人定岗”会导致权力过于集中，公司内部无法建立信任感，向心力不足。

(4)权力层级

现象：

• 高层权力过于集中，缺乏适当的权力下放；
• 报告关系不明确；
• 越级报告和指挥现象普遍；
• 管理跨度过大和过小并存，如对项目部放权过大，对办公室则基本集权。

分析：

• 权力大小与岗位职责有关，以岗定人、以岗定权才是关键；
• 管理层级是有效的管理手段，权利与义务是根据岗位而设计的。

(5)规范化

现象：

• 公司内部运作流程主要靠经验，未形成书面化的运作流程；
• 对工程部缺乏有效监控；
• 现场管理也没有规范的体系。

分析：

• 规范化是企业管理良性循环的保证，是内部控制的衡量标准；
• 规范化不同于经验，它更是经验的总结。

(6)标准化

现象：

• 公司文件种类少，文件不齐全；
• 书面文件不规范、不完整；
• 文件本身执行不严格；
• 文件管理制度形同虚设。

分析：

• 文件标准化是ISO管理体系的要求，是基础管理体现；
• 文件缺乏标准化导致管理缺失参考依据。

2. 人员素质不高，导致现有人力资源发展水平跟不上公司的发展速度

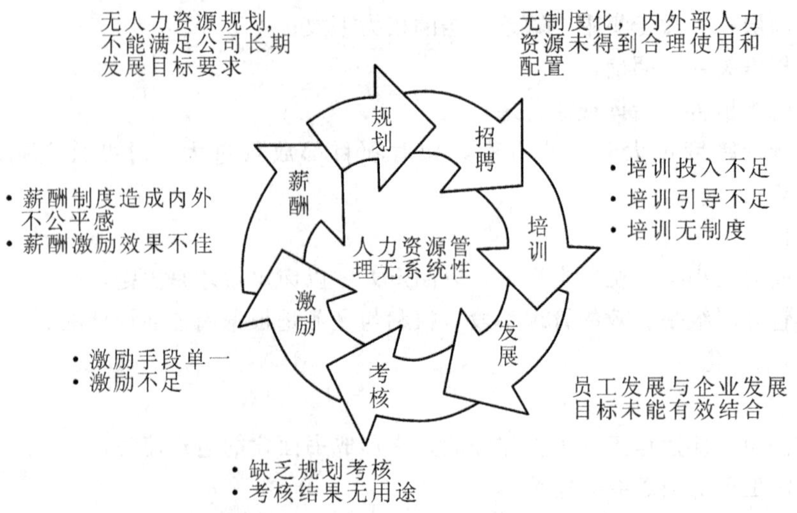
无人力资源规划，
不能满足公司长期
发展目标要求
无制度化，内外部人力
资源未得到合理使用和
配置
规划
招聘
培训
发展
考核
激励
薪酬
人力资源管
理无系统性
• 培训投入不足
• 培训引导不足
• 培训无制度
员工发展与企业发展
目标未能有效结合
• 缺乏规划考核
• 考核结果无用途
• 激励手段单一
• 激励不足
• 薪酬制度造成内外
不公平感
• 薪酬激励效果不佳

目前的具体表现及主要问题：

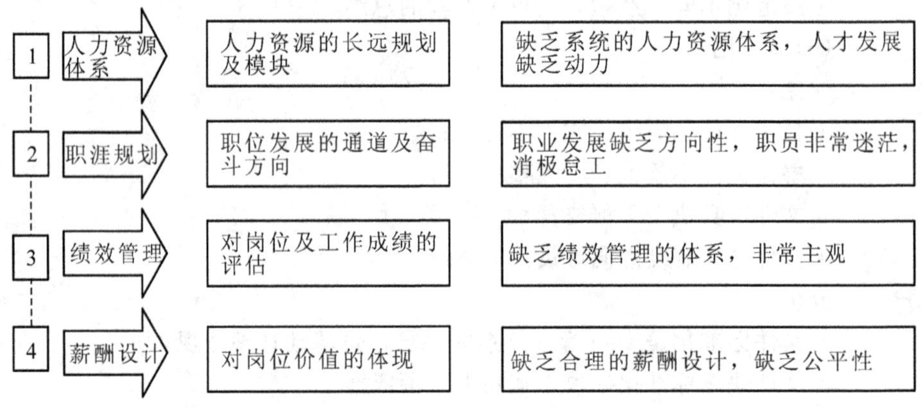
1
人力资源体系
人力资源的长远规划及模块
缺乏系统的人力资源体系，人才发展缺乏动力
2
职涯规划
职位发展的通道及奋斗方向
职业发展缺乏方向性，职员非常迷茫，消极怠工
3
绩效管理
对岗位及工作成绩的评估
缺乏绩效管理的体系，非常主观
4
薪酬设计
对岗位价值的体现
缺乏合理的薪酬设计，缺乏公平性

(1)人力资源体系

现象：

- 现场管理人员学历素质偏低；
- 新鲜血液，特别是中层管理人员的新鲜血液太少；
- 市场人员和业务人员缺乏；
- 现场管理的仓库保管员没有到位。

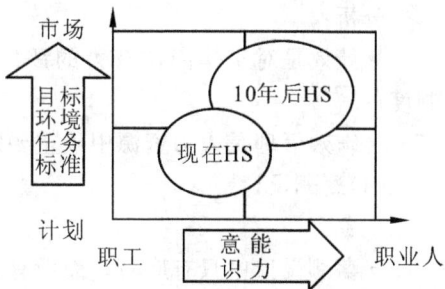

市场
目标
环境
任务
标准
10年后HS
现在HS
计划
职工
意识
能力
职业人

分析：

- 职业人的意识能力不足，满足现状；
- 建立有效的人力资源体系是企业意识与市场发展的需求。

(2)职涯规划

现象：

- 10 年的元老没有明确的方向性；
- 满足自身的岗位，不求进取；
- 职业发展没有危机感；
- 没有明确的规范化。

分析：

- 职涯规划是明确员工在工作岗位发展晋升的通道；
- 职涯规划是企业文化的一种体现。

员工心态

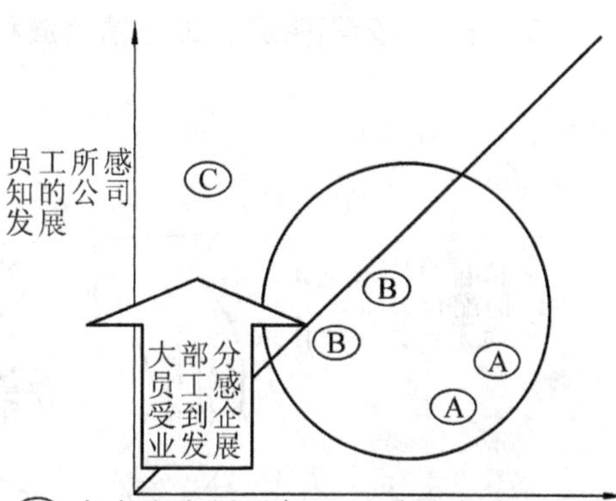

Ⓐ 有个人发展目标，不看重在公司的发展，将 HS 作为培训中心，提升自身素质，等待机会，但未必是 HS 的机会

Ⓑ 有个人发展目标，希望并相信随着 HS 的发展自己也会有所发展，先提升自身能力，但能力未必与 HS 的需要相符

Ⓒ 无个人发展具体想法

(3)绩效管理

现象：

- 没有针对部门与岗位的绩效考核的标准；
- 工作绩效评估存在主观性；

• 绩效与薪酬没有挂钩。

分析：

• 绩效是对工作岗位有力的评估尺度，是企业促使员工激发潜力的管理制度；

• 绩效管理是人力资源中最重要的内容之一，与薪酬有直接的关系。

(4)薪酬设计

现象：

• 薪酬设计中只有底薪，而没有完善的奖金等；

• 某一个岗位薪酬设计在 2～3 年间变动不大；

• 薪酬缺乏公平性，导致员工产生不满。

分析：

• 薪酬设计的原则是激励员工，但缺乏衡量标准，导致员工有负面情绪；

• 薪酬设计一定要结合绩效管理；

3. 行业细分不明显，工程销售流程不完善，缺乏有效的项目管理

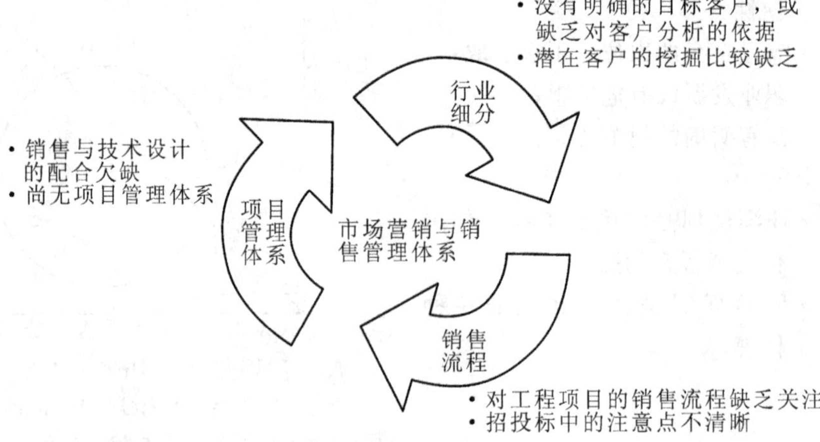
• 没有明确的目标客户，或
缺乏对客户分析的依据
• 潜在客户的挖掘比较缺乏
行业
细分
• 销售与技术设计
的配合欠缺
• 尚无项目管理体系
项目
管理
体系
市场营销与销
售管理体系
销售
流程
• 对工程项目的销售流程缺乏关注
• 招投标中的注意点不清晰

目前的具体表现及主要问题：

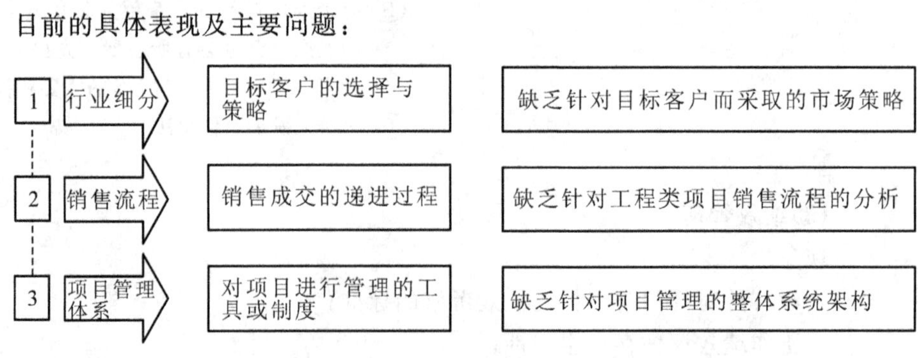
1
行业细分
目标客户的选择与策略
缺乏针对目标客户而采取的市场策略
2
销售流程
销售成交的递进过程
缺乏针对工程类项目销售流程的分析
3
项目管理体系
对项目进行管理的工具或制度
缺乏针对项目管理的整体系统架构

(1)行业细分

现象：

• 没有专门的部门或人对市场进行有效的分析；

• 医院行业有一个成功案例，电子行业却有许多成功案例，细分行业是当务之急；

• 没有明显的市场策略与进攻方案。

分析：

• 行业细分涉及行业定位、客户需求及市场策略的制定；

• "有所为，有所不为"是行业细分的原则。

(2)销售流程

现象：

• 专门从事项目销售的人员缺乏，导致销售流程的总结不足；

• 工程项目与一般销售之间的差异，导致销售流程中的关键点不清晰；

• 招投标的流程及操作有待进一步沟通。

分析：

• 工程项目销售周期非常长，客户关系贯穿整个销售流程；

• 招投标的流程及操作细则是管理项目的基石。

(3)项目管理体系

现象：

• 做了许多的设计方案，后续跟进没有销售人员；

• 销售人员走了就走了，内部管理不够。

分析：

项目管理体系有四个方面：客户内部的采购流程，项目销售推进流程，项目成交管理系统，项目里程碑标准。

4. 目前无明确的企业文化，且由于沟通渠道问题导致员工心态与公司期望存在很大差距

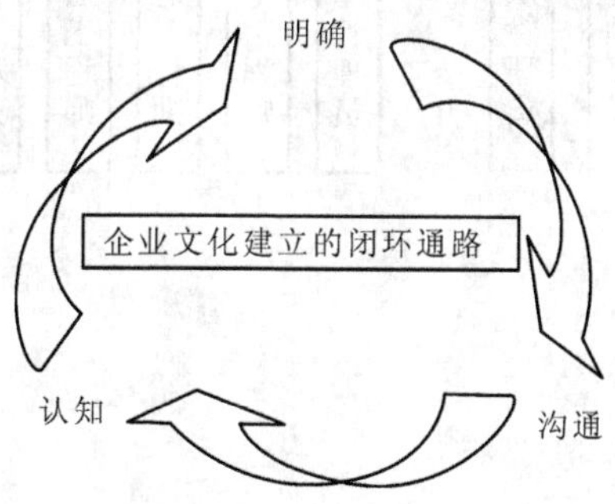

四、HS公司的解决思路

1. HS公司组织设计的基本思维：建立具有强大功能的规范化、专业化组织体系

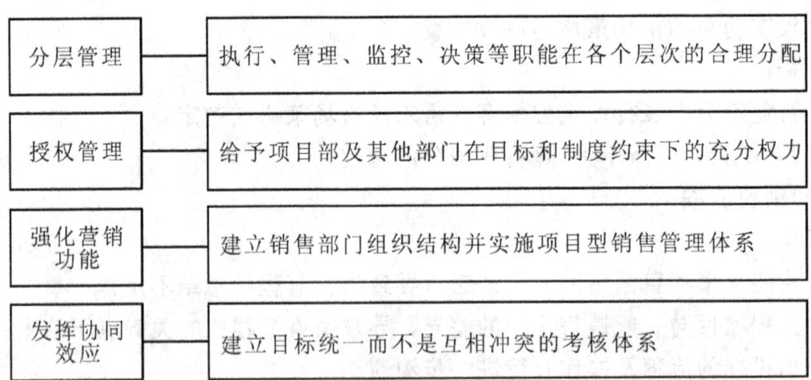

2. 目前的组织结构图

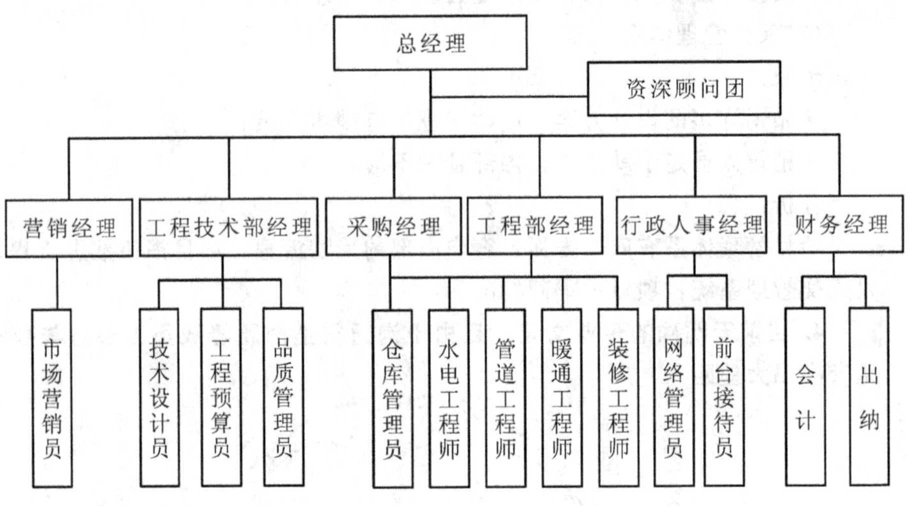

3.3 年内的组织结构图

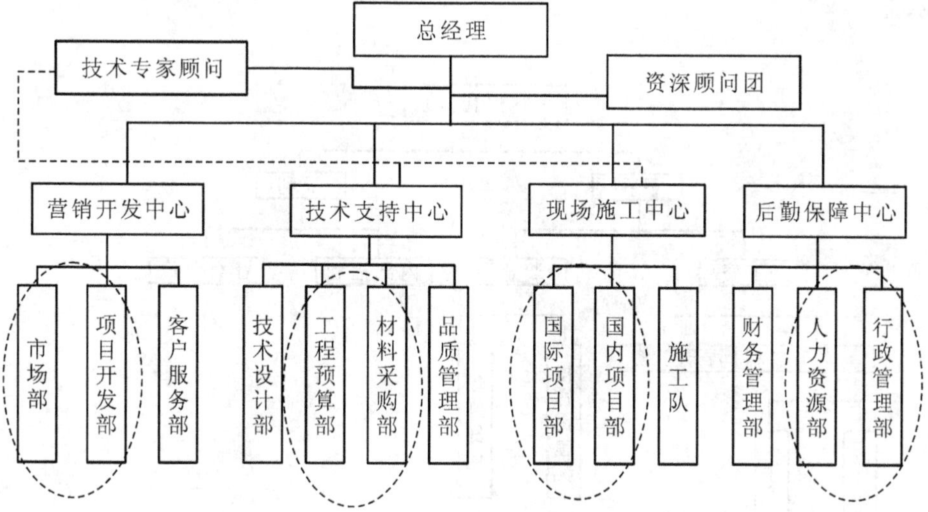

4. 建立一套完善的绩效考评体系，综合考评各类人员的能力、业绩和主要工作职责等方面，作为各类人员奖金、晋级的依据

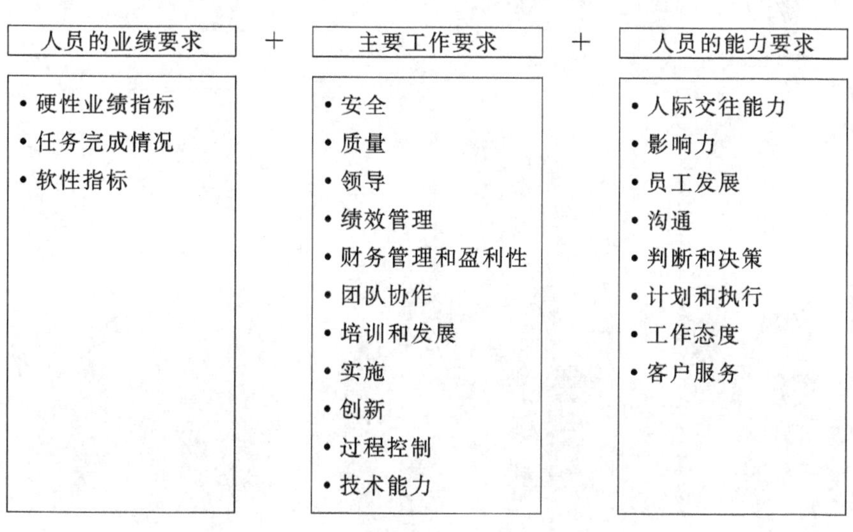

人员的业绩要求
+
主要工作要求
+
人员的能力要求
• 硬性业绩指标
• 任务完成情况
• 软性指标
• 安全
• 质量
• 领导
• 绩效管理
• 财务管理和盈利性
• 团队协作
• 培训和发展
• 实施
• 创新
• 过程控制
• 技术能力
• 人际交往能力
• 影响力
• 员工发展
• 沟通
• 判断和决策
• 计划和执行
• 工作态度
• 客户服务

5. 重新构架薪酬福利体系，由岗位评估核定，充分考虑横向公平与纵向公平

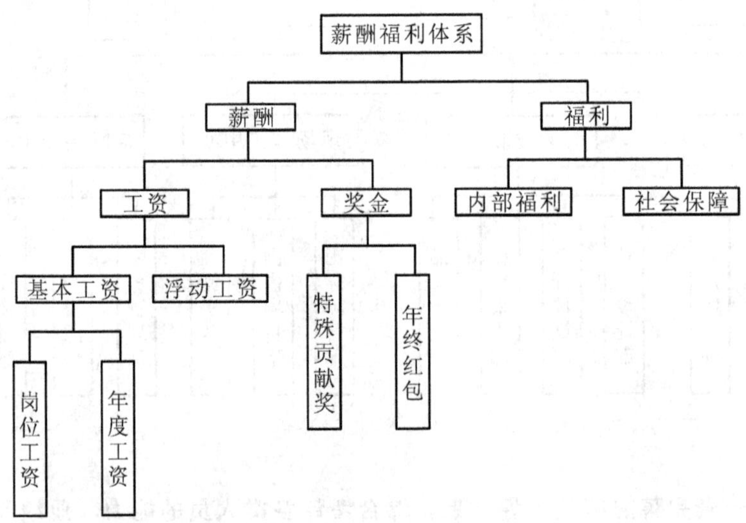

参考文献

1. 吴长顺．工业品营销管理．广州：广东高等教育出版社，2004.

2. 菲利普·科特勒．营销管理．第12版．梅清豪译．上海：上海人民出版社，2006.

3. 多米尼·克维尔逊．组织营销．万晓，汤小华译．北京：机械工业出版社，2002.

4. MBA智库网．

5. 中华工控网．

6. 电气自动化网．

7. LED环球在线网．